"十四五"职业教育国家规划教材
（中等职业学校公共基础课程教材）

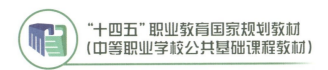

物 理

电工电子类

（修订版）

高等教育出版社 教材发展研究所 组编

高等教育出版社·北京

总 主 编　黄　斌

本册主编　梁华英

其他编者　（按姓氏笔画排序）

王　晶　白志明　成海英　刘乐毅

李　藻　张明明　张桂平　梁　乒

总 策 划　贾瑞武　王素霞

图书在版编目（CIP）数据

物理：电工电子类／高等教育出版社教材发展研究
所组编. —— 修订版. —— 北京：高等教育出版社，
2023.7

ISBN 978-7-04-060678-2

Ⅰ.①物… Ⅱ.①高… Ⅲ.①物理课–中等专业学校
–教材 Ⅳ.①G634.71

中国国家版本馆CIP数据核字(2023)第106548号

物理：电工电子类

WULI：
DIANGONG DIANZI LEI

策划编辑　王丹丹　陆　明　王楚思	出版发行	高等教育出版社
责任编辑　陆　明	社　　址	北京市西城区德外大街4号
特约编辑　王楚思	邮政编码	100120
封面设计　王　洋	印　　刷	唐山嘉德印刷有限公司
版式设计　赵　阳	开　　本	880mm×1240mm　1/16
责任绘图　邓　超	印　　张	19.5
责任校对　吕红颖	字　　数	360千字
责任印制　赵　振	购书热线	010-58581118
	咨询电话	400-810-0598
本书如有缺页、倒页、脱页	网　　址	http://www.hep.edu.cn
等质量问题，请到所购图书		http://www.hep.com.cn
销售部门联系调换	网上订购	http://www.hepmall.com.cn
版权所有　侵权必究		http://www.hepmall.com
物 料 号　60678-00		http://www.hepmall.cn
	版　　次	2021年8月第1版
		2023年7月第2版
	印　　次	2023年7月第1次印刷
	定　　价	38.50元

出版说明

为贯彻党的二十大精神，落实《中华人民共和国职业教育法》规定，深化职业教育"三教"改革，全面提高技术技能型人才培养质量，按照《职业院校教材管理办法》《中等职业学校公共基础课程方案》和有关课程标准的要求，在国家教材委员会的统筹领导下，根据教育部职业教育与成人教育司安排，教育部职业教育发展中心组织有关出版单位完成对数学、英语、信息技术、体育与健康、艺术、物理、化学7门公共基础课程国家规划新教材修订工作，修订教材经专家委员会审核通过，统一标注"十四五"职业教育国家规划教材（中等职业学校公共基础课程教材）。

修订教材根据教育部发布的中等职业学校公共基础课程标准和国家新要求编写，全面落实立德树人根本任务，突显职业教育类型特征，遵循技术技能人才成长规律和学生身心发展规律，聚焦核心素养、注重德技并修，在教材结构、教材内容、教学方法、呈现形式、配套资源等方面进行了有益探索，旨在推动中等职业教育向就业和升学并重转变，打牢中等职业学校学生的科学文化基础，提升学生的综合素质和终身学习能力，提高技术技能人才培养质量，巩固中等职业教育在职业教育体系中的基础地位。

各地要指导区域内中等职业学校开齐开足开好公共基础课程，认真贯彻实施《职业院校教材管理办法》，确保选用本次审核通过的国家规划修订教材。如使用过程中发现问题请及时反馈给出版单位，以推动编写、出版单位精益求精，不断提高教材质量。

中等职业学校公共基础课程

教材建设专家委员会

2023年6月

本套物理教材是首批"十四五"职业教育国家规划教材（中等职业学校公共基础课程教材），自出版以来得到了广大中等职业学校师生的好评。为深入贯彻落实党的二十大精神，以及《中华人民共和国职业教育法》《关于深化现代职业教育体系建设改革的意见》等文件精神，为中职师生提供更高质量的物理教材，充分体现物理课程的育人功能，落实立德树人根本任务，特对本套教材进行了修订。

一、修订的指导思想

以习近平新时代中国特色社会主义思想为指导，全面贯彻落实党的二十大精神，深入推进习近平新时代中国特色社会主义思想和党的二十大精神进教材、进课堂、进头脑，充分反映新时代取得的历史性成就、发生的历史性变革，引导中职学生广泛践行社会主义核心价值观，弘扬劳动精神、奋斗精神、奉献精神、创造精神、勤俭节约精神，传承中华优秀传统文化，坚定"四个自信"，担负起以中国式现代化全面推进中华民族伟大复兴的使命任务。

二、修订的主要内容

本次修订延续了第1版的风格和特色，保留了原来的体例框架和主体内容，主要在以下几个方面进行了更新和优化。

1. 进一步增加中华优秀传统文化相关内容

围绕传承和弘扬中华优秀传统文化更新教材内容。结合物理知识，适当增加了中华优秀传统文化中蕴含的革故鼎新、天人合一、自强不息、厚德载物等内容，以更好地发挥物理教材所承载的中华优秀传统文化教育功能。

2. 进一步增强社会主义核心价值观教育

围绕用社会主义核心价值观铸魂育人更新教材内容。结合物理知识的运用情境，以及我国科技工作者和大国工匠在科学技术创新、关键核心技术突破等方面体现出来的科学家精神、工匠精神，潜移默化地对学生进行社会主义核心价值观教育，培养担当民族复兴大任的时代新人。

3. 进一步充实新时代取得的伟大成就

围绕新时代伟大成就更新教材内容。过去十年，我国在载人航天、探月探火、深海深地探测、超级计算机、卫星导航、量子信息、核电技术、新能源技术、大飞机制造、生物医药等领域取得了一系列重大成果，本次修订继续充实这些伟大成就，反映我国关键核心技术实现的突破，让学生体悟科技自立自强对以中国式现代化全面推进中华民族伟大复兴的重要意义。

4. 进一步优化栏目内容和版式

在栏目设置基本不变的前提下，对教材内容进行了全面系统的优化，使各栏目与物理知识的结合更加紧密、布局更加合理、作用和功能更加突显；版式设计更加生动活泼、图文并茂，也更加贴合中职教学实际。

▶ 三、教材使用建议

要用好配套的《物理教学参考书》《物理学习指导与练习》《物理实验指导》等纸质教学用书，以及教学课件、电子教案、教学动画、实验视频和在线开放课程等数字化资源；在教学过程中加强数字化资源的应用，深化物理课程教学改革，不断提高教学效率和教学质量。

本套教材配套丰富的辅教辅学资源，请登录高等教育出版社Abook新形态教材网（http://abook.hep.com.cn）获取相关资源。详细使用方法见本书最后一页"郑重声明"下方的"学习卡账号使用说明"。

▶ 四、本书修订人员

本书由高等教育出版社教材发展研究所组织修订，黄斌任总主编，梁华英任主编。主题一、四由梁华英修订，主题二、三由成海英修订，主题五、九由白志明修订，主题六由王燕丽修订，主题七、八由张桂平修订。在本书修订过程中，相关行业企业的工程技术人员参与了研讨工作，提出了很多宝贵的建议和意见，促使本书内容能够进一步贴近生产生活实际，体现职业岗位需求，满足实际教学需要。

由于编者水平有限，书中欠妥之处在所难免，恳请广大读者批评指正。读者意见反馈邮箱：zz_dzyj@pub.hep.cn。

编者

2023 年 6 月

中等职业学校物理课程是机械建筑类、电工电子类、化工农医类等相关专业学生的必修课程，是其他类专业学生的公共基础选修课程，对提升学生物理学科核心素养、促进学生职业生涯发展和适应现代社会生活起着重要的基础性作用。本教材是中等职业学校公共基础课程国家规划教材，依据《中等职业学校公共基础课程方案》和《中等职业学校物理课程标准》（2020年版）（以下简称《课程标准》）编写。

1. 本书主要内容

本书根据《课程标准》对基础模块和拓展模块电工电子类的要求确定内容，包括运动和力、功和能、热现象及能量守恒、电场与直流电及其应用、静电场的应用、磁场及其应用、电磁感应及其应用、光现象及其应用、核能及其应用9个主题。

与传统教材不同，本书在介绍物理概念、规律等知识的同时，紧紧围绕落实物理学科核心素养培养的要求选择和组织内容。注重选择与物质、运动与相互作用、能量等相关的内容，帮助学生从物理学视角认识自然、理解自然，形成物理观念；注重选择与建模、推理、论证、创新等能力培养有关的内容，培养学生的科学思维；注重从科学实践的视角选择内容，培养学生的实践操作能力；注重从情感、态度、价值观的视角选择内容，弘扬中华优秀传统文化，介绍我国科学家的贡献，让学生体会和认同我国科学家为中华民族谋复兴的初心和使命，增强民族自信心和凝聚力，加强爱国主义教育，培养学生的科学态度与责任感。

2. 本书主要特点

本书准确把握《课程标准》要求，落实立德树人根本任务，以促进学生物理学科核心素养发展为目标，坚持适用性和时代性，突出职业教育特色，适时融入课程思政，对教学内容进行了大胆的改革和创新，具有以下主要特色：

（1）突出了核心素养培养目标

每个主题均以"学习目标"开篇，"学习目标"着重从物理学科核心素养的四个方面，对本主题的学习内容进行了针对性的学习提示。每个主题末以"归纳与提升"和"评价与发展"收篇，"归纳与提升"从物理学科核心素养的四个方面对本主题的学习内容进行了归纳和提炼。"评价与发展"引导学生从物理学科核心素养的四个方面进行总结、反思与自我评价，实现了将核心素养培养贯穿始终的目标。

（2）遵循了物理知识生成规律

在引入物理概念、揭示物理规律时，遵循中职学生的认知规律，一般按从现象到本质再到规律的路径进行阐述，层层递进、循序渐进，版式生动活泼、图文并茂，以促进学生物理观念的形成和发展。如通过"观察与体验"引导学生认识现象、建立概念，通过"思考与讨论"引导学生发现问题，提出质疑，激发思考，再通过"活动与探究"揭示规律，获得对物理概念的有效建构和物理规律的深层理解，同时也激发了学生探索自然奥秘的兴趣。

（3）注重了科学思维培养训练

在注重物理基础知识传授的同时，突出物理思维训练，促进学生物理思想的形成。全书通过"思维与方法"栏目对物理学研究中的典型思维和方法进行了较为系统的介绍。"活动与探究"栏目以提出问题、猜想假设、设计方案、收集证据、分析归纳、反思改进的方式编写，将物理学研究中的假设推理、科学论证、探究设计等核心素养渗透在学习中。此外，在叙述自由落体规律、折射定律等内容时，强调了规律的发现过程，突出了思维创新，引导学生逐步养成科学思维习惯。

（4）加强了实践能力培养

强化物理实验，突出实践能力培养。本书在引入物理概念和规律时，应用了大量演示实验，通过实验建构概念、探究规律。"应用与拓展"栏目，介绍了概念、规律在生产生活中的应用实例，突出了物理知识的应用。"实践与探索"栏目，原创性设计了大量开放性问题和合作探究等活动，减少了定量计算的习题数量，适当降低了计算难度。这不仅让学生在实践活动中加深对物理知识的理解，增强工匠精神，提升合作交流的意识和能力，而且可以引导教师改革课程评价的内容和模式，促进学生核心素养的发展。

（5）强化了课程思政和科学态度渗透

注重引导学生认识科学、技术、社会、环境的关系，增强社会责任感。通过"技术·中国"等栏目将物理观念的应用、学科方法的传授、科学精神的培养、爱国情怀的渗透等深度融合，从世界领先的航空航天技术到走向世界的中国高铁技术，从北斗卫星导航系统到直流输电网络等，引导学生树立科学精神和科学态度，弘扬和培育时代精神和社会主义核心价值观。通过"行为与责任"栏目，引导学生将工匠精神、绿色发展和社会责任等落实到具体行动中。另外，本书在技术应用的介绍及开放性活动的设计等方面，都融入了大量新时代元素，在部分演示实验中增加了数字化实验，体现了新时代特征。

（6）助教助学资源全方位配套

为了实施好物理课程标准，做好课程改革和教学活动，有效地培养学生的物理学科核心素养，本书配套《物理学习指导与练习》《物理教学参考书》等纸质教学用书。同时，配套面向教师的示教资源和面向学生的辅学资源，包括演示文稿、电子教案、教学动画、微课视频、示教视频、在线开放课程等，支持传统教学与混合式教学、移动式教学等信息化教学模式的融合创新。用户可登录网站http://abook.hep.com.cn/sve获取相关资源。详细说明见本书"郑重声明"页。

3. 本书使用建议

本书供中等职业学校电工电子类等相关专业必修使用，也可供其他专业学生选修使用。本书建议总学时为81学时，对应学分为4.5学分。学时建议如下：

主题	建议学时数
主题一　运动和力	21
主题二　功和能	8
主题三　热现象及能量守恒	4
主题四　电场与直流电及其应用	12
主题五　静电场的应用	10
主题六　磁场及其应用	10
主题七　电磁感应及其应用	10
主题八　光现象及其应用	4
主题九　核能及其应用	2
合计	81

教师使用本书，要转变教学观念，将培养学生物理学科核心素养作为教学目标，把物理学科核心素养的培养与教学内容全面对接；要遵循职业教育规律，坚持"做中教"；重视情境创设，突出物理知识的应用；高度重视实验教学，充分利用教材中的教学情境和栏目内容，创造性地开展教学活动，激发学生学习物理的兴趣，促进学生物理学科核心素养的形成和发展。

学生使用本书，首先要提高对物理课程的认识，要认识到学习物理不仅可以帮助我们认识和理解物质世界的运动和变化规律，而且还可以促进我们职业生涯发展和适应现代生活；要改变"死记硬背"的学习习惯，在学习物理知识的同时，把掌握科学研究方法、养成科学思维习惯、树立科学精神和正确的价值观念、增强实践能力和创新意识等作为重要学习内容；要"做中学、学中做"，课堂上细心观察老师的演示实验，认真做好课堂探究实验和学生实验，课后积极完成"实践与探索"栏目中的实践活动等。

4. 本书编写人员

本书由高等教育出版社教材发展研究所组织编写，黄斌任总主编，梁华英任主编。主题一由梁华英编写；主题二、三由成海英编写；主题四由张明明编写；主题五、六由白志明编写；主题七、八由张桂平编写；主题九由王晶编写。在本书编写过程中，还邀请了梁乒、李藻、刘乐毅等相关行业企业的工程技术人员参与本书的研讨和编写工作，以使本书内容能够进一步贴近生产实际，体现职业岗位需求，满足一线教学需要。

由于编者水平有限，书中欠妥之处在所难免，恳请广大读者批评指正。读者反馈邮箱：zz_dzyj@pub.hep.cn。

编者

2021 年 7 月

目　录

绪 论　改变世界的物理学

什么是物理　物理者，万物之理也。物理起源于人类农业生产，由于农业生产需要确定季节，人们开始进行天文观测。随着天文观测水平的提高，人们制定了越来越精确的历法。从春秋战国开始，我国对力、声、热、电、磁和光等物理现象和规律，就进行了广泛的探索，并出现了大量的重要发明。公元前45年，古罗马开始执行儒略历，即沿用至今的公历的前身，根据该历法，年平均长度为365.25日。16世纪，波兰天文学家哥白尼经过长期的观察和计算，提出了日心说。17世纪初，德国天文学家开普勒在丹麦天文学家第谷精密观测的基础上，发现了各大行星都在各自的椭圆轨道上绕太阳做圆周运动的规律。17世纪末，英国物理学家牛顿在前人研究的基础上，提出了万有引力定律和牛顿运动定律，建立了经典力学体系，实现了物理学史上第一次大综合。从此，物理学从自然哲学中分离出来，形成一门独立的学科。

牛顿认为物理学就是"用数学工具解决自然哲学问题"，即用数学方法解释整个自然界的运动规律。现代物理学的定义是："物理学是研究物质最普遍、最基本的运动规律及物质基本结构的一门科学"。

为什么要学物理　在人类发展的历史中，物理学的发展一次又一次地促进了技术的进步，引发了产业革命。18世纪后半叶，由于经典力学的建立和热力学的发展，蒸汽机技术得到进一步发展，使人类社会进入机械化时代。19世纪，随着人类对电磁学的研究不断深入，陆续发明了电动机、发电机等，并将其应用于生产与生活，使人类社会进入电气化时代。20世纪中叶，随着人类在微观物理和电子技术研究方面的深入，发明了晶体管、集成电路、计算机、互联网等，使人类社会进入以电子计算机应用为特征的信息化时代。21世纪的今天，正迎来第四次工业革命——5G、数字化、机器人、人工智能、生物医药、先进制造业、量子信息科学等。所谓第四次工业革命，是以互联网、物联网产业化、工业智能化、工业一体化为代表，以人工智能、清洁能源、无人控制技术、量子信息技术、虚拟现实以及生物技术为主的全新技术革命。

新时代十年，我国在载人航天、探月探火、深海深地探测、超级计算机、卫星导航、量子信息、核电技术、新能源技术、大飞机制造、生物医药等取得重大成果，已经站在第四次工业革命的最前沿，物理学为这些成果的取得发挥了重要作用。

物理学是研究自然界最普遍规律的科学，物理学的研究方法是科学方法的典型代表，物理课程对学生树立正确的世界观、人生观、价值观有着不可替代的作用。无论毕业后从事哪种类型的工作，我们都应当接受科学精神和科学方法的教育，形成正确的科学观念，掌握基本的科学方法，具有必需的科学精神。

初中时，同学们已经学习了一些物理知识和科学方法。今后，我们将会见到更加丰富多彩的物理现象，进一步领悟科学研究的方法，形成更深刻的物理观念，掌握更多实践操作技能，并受到高尚的科学精神的熏陶。

怎样学好物理　具体有三个方面的要求：

一是重视观察和实验。物理知识来源于实践，特别是来源于观察和实验。要保持对大自然的好奇心，认真观察演示实验和生活中的各种自然现象，思考现象产生的条件和原因，有助于建构正确的物理概念，并探索其规律。要认真做好学生实验和探究实验，学会正确使用仪器和处理数据，了解用实验研究问题的基本方法。

二是加强思考和交流。物理课不是要求我们死记硬背物理定律和公式，而是让我们通过自主学习以及同学间的交流，了解物理概念和规律的科学实质和探索过程，体会物理学的思维方式和研究方法，提升自己的思维能力。

三是做好实践和练习。教材中设置了一些实践和练习题目，主要是为了帮助同学们巩固物理观念以及运用所学物理知识解决实际问题。大家一定要积极思考，加强练习，在与同学的不断交流中，扩展和加深自己的认识，提高分析问题和解决问题的能力，为今后专业课程的学习和将来的职业发展、终身学习打下良好的基础。

主题一 ①
运动和力

随着我国科技水平的发展，人们的生活和工作变得更加便利和高效。高速铁路上的复兴号动车组列车、空中飞行的C919大飞机、太空中的北斗卫星、深海中的奋斗者号潜水器……这些物体都在不停地运动着，即使我们认为静止不动的高楼、桥梁、山脉等，其实也是时刻随着地球的公转和自转在运动着。

在物理学中，物体之间或同一物体各部分之间的相对位置随时间的变化称为机械运动，简称运动。机械运动是自然界中最简单、最基本的运动形式。人们在对机械运动的研究中，不仅了解了物体的运动规律，而且还形成了科学研究的基本方法。

本主题中，我们将从物体的运动问题入手，了解物体的运动规律，探究运动与力的关系，学习物体受力分析的基本方法，学会游标卡尺的使用。

学习目标

　　理解位移、速度、加速度、力等重要概念，了解力的平行四边形定则，理解匀变速直线运动、牛顿运动定律、平抛运动、匀速圆周运动等规律，进一步形成世界是物质的、物质是运动的、运动是有规律的、物体间是相互作用的、力可使物体的形状和运动状态发生改变等物理观念，并能用其解释生产生活中的相关运动现象，解决简单的实际问题。

　　学会建构质点、匀变速直线运动、自由落体运动、匀速圆周运动等物理模型，认识物理模型在解决实际问题中的重要作用；学习运用实验方法、数学方法和逻辑思维相结合进行假设推理、科学论证。

　　观察测量瞬时速度、加速度等演示实验，增加对相关物理现象的感性认识。通过长度的测量、运动物体的速度和加速度的测量等学生实验，增强动手操作和探究问题的能力。

　　通过速度和加速度的测量等实验，初步体会精益求精的工匠精神。结合物体受力分析、圆周运动等内容的学习，了解我国古代在力学等领域取得的成就；了解我国风力发电、海上疏浚等世界领先水平的现代科技成果，增强科技传承的使命感和责任感；了解我国在高速铁路、航空航天等领域的伟大成就，增强民族自豪感。

第一节 运动的描述

情境与问题

2022年11月16日，我国"一带一路"倡议的重大标志性项目——印尼雅万高铁试验运行成功（图1-1-1）。雅万高铁全长142 km，最大运行速度350 km/h，是印尼和东南亚地区第一条高速铁路，全线采用中国技术、中国标准，是为印尼量身打造的一套"中国方案"。全线通车后，雅加达至万隆的出行时间将由3 h缩短至40 min。

图1-1-1　雅万高铁试验运行

物体运动有快有慢。怎样描述物体运动的快慢呢？

在物理学中，要准确地描述物体的运动状态，首先需要明确有关概念。

宇宙中的物体都是相对运动的，在描述物体的运动状态时，要选择一个物体或系统作为参考。例如，一位乘客坐在行驶的列车上，如果以地面或树木等作为参考，他就是运动的；如果以列车或列车上的座椅等作为参考，他就是静止的。这些被选择作为参考的物体或系统，称为参考系。如无特殊说明，本书均以地面作为参考系。

质点

实际物体（如列车、汽车）的运动都比较复杂，要详尽地描述这些运动并非易事。例如，一列正在行驶的列车，其运动既有列车整体的平动，又有车轮的转动，还有车体的振动等。

为了便于研究，需要对实际物体进行简化，突出影响问题的主要因素，忽略次要因素。例如，当研究往返于中国和德国的中欧班列的运动快慢时，假设以总长度约为1 300 m的41辆编组的

图1-1-2 中欧班列

列车（图1-1-2）为例，由于从中国的东莞石龙到德国的杜伊斯堡的总里程约为13 488 km，因此列车的长度约为总里程的万分之一。

由于列车的大小、形状等因素对所研究的问题影响很小，可以不予考虑。因此对列车的运动描述，只需突出列车的质量及其占据空间的某一位置这两个主要因素，把列车看作一个有质量的点即可。这种用来代替物体的有质量的点，称为**质点**。质点是物理学中的一种物理模型。

图1-1-3 中欧班列经过沪苏通长江大桥

在研究中欧班列经过沪苏通长江大桥（图1-1-3）的运动问题时，大桥公铁合建段长度为6 993 m，由于列车长度约占该路段长度的1/7，这时就不能把列车简化为质点。

思维与方法——建构物理模型

建构物理模型是物理学中常用的一种研究方法，它把复杂抽象的物理问题简单化、理想化，突出主要因素，忽略次要因素，简明扼要地揭示事物的本质。物理学中的定律、原理都是针对物理模型而言的。物理模型通常可分为实体模型、过程模型。质点就是一种最简单的实体模型。

技术·中国——中国北斗卫星导航系统在智慧出行中的应用

北斗卫星导航系统是我国自主建设、独立运行的全球卫星导航系统，该系统在智慧出行中应用广泛。

共享单车、出租车、公交车等安装北斗系统，实现了运行车辆的精细化管理；北斗定位手表（图1-1-4）、手环等智能穿戴设备安装北斗系统，有助于增强学生、老人等特殊人群的安全保障；物流货车及配送员，应用北斗车载终端和手环接入物流云平台，实现了车、人、货信息的实时调度。利用北斗卫星导航系统定位或导航时，地面上的物体都可以看作质点。

图1-1-4 北斗定位手表

▶ 时刻和时间

时刻和时间是物理学中描述物体运动时经常使用的两个重要物理量。例如，在跑步比赛时，运动员必须在发令枪声响起后才能起跑。枪声响起的瞬间就是一个**时刻**，即起跑时刻；运动员身体躯干抵达终点线垂直面的瞬间就是另一个时刻，即撞线时刻。起跑时刻与撞线时刻的间隔，就是**时间**，即运动员的比赛成绩。我们平时说的"时间"，有时指的是时刻，有时指的是时间，要根据语境认清其含义。

2022年11月12日12时10分，天舟五号货运飞船成功对接中国空间站天和核心舱，首次实现2 h自主快速交会对接，创造了世界最快交会对接纪录。2022年11月30日7时33分，神舟十四号、神舟十五号航天员乘组实现"太空会师"（图1-1-5）。其中，"2022年11月12日12时10分""2022年11月30日7时33分"描述的都是时刻，"2 h"描述的是时间。

图1-1-5 "太空会师"

如果用数学中的数轴来表示时间，则该数轴就称为时间轴（图1-1-6）。在时间轴上可以用点来表示时刻，用线段来表示时间。在国际单位制（SI）中，时间的单位为s（秒）。

物理学中，有关时刻和时间的常用描述方法如图1-1-6所示。

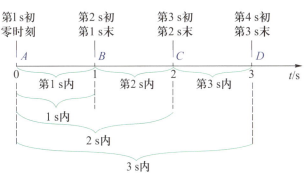

图1-1-6 时刻与时间的常用描述方法

位移和路程

日常生活中，我们有时只关心物体位置的移动，而不关心具体的运动路线。例如，中欧班列（成都线）从成都站始发，由阿拉山口出境，途经哈萨克斯坦、俄罗斯等国家，至波兰的罗兹站，全程9 965 km，运行时间约14天，比传统的海运缩短了近一个月。虽然中欧班列路线与传统海运路线不一样，但就位置的变动来说，都是由成都到波兰的罗兹。

在物理学中，**位移**表示质点的位置变化，用几何学中的有向

7

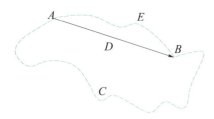

图1-1-7 两点间的位移和路程

线段来表示。如图1-1-7所示，当质点从点A运动到点B时，从初位置A到末位置B作一条有向线段$\overrightarrow{AB}$，这条有向线段即表示质点在运动中发生的位移。

有向线段的长度表示位移的大小，有向线段的方向表示位移的方向。在物理学中，把既有大小又有方向的物理量称为**矢量**。位移是矢量，常用字母s表示。在国际单位制中，位移的单位为m（米）。

在物理学中，**路程**表示质点运动轨迹的长度。在图1-1-7中，对于不同的路径，质点的路程分别是曲线ACB、AEB和直线ADB的长度。路程只有大小，没有方向。在物理学中，把只有大小、没有方向的物理量称为**标量**。

图1-1-8 电力"蜘蛛侠"

思考与讨论

电工在高空作业时经常要攀爬电塔，被称为电力"蜘蛛侠"（图1-1-8）。一位电工攀爬上与地面垂直的80 m高的电塔后，沿着与地面平行的高压电线向东行走了60 m，则在这段时间里，该电工的位移大小为_____m，路程为_____m。

速度和速率

不同物体的运动，其快慢程度往往不同。

图1-1-9 高压线路巡检

观察与体验——高压线路巡检

为了保障电网的运行安全，需要电力工人对高压线路进行巡检（如图1-1-9所示）。在某次高空巡检中，若电工甲在高压线上行走252 m用时6 min，电工乙行走120 m用时2.5 min。

将这两位电工的运动情况进行比较，他俩在高压线上谁行走得快？

在物理学中，将物体的位移s与发生这个位移所用时间t的比值称为物体的**速度**，用v表示，即

$$v = \frac{s}{t}$$

8

速度是矢量，不但有大小，而且有方向。速度的大小在数值上等于物体单位时间内位移的大小，速度的方向跟物体运动的方向相同。这种定义物理量的方法称为比值定义法。

在国际单位制中，速度的单位为 m/s（米/秒），常用的单位还有 km/h（千米/时）。

电工甲用时 6 min 为 360 s，电工乙用时 2.5 min 为 150 s。由此，可计算出甲、乙运动的快慢：

$$v_{甲} = \frac{s_1}{t_1} = \frac{252}{360} \text{ m/s} = 0.7 \text{ m/s}$$

$$v_{乙} = \frac{s_2}{t_2} = \frac{120}{150} \text{ m/s} = 0.8 \text{ m/s}$$

因为 $v_{乙} > v_{甲}$，所以电工乙行走得比电工甲快。

用以上公式计算得出的速度，表示物体在某段时间（或位移）内运动的平均快慢程度，称为平均速度。

平均速度只能粗略地描述运动的快慢。为了使描述更加精确，就要知道物体经过某一位置（或某一时刻）时运动的快慢程度。在物理学中，把运动物体经过某一位置（或某一时刻）的速度称为瞬时速度。

活动与探究——用打点计时器测量瞬时速度

提出问题：如何测量物体经过某一位置时的瞬时速度？

猜想假设：如果能测量出物体在某位置附近通过一小段位移的时间，并且该段位移和时间都很短，则用该段位移与该段时间的比值，可近似地认为是物体在该位置的瞬时速度。

设计方案：本实验使用的打点计时器是电磁打点计时器，其结构如图 1-1-10 所示。当交流电源的频率是 50 Hz 时，它每隔 0.02 s 打一个点。让跟随物体一起运动的纸带在打

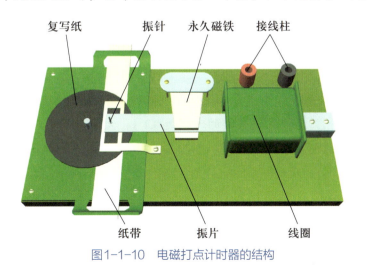

复写纸　振针　永久磁铁　接线柱

纸带　振片　线圈

图 1-1-10　电磁打点计时器的结构

点计时器上的复写纸下通过，振针即可在纸带上打出一系列点迹。通过测量这些点迹就可以探究物体的运动规律。

假设有一条被打点计时器打上点迹的纸带，如图1-1-11所示。由于打点计时器打出的任意相邻两点间的时间都是0.02 s，可知通过BC这段位移的时间为0.04 s。根据平均速度的定义，可计算出通过BC这段位移的平均速度，该平均速度即为物体经过点A所对应时刻的瞬时速度。

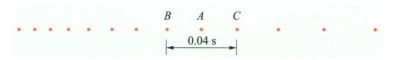

图1-1-11　被打点计时器打上点迹的纸带

在对纸带上的某段位移进行测量时，被测量值往往不是刻度尺最小刻度的整数倍，这时要对末位数进行估读。例如，最小刻度是1 mm的刻度尺，测量误差出现在毫米的十分位上，应该估读到十分之几毫米。如在图1-1-12中，BC段位移的大小应估读为12.2 mm或12.3 mm。

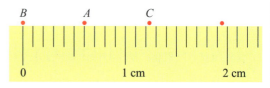

图1-1-12　用刻度尺测量某段位移的大小

收集证据：先将打点计时器固定好，让纸带在打点计时器上的复写纸下通过。再接通电源，让振片振动起来。用手拉动纸带，让打点计时器在其上打出一系列点迹。

每个学习小组选择一条点迹清晰的纸带，在其上标记出点A及其前后两点B和C。每位同学分别用刻度尺测量出B、C两点间的位移大小，并记录测量结果：$s =$ _____ m，再计算出点A对应时刻的瞬时速度$v = \dfrac{s}{t} =$ _____ m/s。

分析归纳：将本学习小组每位同学得出的瞬时速度值汇总，分别作为v_1，v_2，$\cdots$，v_n，再计算瞬时速度的平均值$\bar{v} = \dfrac{v_1 + v_2 + \cdots + v_n}{n} =$ _____ m/s。该平均值即可视为纸带上点A经过振针时的瞬时速度。

反思改进：比较本学习小组每位同学的计算结果与平均值的差异，看谁的测量结果更准确。与同学交流，通过用打点计时器测量瞬时速度的实验，得到的测量结果是否非常准确？有什么方法可以将瞬时速度测量得更加准确？

 行为与责任——开拓创新，锐意进取

长征五号火箭发动机的喷管上有数百根空心管线，管壁的厚度仅为0.33 mm，每个焊点的宽度只有0.16 mm，允许完成焊接的时间是0.1 s。大国工匠高凤林以精湛的技艺精准控制，将焊接的停留时间从0.1 s缩短到0.01 s，保证了火箭发动机焊接的质量。

随着信息技术的发展，物理实验手段也在不断进步。利用数字信息系统可大幅提高实验精度和效率。

本实验所使用的数字信息系统主要由计算机、数据采集器、光电门传感器等组成。光电门传感器通过数据线与数据采集器和计算机相连。当挡光片通过光电门时，光电门可以接收其间的光线变化信息，并将其传递给计算机。计算机自动计算出挡光片经过光电门时的平均速度，并将其显示在屏幕上。由于挡光片的宽度比较小，挡光时间比较短，可认为该段时间内的平均速度近似等于挡光片经过光电门时的瞬时速度。

用图 1-1-13 所示实验装置测量瞬时速度时，依次更换宽度不同的挡光片，使其在小车上开始挡光的位置相同。再将小车从斜面顶端的同一位置由静止开始释放，可得到一系列相应的数据。

更换挡光片后，测得的瞬时速度值是否相同？与同学讨论，这些数据分别是什么时刻的瞬时速度？用光电门传感器测量瞬时速度，你有什么感受？

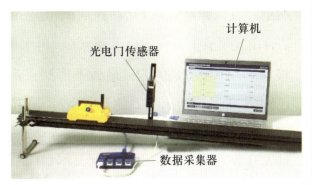

图1-1-13　用光电门传感器测量瞬时速度

速度的大小称为**速率**，是标量。汽车上的速度计（图1-1-14）通常只显示汽车瞬时速度的大小，不显示汽车速度的方向，因此它显示的是汽车的瞬时速率。

图1-1-14　汽车上的速度计

常见运动物体的可达速率见表1-1-1。

表1-1-1　常见运动物体的可达速率

运动物体	$v/(\text{m} \cdot \text{s}^{-1})$	运动物体	$v/(\text{m} \cdot \text{s}^{-1})$
蜗牛	5.0×10^{-3}	普通轮船	7.5
竞走运动员	4.2	摩托艇	32
短跑运动员	10	内燃机车	69
赛马	15	动车组列车	1.1×10^2
野兔	20	磁悬浮列车	1.4×10^2
自行车运动员	20	客机	2.8×10^2
摩托车	1.1×10^2	载人飞船	1.1×10^4
赛车	1.2×10^2	地球（公转）	3.0×10^4

1. 图 1-1-15（a）所示为一种工业机器人，通过其机械臂可以实现物品搬运。机械臂点到点的运动模式中，最简单的是直线运动，其次是门形运动，如图 1-1-15（b）所示。机械臂要从点 A 运动到点 B，需先从点 A 出发竖直上升一定高度到点 C，再水平移动到点 B 上方的点 D，最后下降到点 B。

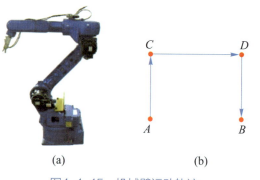

(a)　　　　　(b)

图 1-1-15　机械臂运动轨迹

已知 AC 的长度为 a，CD 的长度为 b，试求机械臂从点 A 到点 B 的位移和路程。

2. 新时代的中国北斗，将服务全球、造福人类。上网查阅我国北斗卫星导航系统在交通、农业、电力等各个领域中的应用，写一篇研究小报告，课堂上与同学交流。

3. 2021 年 6 月 25 日，世界上海拔最高的电气化铁路——拉林铁路开通运营。表 1-1-2 给出了从拉萨到林芝的 C881 次列车时刻表，试估算列车从拉萨到林芝的平均速率，并了解拉林铁路的建设难度和意义。

表 1-1-2　拉萨—林芝 C881 次列车时刻表

序号	车站	到达时刻	出发时刻	停留时间/min	运行里程/km
1	拉萨	始发站	08:00	—	0
2	山南	09:04	09:08	4	106
3	加查	09:50	09:52	2	212
4	林芝	11:41	—		435

4. 实地测量本学校操场最外侧跑道一周的长度，课堂上与同学交流，讲述测量方法，展示使用的测量工具，讨论谁的测量结果最准确。

5. 以学习小组为单位，设计一个能比较准确地测量实际运动物体（如骑自行车的人或行驶的汽车）瞬时速度的方案，并在确保安全的前提下进行实验，写出研究小报告，课堂上与其他学习小组的同学交流。

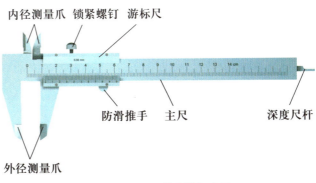

第二节 学生实验：长度的测量

任务与目标

（1）了解游标卡尺的结构和测量原理，学会正确使用游标卡尺。

（2）了解误差、有效数字等概念，能正确使用有效数字表示测量结果。

（3）能正确处理测量数据，并能进行简单的误差分析。

（4）体会游标卡尺中将读数放大、实现高精度测量的思想方法。

（5）逐步养成规范操作、细心观察的实验习惯，体会精益求精的工匠精神。

仪器与材料

游标卡尺、PVC电工套管（长度适当）。

原理与方法

（1）游标卡尺

游标卡尺是一种测量长度的精密测量工具，它能把微小的读数放大，实现高精度的测量。由于游标卡尺结构简单、操作方便，并拥有一定的测量精度，可测量物体的长度、深度、内径和外径，已成为工业生产中重要的测量工具。常用的游标卡尺有10分度、20分度和50分度3种，其工作原理相同。游标卡尺的设计非常巧妙，下面以50分度游标卡尺（图1-2-1）为例，说明其设计思想和测量原理。

游标卡尺在结构上可分为主尺和游标尺，主尺上有正常的刻度，最小刻度为1 mm；而游标尺上刻度有所不同，它上面有50个小格，其总长为49 mm，所以每个小格的长度为0.98 mm，如图1-2-2所示。主尺的最小刻度与游标尺的最小刻度之差为0.02 mm，这一差

图1-2-1 50分度游标卡尺

内径测量爪　锁紧螺钉　游标尺

防滑推手　主尺　深度尺杆

外径测量爪

值就是游标卡尺的**精度**。

在对测量结果进行读数时，若所有的数值都用 mm 作单位，可将读数 l 分为两部分：整数部分 l_0 和小数部分 Δl。游标尺的 "0" 刻度线所对应的主尺上的读数就是测量值的整数部分；若游标尺上 "0" 刻度线后

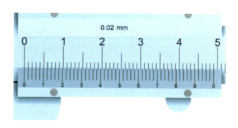

图1-2-2　游标卡尺的刻度

第 n 条刻度线与主尺上的某条刻度线对齐，则 "$n\times$ 精度" 的值就是测量值的小数部分。用公式表示为

测量值 = 主尺上的整数部分 + 游标尺上的小数部分

即

$$l=l_0+\Delta l=l_0+n\times 精度$$

例如，用游标卡尺测量物体的长度时，游标尺的位置如图1-2-3所示。

在读数时，先读游标尺 "0" 刻度线左边主尺上的整数部分，可得 $l_0=6$ mm。然后看游标尺上哪一根刻度线与主尺上的刻度线对齐，可以看出第16根刻度线与主尺上的刻度线最为对齐，因此，小数部分的值为

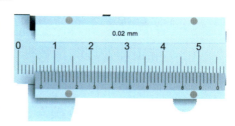

图1-2-3　游标尺的位置

$$\Delta l=n\times 精度 =16\times 0.02\ \text{mm}=0.32\ \text{mm}$$

这样，被测物体的长度为

$$l=l_0+\Delta l=6\ \text{mm}+0.32\ \text{mm}=6.32\ \text{mm}$$

可见，游标卡尺是利用主尺与游标尺上的每一最小格之差，把不易直接测量的微小量，通过 "放大" 显示，从而方便我们对读数的识别，提高测量精度。

注意事项

① 使用前应该将游标卡尺的测量爪合拢，这时游标尺的 "0" 刻度线与主尺的 "0" 刻度线应对齐，否则表明游标卡尺已磨损。

② 测量时，推动游标尺杆的力度要适当，夹紧物体后，不要在测量爪中移动物体，以防测量爪受损。

③ 每次读数后，与学习小组的同学交流，达成一致意见后，再记录数据。

（2）数显卡尺

在测量时也可用数显卡尺（图1-2-4）替代游标卡尺。数显卡尺具有读数直观、使用方便等特点。数显卡尺比游标卡尺多了4个功能键及数字显示屏。测量步骤如下：

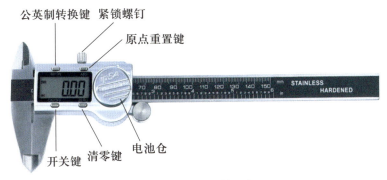

图1-2-4 数显卡尺

第1步，调零。使用干净的白纸清洁测量爪，然后将卡尺的游标推至卡尺最左端并稍稍用力按紧，打开卡尺的开关键（"ON/OFF"键），再按"ZERO"键，使显示屏为零。

第2步，选择测量方式。按"ABS"键可在相对测量（INC）和绝对测量（ABS）之间进行切换。

第3步，根据实际需要选择公制、英制，按"MM/IN"键可进行公制和英制的切换。

第4步，开始测量并记录数据。用卡尺的外径测量爪、内径测量爪或深度尺杆对被测物体进行测量，当显示屏（图1-2-5）稳定时，读出其显示数值并做好记录。

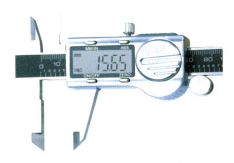

第5步，测量结束后关闭电源（"ON/OFF"键），将卡尺放入盒内。

图1-2-5 数显卡尺读数

测量方式：根据零点设定方法不同，测量方式分为绝对测量和相对测量。

绝对测量是指从仪器上直接读出被测工件数值的测量方法。打开电源时，卡尺总是处于绝对测量的状态，此时显示绝对值。

相对测量是指在设定相对零点后进行的测量。测量时需先设定相对零点，选择经校正的标准工件，测量该标准工件并调整游标尺的位置，按"ABS"键设定相对零点，此时显示屏显示"INC"，表示处于相对测量状态，测量时读数显示的是被测工件与标准工件的差值。

（3）误差与有效数字

● 误差 任何测量的结果都不可能绝对准确。被测物的测量值与它的真实值之间的差异称为**误差**。**真实值**是指被测物客观真实的数值。但在实际操作中，由于真实值无法测量，所以通常用多次测量的算术平均值代替真实值，算术平均值用公式表示为

$$\overline{x} = \frac{x_1 + x_2 + \cdots + x_n}{n}$$

15

误差可粗略分成绝对误差和相对误差。

● 绝对误差　如果用分度值为 1 mm 的刻度尺测量印制电路板的厚度，读数为 1.3 mm，但印制电路板厚度的真实值为 1.2 mm，则测量值与真实值之差为

$$1.3 \text{ mm}-1.2 \text{ mm}=0.1 \text{ mm}$$

物理学中把测量值与真实值之差称为**绝对误差**，在测量中，往往用多次测量的算术平均值代替真实值，绝对误差用数学公式可表示为

$$\Delta x_1 = \left| x_1 - \overline{x} \right|$$

同一物理量进行多次测量时，各次测量值及其绝对误差不尽相同，将各次测量的绝对误差取绝对值后再求平均值，得到的结果称为**平均绝对误差**，用数学公式可表示为

$$\Delta x = \frac{\left| x_1 - \overline{x} \right| + \left| x_2 - \overline{x} \right| + \cdots + \left| x_n - \overline{x} \right|}{n}$$

式中，Δx 表示平均绝对误差；x_n 表示测量值；$\overline{x}$ 表示多次测量的算术平均值。

● 相对误差　测量中，绝对误差不能准确反映测量的误差程度。例如，用同一把尺子测量长度为 2 mm 和 20 mm 的物体，若它们的测量值的绝对误差都是 $\Delta x = 0.5$ mm。虽然绝对误差都一样，但是这个绝对误差相对于前者来说太大，而相对后者来说结果较好，因为 0.5 mm 相对 20 mm 来说所占比例非常小。

为了反映绝对误差在真实值中所占的百分率，体现出其测量的误差程度。物理学中把绝对误差与真实值之比称为**相对误差**，用公式表示为

$$\delta x = \frac{\Delta x}{\overline{x}} \times 100\%$$

相对误差是一个比值，没有单位，一般用百分数表示。在相同的条件下，为了提高测量的准确程度，应该考虑尽量减小相对误差。

● 有效数字　由于受到所用测量仪器精度的限制，测量得到的数据中包含准确的数字和估读的不确定的数字，把通过直读获得的准确数字称为可靠数字；把通过估读得到的数字称为存疑数字。物理学中把能反映被测物大小的带有 1 位存疑数字的全部数字称为**有效数字**。

如图 1-2-6 所示，用分度值为 1 mm 的刻度尺测量 U 盘的长度，读出其可靠数据并估读到毫米数的下一位，得到 x_A=26.5 mm，如图 1-2-7（a）所示。其中，前两位是在刻度尺上直接读出来的可靠数字，而 0.5 mm 是估读数字。估读数字与人的读数有关，不同

图 1-2-6　测量 U 盘长度

的人估读的结果可能不一样。估读出来的数字尽管都是存疑数字，但都是有效的，如26.5 mm是3位有效数字，若换算成2.65 cm依然是3位有效数字。

需要注意，有效数字中的"0"不能随便取舍。例如，继续用上面分度值为1 mm的刻度尺测某IC芯片的长度，此时被测物体的右端正好和刻度线对齐，如图1-2-7（b）所示，此时正确的记录是x_B=15.0 mm，而不应该写成15 mm。因为

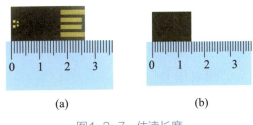

(a)　　　　　　(b)

图1-2-7　估读长度

1、5这两个数字都是可靠数字，如果写成15 mm，就表示5这个数字是存疑数字，是不可靠的，这样不符合实际测量仪器的准确度。因此，有效数字中最末的一位非0数字后面的数字"0"是有意义的，不能随意舍去或添加。

为了正确表述有效数字，特别大或特别小的数字可以用科学记数法，如0.015 2、10 412，如要求保留3位有效数字，则可表示为1.52×10^{-2}和1.04×10^{4}。

收集与整理

本学习小组内协商分工，相互配合，按下列步骤完成测量工作：

用游标卡尺在PVC电工套管的不同部位分别测出它的外径D、内径d、长度L，各测3次，将所测数据填入表1-2-1中。

分析与处理

整理本学习小组测量的数据，求出平均值，并计算平均绝对误差及相对误差。

游标卡尺的精度为_____mm。

表1-2-1　长度的测量

序次	PVC管外径D/mm	PVC管内径d/mm	PVC管长度L/mm
1			
2			
3			
平均值 $\bar{x} = \dfrac{x_1 + x_2 + x_3}{3}$	$\bar{D} =$	$\bar{d} =$	$\bar{L} =$

计算每次测量的绝对误差，并求出平均绝对误差分别为

$$\Delta D = \frac{\left|D_1 - \bar{D}\right| + \left|D_2 - \bar{D}\right| + \left|D_3 - \bar{D}\right|}{3}$$

$$\Delta d = \frac{\left|d_1 - \bar{d}\right| + \left|d_2 - \bar{d}\right| + \left|d_3 - \bar{d}\right|}{3}$$

$$\Delta L = \frac{\left|L_1 - \bar{L}\right| + \left|L_2 - \bar{L}\right| + \left|L_3 - \bar{L}\right|}{3}$$

相对误差分别为

$$\delta D = \frac{\Delta D}{\bar{D}} \times 100\%, \quad \delta d = \frac{\Delta d}{\bar{d}} \times 100\%, \quad \delta L = \frac{\Delta L}{\bar{L}} \times 100\%$$

若某项测量的相对误差大于5%，则重新进行该项测量。

思考与讨论

与本学习小组内同学的数据进行对比，分析误差的来源，看看谁的数据更好。

总结与交流

PVC管的外径为

$$D = \bar{D} \pm \Delta D$$

PVC管的内径为

$$d = \bar{d} \pm \Delta d$$

PVC管的长度为

$$L = \bar{L} \pm \Delta L$$

反思与提升

（1）游标卡尺中隐含着什么测量思想和方法？

（2）使用游标卡尺的过程中要注意哪些问题？

（3）自己在实验过程中是否规范操作，哪些方面还可提升。

（4）学习小组讨论，分析误差出现的主要原因，讨论误差是否可以避免。

（5）将数字 27 800 000、0.000 021 69 用科学记数法表示并保留3位有效数字，应如何表示？

第三节 匀变速直线运动

 情境与问题

历史上曾有一次马车和火车的比赛，尽管在发令枪响后，马车瞬间冲出数百米，而火车才从原地徐徐起动，但火车的速度越来越快，马车很快就被追上了（图1-3-1），并被火车远远地抛在后面。为什么马车跑不过火车呢？

图1-3-1 马车和火车比赛

匀变速直线运动

生活中人们发现，有些物体的运动速度会越来越快，而有些物体的运动速度会越来越慢。实际物体的运动，绝大多数是变速运动。例如，汽车起动后，速度越来越大；汽车制动后，速度越来越小。如果在相等的时间内，物体沿直线运动的位移不相等，这种运动称为变速直线运动。

如果一辆汽车沿一条平直的公路从静止开始加速，1 s末的速度为2 m/s，2 s末的速度为4 m/s，3 s末的速度为6 m/s，4 s末的速度为8 m/s，5 s末的速度为10 m/s……

思考与讨论

分析上述汽车的运动数据可以发现，这辆汽车开始运动后，每1 s内速度的增加量是____m/s，每2 s内速度的增加量是____m/s。

做变速直线运动的物体，如果在任意相等的时间内，速度的变化量都相等，则这种运动称为匀变速直线运动。匀变速直线运动是一种物理模型。实际生活中，一些物体的运动，如汽车、火车启动后或停止前的一段时间内的运动都可近似看作匀

19

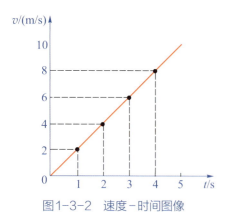

图1-3-2 速度—时间图像

变速直线运动。

为了直观地了解物体的速度随时间变化的情况，可以借助数学中建立平面直角坐标系的方法绘制图像。

建立一个平面直角坐标系，用纵轴表示速度，横轴表示时间，将上述匀变速直线运动的每一时刻的速度作为一个点画出，就形成一条如图1-3-2所示的直线。这样绘制的描述速度与时间关系的图像称为**速度—时间图像**（v-t图像）。

 思维与方法——图像法

图像法是一种数学方法。用图像反映物理规律，是人们探求自然规律的一个重要方法。这种方法可以使抽象的概念直观形象，动态变化过程清晰，物理量之间的函数关系明确，往往能表达出语言难以表达的内涵，避免复杂的运算过程。

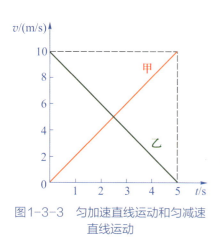

图1-3-3 匀加速直线运动和匀减速直线运动

匀变速直线运动可分为匀加速直线运动和匀减速直线运动。如图1-3-3所示，直线甲表示质点做匀加速直线运动，直线乙表示质点做匀减速直线运动。

加速度

在不同的匀变速直线运动中，质点速度变化的快慢往往是不同的。

 观察与体验——纯电动汽车和混合动力汽车动力性能比较

汽车的百千米加速时间，是衡量汽车动力性能的重要指标，它是指汽车速度由静止加到100 km/h所用的时间。在某品牌汽车动力性能测试中，纯电动汽车的百千米加速时间是7.5 s，增加了燃油动力系统后的同型号油电混合动力汽车的百千米加速时间是7.3 s，而同级别的燃油汽车百千米加速时间是10 s左右。那么，哪一类汽车的动力性能更好？

在匀变速直线运动中，质点速度的变化量和发生这一变化所用时间的比值是一个常量，物理学中，将该比值定义为**加速度**。用a表示加速度，v_0表示初速度，v_t表示末速度，t表示速度变化所用的时间，则加速度为

$$a = \frac{v_t - v_0}{t}$$

在国际单位制中，加速度的单位为m/s²（米/秒²），其数值的大小表示质点速度变化的快慢程度。

若将汽车的运动视为匀变速直线运动，因为100 km/h ≈ 27.8 m/s，则可计算出上述三种汽车的加速度大小分别为

$$a_{电} = \frac{v_{t1} - v_{01}}{t_1} = \frac{27.8 - 0}{7.5} \, m/s^2 \approx 3.71 \, m/s^2$$

$$a_{混} = \frac{v_{t2} - v_{02}}{t_2} = \frac{27.8 - 0}{7.3} \, m/s^2 \approx 3.81 \, m/s^2$$

$$a_{油} = \frac{v_{t3} - v_{03}}{t_3} = \frac{27.8 - 0}{10} \, m/s^2 \approx 2.78 \, m/s^2$$

混合动力汽车的加速度最大，可见其动力性能更好。

加速度表示物体速度变化的快慢，与速度没有直接的联系。速度快，加速度不一定大。例如，在高空匀速飞行的飞机，速度很大，但加速度为零；百米赛跑运动员起跑时，速度很小，但加速度很大，可以在短时间内达到较大速度。

观察与体验——用位移传感器测量加速度

用数据线将数据采集器与计算机相连接，并接通电源。将轨道的一端抬高，使其成为一个斜面，并固定好。将位移传感器的发射端固定在小车上。位移传感器的接收端固定在轨道的高处末端，且与小车上的发射端对正，并用数据线连接在数据采集器上。将固定有发射端的小车放到接收端附近的轨道上，打开发射端开关，进入数字信息系

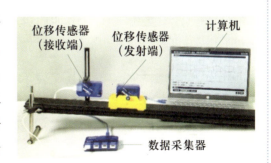

图1-3-4 用位移传感器测量加速度

统专用软件的"测量加速度"界面。单击"开始记录"按钮后，将小车释放，让其沿轨道滑下，如图 1-3-4 所示。

当小车滑到底端后，单击"停止记录"按钮。数字信息系统会立即将小车的 v-t 图像显示在屏幕上。单击"选择区域"按钮，在 v-t 图像的时间轴上选择"起始时刻"和"结束时刻"，系统可即时显示出小车在该段时间内加速度的大小。

观察发现，小车的 v-t 图像近似是一条____线。与同学讨论，计算机是如何利用该图像计算出小车运动的加速度？如果把斜面变得更加倾斜，小车的 v-t 图像会怎样变化？

加速度是矢量。在匀变速直线运动中，如果速度增加，即 $v_t > v_0$，则加速度是正值，表示其方向与运动方向相同；如果速度减小，即 $v_t < v_0$，则加速度是负值，表示其方向与运动方向相反。

● 示例1

一辆汽车以108 km/h的速度匀速行驶，司机在发现险情后立即采取制动措施，经过5 s停止。求汽车的加速度。

解 电动汽车从制动到停止的过程可看成匀减速直线运动。已知初速度 v_0=108 km/h=30 m/s，由加速度公式得

$$a = \frac{v_t - v_0}{t} = \frac{0-30}{5} \ \text{m}/\text{s}^2 = -6 \ \text{m}/\text{s}^2$$

a 为负值，表示加速度方向跟汽车运动方向相反，汽车做匀减速直线运动。

因为加速度是矢量，既有大小，又有方向，因此解答时既要计算出它的大小，还要说明它的方向。

速度公式

由加速度公式 $a = \dfrac{v_t - v_0}{t}$ 可得
$$v_t = v_0 + at$$

上式表示，如果已知一个匀变速直线运动的初速度 v_0、加速度 a 和时间 t，就可以求得其末速度 v_t。

● 示例2

图1-3-5　无人机悬停拍照

无人机电力检测系统根据预设航线以恒定的速度 v_0 向着目标飞行，在即将到达指定位置前减速，并悬停在指定位置拍照（图1-3-5）。若无人机的减速运动视为匀减速直线运动。若减速过程加速度大小为3 m/s^2，减速至悬停所用时间为5 s，求无人机在空中飞行的速度 v_0。

解 已知 $a = -3$ m/s^2，v_t=0，由速度公式 $v_t = v_0 + at$ 得

$$v_0 = v_t - at = \left[0 - (-3) \times 5\right] \text{ m/s} = 15 \text{ m/s}$$

无人机在空中飞行的速度为15 m/s。

位移公式

如果已知一个匀变速直线运动的初速度v_0、加速度a和时间t，则利用数学推导，可以得出**位移公式**，即

$$s = v_0 t + \frac{1}{2} at^2$$

推论 由速度公式$v_t = v_0 + at$可得$t = \dfrac{v_t - v_0}{a}$，代入位移公式$s = v_0 t + \dfrac{1}{2} at^2$得

$$v_t^2 - v_0^2 = 2as$$

此式是一个常用的匀变速直线运动的速度与位移的关系式。

● **示例3**

行驶在山路上的车辆，由于长时间下坡刹车，常导致刹车失灵。为了避免交通事故的发生，在山区建设高速公路时，一般会在较长下坡路段的坡底设置紧急避险车道（图1-3-6）。将紧急避险车道视为一个有固定倾角的斜面，设一辆失控汽车以108 km/h的速度冲上紧急避险车道，做加速度为7.5 m/s²的匀减速直线运动，紧急避险车道长为80 m，问该汽车能否安全停下来？

图1-3-6 避险车道

解 汽车做匀减速直线运动，已知初速度v_0和加速度a，可利用速度与位移的关系式计算位移s。

假设汽车能安全停下来，则末速度$v_t = 0$，而$v_0 = 108$ km/h$= 30$ m/s。由$v_t^2 - v_0^2 = 2as$得

$$s = \frac{v_t^2 - v_0^2}{2a} = \frac{0^2 - 30^2}{2 \times (-7.5)} \text{ m} = 60 \text{ m}$$

该汽车在进入紧急避险车道行驶60 m后停止，而紧急避险车道长为80 m，可见汽车能安全停下来。

本节提到的马车与火车比赛，开始时马车的加速度大，几秒内就可以由静止加速到其最大速度，而火车的加速度小，加速到

与马车相同速度需要的时间更长，因此在开始的几秒内马车比火车快。由于马车加速到最大速度后，只能维持这个速度，而火车还可以继续做加速运动，其速度在超过马车后继续增大，因此不但可以追上马车，还可以把马车远远抛在后面。

 行为与责任——安全驾驶，从控制车速开始

"提速"给我们的生活带来了便利，也带来了隐患。《中华人民共和国道路交通安全法》规定："机动车上道路行驶，不得超过限速标志标明的最高时速。"因此，当我们驾驶汽车时，要与前车保持安全距离。以100 km/h速度行驶的小汽车要停下来，制动距离一般要100 m以上，大货车要200 m以上。

自由落体运动

物体在空中下落时，速度总是越来越大，它的运动是否为匀加速直线运动？关于这个问题，历史上早有争论。一块石头和一根羽毛同时下落，人们发现总是石头先落地。公元前4世纪，古希腊哲学家亚里士多德根据对类似现象的观察，得出结论：重的物体比轻的物体下落得快。这一物理观念符合人们的常识，因此在其后两千年的时间里，被奉为经典。

16世纪末，意大利科学家伽利略对亚里士多德的论断表示了怀疑。他假设：把一块大石头和一块小石头捆在一起，让其下落，结果如何？按亚里士多德的说法，原来落得快的大石头要被落得慢的小石头拖着，下落速度就要变慢；原来落得慢的小石头被落得快的大石头拉着，下落速度就要变快。因此两块石头捆在一起下落的速度应介于大石头和小石头原来的速度之间。可是，按照亚里士多德重物下落得快的观念进行推理，两块石头捆在一起更重了，应该比大石头下落得更快，如图1-3-7所示。

可见，亚里士多德关于落体的观念自相矛盾，不能成立。因此，伽利略认为只有一种可能：重物与轻物应该下落得同样快。

伽利略为此进行了大量细致的实验，并通过严密的数学推理，最终发现了物体下落的真正规律，也证明了亚里士多德关于落体运动的观念是错误的。伽利略这种敢于质疑的科学态度以及

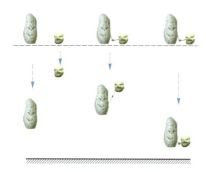
图1-3-7　自由落体推理

24

运用实验方法、数学方法和逻辑思维相结合对自然规律进行研究的科学方法值得我们学习。

观察与体验——牛顿管实验

牛顿管是一根一端封闭、另一端带有气嘴封盖的玻璃管，其中放置一个圆形金属片和一片羽毛，如图1-3-8所示。当管内有空气时，将竖直放置的牛顿管迅速倒置，让金属片和羽毛同时开始下落。可看到_____。

用真空泵抽去牛顿管内的绝大部分空气，再让金属片和羽毛同时下落。可看到_____。

观察发现，在落体运动中，_____是不可忽略的因素。若假设在完全真空的环境中，可推理出质量不同的物体下落的快慢程度是_____的。

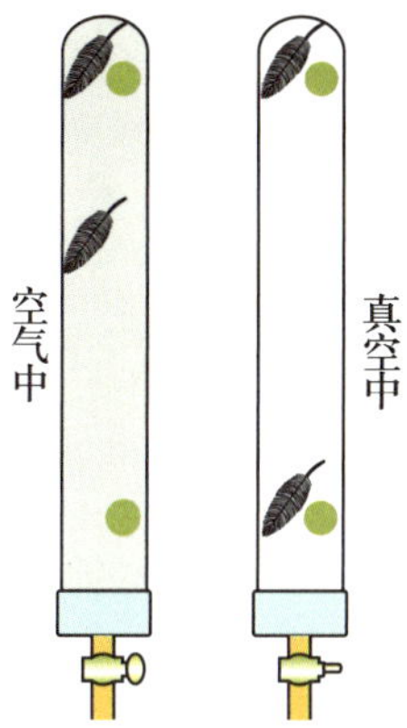

图1-3-8　牛顿管

物体只在重力作用下从静止开始下落的运动称为自由落体运动，它也是一个物理模型，因为这种运动只有在真空中才能发生。当物体在空气中由静止开始下落，且速度不太大时，空气阻力的作用可忽略，可近似将其看作自由落体运动。

通过大量实验发现，自由落体运动是初速度为零的匀加速直线运动。在同一地点，一切物体自由下落的加速度都相同，这个加速度称为重力加速度，通常用 g 来表示。计算时，通常取 g 为 $9.8\ \text{m/s}^2$。粗略计算时，可以把 g 取为 $10\ \text{m/s}^2$。

重力加速度与海拔、纬度、地质构造等因素有关。纬度越高，重力加速度越大，因此赤道上的重力加速度要比南北两端的小；海拔越高，重力加速度越小，如拉萨的海拔低于珠穆朗玛峰的海拔，所以其重力加速度比珠穆朗玛峰峰顶的大；地下岩石和矿体密度的不同也会引起地面重力加速度的变化，因此根据地面或海上重力加速度的变化，可以开展地质探矿。

准确测量重力加速度，对于开展地震预报、重力探矿、空间科学试验等具有重要意义。重力加速度的测量可用重力仪。2020年5月，我国进行了珠穆朗玛峰最新高程的测量，所使用的高精度测量仪器均由我国自主研制，重力仪是其中之一，如图1-3-9所示。

图1-3-9　珠峰号重力仪

25

由于在自由落体运动中，初速度 $v_0=0$，加速度 $a=g$，因此，自由落体运动的速度公式可表示为

$$v_t=gt$$

下落的位移公式可表示为

$$h=\frac{1}{2}gt^2$$

速度与位移的关系式为

$$v_t^2=2gh$$

● 示例4

某同学在学校科技节中展示学习小组设计的关于测试重力加速度的实验小制作，并现场演示。他使一小钢球从 1.25 m 高处自由下落，计时传感器测得小球下落时间为 0.5 s，求当地的重力加速度大小。

解 由于 $h=1.25$ m，$t=0.5$ s，由 $h=\frac{1}{2}gt^2$ 可得当地的重力加速度为

$$g=\frac{2h}{t^2}=\frac{2\times1.25}{0.5^2}\ \mathrm{m/s^2}=10\ \mathrm{m/s^2}$$

 实践与探索 1-3

1. 某无人机巡航速度为 144 km/h，无人机由静止起飞后 10 s 可达到巡航速度，如果该无人机在该运动过程中做匀变速直线运动，试求该无人机的加速度大小。

2. 在建设高速铁路隧道时，常会遇到各种地下溶腔。为了估算垂直溶腔的深度，工程技术人员让石块掉入溶腔，通过听取落水声响来估算溶腔的深度。若某工程师在溶腔口由静止释放一石块，经过 3 s 后听到落水声，忽略声音传播的时间，试估算该垂直溶腔的深度。

3. 用手机连续拍照功能，拍摄下落物体的图像，探究自由落体运动的位移规律，撰写研究小报告，课堂上与同学交流，展示自己的研究方法和成果。

4. 2019 年 12 月 30 日，北京至张家口高速铁路开通运营，它是我国第一条

采用北斗卫星导航系统、设计时速为350 km/h的智能化高速铁路。列车启动时，为了保证乘客的舒适感，自动驾驶系统会将加速度控制为0.5 m/s²。假设列车做匀加速直线运动，则该列车启动后多长时间能达到设计时速？此时位移为多少？

5. 2022年，我国新能源汽车发展驶入"快车道"，为测试国产电动汽车在极寒条件下的加速性能，在一次冬季测试中，举办方让电动汽车与飞机进行了比赛，如图1-3-10所示。当飞机以108 km/h的速度从汽车顶部掠过时，汽车从静止开始启动，并在900 m处追上了飞机。设飞机做匀速直线运动，汽车做匀加速直线运动，问追上飞机时，汽车的速度为多大？

图1-3-10　电动汽车与飞机比赛

6. 以学习小组为单位，设计一个能比较准确地测量运动物体瞬时速度的方案并实验，撰写研究报告，与其他学习小组的同学交流。

第四节　重力　弹力　摩擦力

图1-4-1　电工轻松
爬上电线杆

情境与问题

电工借助专用工具，能轻松自如地攀爬上电线杆，如图1-4-1所示。

从力学的角度分析，为什么电工能轻松地攀爬到高处？

力

人们通过长期实践认识到，物体运动状态的改变或物体形状的改变，都是物体间相互作用的结果。由此归纳出，**力**是物体间的相互作用。

力的大小可以用测力计测量出来。在国际单位制中，力的单位为 N（牛）。

力是矢量，既有大小，又有方向。力的作用效果不仅与力的大小、方向有关，还与力作用在物体上的作用点有关。例如，用力推一瓶放在水平桌面上的矿泉水，如果推力的大小、方向和作用点不同，则产生的作用效果会不同。因此，要把一个力准确地表达出来，就要表明力的这三个要素。

力的图示

物理学中，使用数学上的有向线段来表示这个抽象的力。线段按一定标度画出，它的长短表示力的大小，它的箭头指向表示力的方向，箭尾表示力的作用点。这种表示力的方法称为**力的图示**。例如，一个大小为100 N、与水平方向的夹角为30°的拉力的图示如图1-4-2所示。

有时只需画出力的示意图，即只画出力的作用点和方向，表

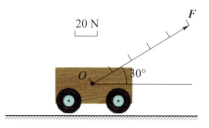

图1-4-2　力的图示

示物体在这个方向上受到了力，如图1-4-3所示。

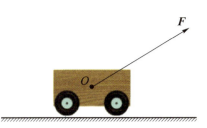

图1-4-3　力的示意图

重力

　　英国物理学家牛顿发现，宇宙中所有的物体之间都有相互吸引的力的作用，这种力称为**万有引力**。

　　跳伞运动员从高空中降落，标枪运动员投掷出去的标枪落向地面，抛向空中的纸飞机最终也会掉向地面，水总是向低处流淌……都是因为地球与它们之间存在万有引力。

　　物理学中，通常把地球表面附近的物体由于地球的吸引而受到的力称为**重力**，用 G 表示。物体所受重力 G 与物体质量 m 的关系为

$$G = mg$$

式中，g 为**重力加速度**。

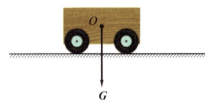

图1-4-4　物体所受重力的示意图

　　重力的方向总是竖直向下的，并可认为是作用在物体的重心上。物体所受重力的示意图如图1-4-4所示。

 思考与讨论

　　观察图1-4-5中处于不同运动状态的物体，尝试画出各物体所受重力的示意图。

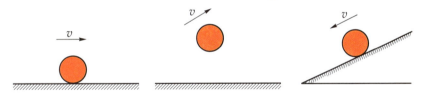

图1-4-5　物体所受的重力

　　与本学习小组的同学讨论，不同的运动状态是否会影响物体的重力？

　　应用与拓展——重力感应器在电子设备中的应用

　　重力感应器又称为重力传感器，它是一种把重力转换为电信号的传感器。目前绝大多数中高端智能手机和平板电脑等都内置了重力感应器，如手机的自动旋转功能就使用了重力感应器。重力感应器还被广泛应用于汽车电子领域，主要集中在车身操控、安全和导航系统，如汽车安全气囊、ABS 防抱死刹车系统。

▶ 弹力

物体在力的作用下其形状或体积会发生变化，这种变化称为**形变**。发生形变后的物体由于要恢复原状，对与它接触的物体产生力的作用，这种力称为**弹力**。物体在发生形变后，如果撤去作用力能够恢复原状，这种形变称为**弹性形变**。如果形变过大，超过一定的限度，撤去作用力后，物体不能完全恢复原来的形状，这个限度称为**弹性限度**。

弹性形变广泛应用在生产生活中。例如，汽车的弹簧缓冲器、扫地机器人的动力滚轮中的弹簧［图1-4-6（a）］等，都是利用弹簧的弹性来实现减振目的；也有利用弹簧的弹性形变实现设备的自动化，如多功能电工剪刀、手指康复训练器［图1-4-6（b）］。

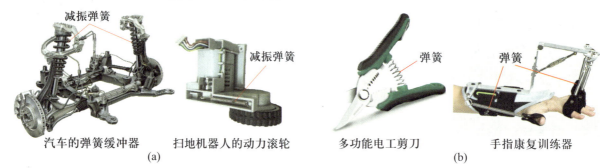

减振弹簧　　　　　汽车的弹簧缓冲器　　　减振弹簧　扫地机器人的动力滚轮　弹簧　多功能电工剪刀　弹簧　手指康复训练器

(a)　　　　　　　　　　　　　　　　　　　　　(b)

图1-4-6　弹性形变的应用

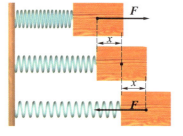

图1-4-7　弹簧的形变与弹力

以上这些设备都是应用了弹簧受力后会缩短或伸长的特性。如图1-4-7所示，缩短的弹簧会对与它接触的物体产生向外的弹力，而伸长的弹簧会对与它接触的物体产生向内的弹力。

那么，弹簧的弹力与形变量存在什么定量关系呢？

👥 观察与体验——弹簧弹力与形变量的关系

将一根长约 20 cm 的弹簧与刻度尺固定在铁架台上，如图1-4-8所示。读出弹簧自然伸长时的长度 L，将数据填入表1-4-1中。

在弹簧的下端依次挂上 5 只质量为 m 的钩码，待钩码静止后，分别读出对应的弹簧长度 L，将数据填入表1-4-1中。

根据所测数据，计算出弹簧的形变量 ΔL，填入表1-4-1中。

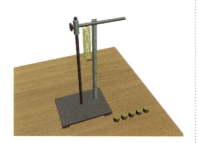

图1-4-8　弹簧弹力与形变量的
　　　　　关系实验装置

表1-4-1 弹簧弹力与形变量的关系

钩码数量	F/N	L/m	ΔL/m
0	0		0
1			
2			
3			
4			
5			

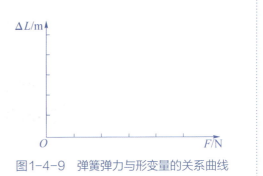

图1-4-9 弹簧弹力与形变量的关系曲线

根据表1-4-1的数据，先在图1-4-9所示的坐标系中设置好纵、横轴的单位刻度，再进行描点，最后用光滑的曲线将各点连接起来。

观察发现，弹簧的弹力与形变量近似成____比。

1676年，英国物理学家胡克发现，在弹性限度内，弹簧发生弹性形变时，弹力F的大小跟弹簧伸长（或缩短）的长度x成正比，即

$$F=kx$$

式中，k为弹簧劲度系数，单位为N/m（牛/米）。不同的弹簧，劲度系数通常是不同的，这个规律称为胡克定律。

我国汉代的郑玄发现："假令弓力胜三石，引之中三尺……每加物一石，则张一尺。"即弓具有弹性限度以及线性弹性的特点，比胡克发现胡克定律早了约1 500年。

有时物体的形变很小，不易观察。例如，放在水平桌面上的无线充电器与桌面间由于相互挤压，充电器和桌面都会发生微小的形变；用旋具拧螺钉时，旋具与螺钉也会发生微小形变。

弹力的方向与物体形变方向相反。例如，由于桌面上无线充电器的形变，它对桌面产生向下的弹力，即无线充电器对桌面产生了压力F_1，作用在桌面上；由于桌面的形变，它对无线充电器产生了向上的弹力，即桌面对无线充电器产生了支持力F_2，作用在无线充电器上，如图1-4-10所示。

压力和支持力也都是弹力，其方向都垂直于物体的接触面。

拉力也是一种弹力。图1-4-11所示为高速铁路接触网系统，由上、下两根线组成，上方的线是承力索，下方的线是接触线，承力索和接触线之间由吊弦连接。列车的受电弓通过与接触线相连取电。

图1-4-10 无线充电器与桌子的弹力

31

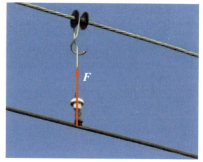

图1-4-11　高速铁路接触网

接触线受到吊弦的拉力，方向总是沿着吊弦，指向吊弦收缩的方向。

摩擦力

摩擦是一种常见的现象。两个相互接触的物体，当它们发生相对运动或具有相对运动的趋势时，就会在它们的接触面上产生阻碍它们相对运动的力，这种力称为摩擦力，常用F_f表示。

当一个物体与另一个物体保持相对静止时所受到的摩擦力称为静摩擦力。

观察与体验——最大静摩擦力

将滑块静止地放置在水平木板上，用测力计沿水平方向拉滑块，如图1-4-12所示，拉力逐渐增大，观察滑块运动状态变化与测力计拉力大小的关系。

观察发现，当测力计的拉力较小时，滑块保持_____；当测力计的拉力增加到_____N时，滑块发生滑动。

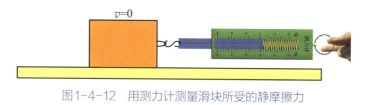

图1-4-12　用测力计测量滑块所受的静摩擦力

静摩擦力的大小总是随外力的增大而增大，方向与物体相对运动趋势的方向相反。静摩擦力有一个最大限度，这个限度称为最大静摩擦力。当外力大于最大静摩擦力时，原来相对静止的物体才会滑动。

当一个物体在另一物体表面滑动时，总会受到另一物体对它产生的阻碍它运动的力，这种力称为滑动摩擦力。

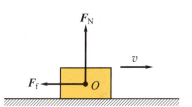

图1-4-13 滑动摩擦力的方向

大量实验表明，滑动摩擦力比最大静摩擦力略小，方向总是沿着接触面，并且跟物体的相对运动方向相反，如图1-4-13所示。

滑动摩擦力F_f的大小与相对运动速度等因素无关，但与接触面间的正压力F_N的大小成正比，用公式表示为

$$F_f = \mu F_N$$

式中，μ为比例常数，称为动摩擦因数。它的数值与接触面的材料及粗糙程度等因素有关。几种材料间的动摩擦因数见表1-4-2。

表1-4-2 几种材料间的动摩擦因数

材料	动摩擦因数	材料	动摩擦因数
钢－钢	0.1 ~ 0.3	钢－冰	0.02
木－木	0.2 ~ 0.5	木－冰	0.03
木－金属	0.2	橡胶－混凝土	0.6 ~ 0.8
铸铁－橡胶	0.8	金属－橡皮	1 ~ 4

滑冰运动员冰鞋下面安装冰刀就是因为钢与冰间的动摩擦因数很小，易于在冰面上滑行。在世界上一些寒冷地区，常用驯鹿、狗拉雪橇运送货物，也是因为雪橇与冰雪间的动摩擦因数很小的缘故。

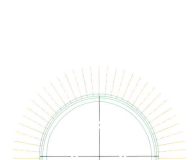

摩擦力在日常生活和工程技术中有着广泛的应用。如在高铁隧道建设中，因隧道开挖后原岩体的受力平衡状态被破坏，为了使隧道不坍塌，需要及时对岩体进行支护和加固。锚杆支护作为一种新型的支护技术得到了广泛的应用。在开挖的隧道中安装锚杆后，如图1-4-14所示，锚杆的夹紧力就会使层面间摩擦力增大，形成"组合梁"。这种摩擦力可以阻止岩石沿层面继续滑动，从而将数个薄岩层通过锚杆锁紧成一个较厚的岩层。

图1-4-14 锚杆支护

● 示例

中国国际机器人竞技大赛是由参赛选手操控机器人，使之在雪地上绕过障碍物滑行并抵达终点（图1-4-15），用时最少的获胜。若已知机器人的滑雪板与冰面之间的动摩擦因数为0.03，机

图1-4-15 滑雪机器人

图1-4-16 滚动轴承

图1-4-17 用传送带输送物料

器人的质量为20 kg，试估算机器人在滑雪过程中所受摩擦力的大小。

解 由滑动摩擦力公式得

$$F_f = \mu F_N = \mu m g = 0.03 \times 20 \times 10 \text{ N} = 6 \text{ N}$$

一个物体在另一个物体表面上滚动时产生的摩擦力称为**滚动摩擦力**。当压力相同时，滚动摩擦力比滑动摩擦力小很多。生产中常见的滚动轴承（图1-4-16）就是根据这一特点制成的。

摩擦力有时会给生产生活带来不便。例如，自行车上的各轴承间如果长时间不添加润滑油，人在蹬骑时会感到非常费力；各种机器运行时传动部件间都有摩擦力，不但消耗能量，降低效率，甚至损坏零件及缩短机器寿命。因此，人们常常给机器添加润滑油或采用气垫悬浮、磁悬浮等先进技术来减小摩擦力，从而保护机器，提高工作效率。

摩擦力有时也能给生产生活带来益处。例如，生产企业利用传送带输送物料（图1-4-17），利用的就是摩擦力；汽车在公路上起动，依靠的就是橡胶轮胎和路面间的摩擦力；列车在铁路上开动和制动，依靠的也是钢铁车轮与钢轨间的摩擦力。用手拿物品、用筷子夹食物、戴眼镜……都需要摩擦力。可以说，离开了摩擦力，人类就无法生活。

脚扣又称铁脚，是电工攀登电线杆的主要工具。这是借助人体自身重量，使脚扣紧扣在电线杆上，产生较大的摩擦力，从而使人易于攀登；而抬脚时因脚上承受重力减小，脚扣自动松开，可以自如向上攀登。

 实践与探索1-4

1. 抛秧［图1-4-18（a）］是一种省力的种稻方法。试分析抛秧能顺利地使秧苗种植到田里，主要是利用了什么力。试在图1-4-18（b）上画出秧苗的受力示意图。

 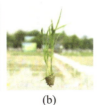  

    (a)   (b)

图1-4-18　抛秧   图1-4-19　推陶瓷凳

  2. 一位小朋友想推动一个陶瓷凳，设陶瓷凳与水平地面间的最大静摩擦力 $F_{max}=8\ N$。小朋友用一个水平向右的外力 F 作用在陶瓷凳上（图1-4-19），F 从零开始逐渐增大，直到陶瓷凳向右滑动。设陶瓷凳与水平面间的最大静摩擦力等于滑动摩擦力，则此过程中陶瓷凳受到的摩擦力大小（　　　）。

  A. 始终等于 8 N

  B. 始终等于 F

  C. 在陶瓷凳静止时随 F 的增大而增大，陶瓷凳运动时大小不变

  D. 在陶瓷凳静止时大小不变，陶瓷凳运动时随 F 的增大而增大

  3. 电力工人在敷设电缆时，因为施工场地和条件的限制，常常需要人工自行将电缆牵引至敷设位置。设电缆与地面间的动摩擦因数为0.8，电缆的总质量为 540 kg，问电力工人匀速拉动该段电缆时，需要用多大的水平拉力？

第五节　力的合成与分解

情境与问题

2020年12月11日，我国自主设计建造的世界上首座高速铁路悬索桥——五峰山长江大桥（图1-5-1）建成通车。大桥全长6 409 m，其中主桥主跨1 092 m。全桥共2根主缆，直径达1.3 m，是目前世界上直径最大的主缆。两根主缆需承受的拉力高达1.8×10^9 N。

主缆是怎样制作的？它为什么能承受如此巨大的拉力？

图1-5-1　五峰山长江大桥

合力与分力

在生活中常见到这样的情景：一桶水需要两个小孩才能提得动，而成年人用一只手就可以把它提起来。这里，两个小孩的力的作用效果与一个成年人的力的作用效果是相同的。

物理学中，如果有一个力的作用效果与几个力的作用效果相同，就把这一个力称为那几个力的合力，那几个力都称为分力。

力的合成

求几个分力的合力称为力的合成。例如，一个物体同时受到作用于O点的两个分力F_1、F_2的作用，如图1-5-2所示，它们的合力会指向哪里？大小是多少？

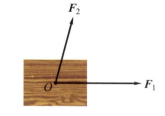

图1-5-2　物体受到两个力的作用

36

图 1-5-3 所示为探究合力与分力的关系实验装置。在绘图板上固定一张白纸，将橡皮筋的一端用图钉固定在白纸一侧的点 A，将橡皮筋的另一端拴两根带环的细绳。从点 A 画一条虚线到白纸另一侧的点 B。

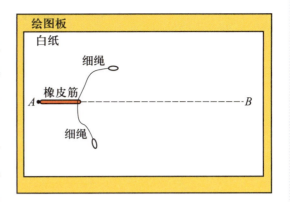

图 1-5-3　探究合力与分力的关系实验装置

用一个测力计沿 AB 方向把橡皮筋的另一端拉至适当位置，记下力 F 的大小，并将此力作为合力，将此时该端所处的位置标记为点 O。

然后用两个测力计分别拉住两根细绳，尝试用以下几种方法将橡皮筋的另一端拉至点 O，并在白纸上记下此时两个分力 F_1、F_2 的大小。

1. 将两个测力计均沿 AB 方向把橡皮筋的另一端拉至点 O；

2. 将两个测力计以 45° 的夹角把橡皮筋的另一端拉至点 O；

3. 将两个测力计以 90° 的夹角把橡皮筋的另一端拉至点 O；

4. 用一个测力计把橡皮筋的另一端沿 BA 方向拉，用另一个测力计把橡皮筋的另一端拉至点 O；

还可以尝试用其他不同夹角、不同大小的分力 F_1、F_2 把橡皮筋的另一端拉到点 O。

用力的图示法分别将上面所测的合力与各组分力在白纸上表示出来。

通过观察、分析和归纳，合力 F 与各组分力 F_1、F_2 间的大小关系，呈现出的规律：_____。

大量实验表明，两个互成角度的力合成时，遵循这样的定则：以表示这两个力的线段为邻边，作平行四边形，这两个邻边之间的对角线表示合力的大小和方向。这就是**力的平行四边形定则**。

平行四边形定则是矢量合成法则，所有的矢量，如速度、加速度合成时都遵循这一法则。

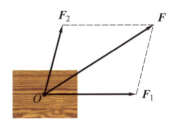

图1-5-4　合力与分力的关系遵循平行四边形定则

因此，图 1-5-2 中所示物体所受合力 F 的大小和方向如图 1-5-4 所示。当两个分力的大小固定不变，只有夹角改变时，合力随分力间夹角的变化情况见表 1-5-1。

37

表1-5-1　合力随分力间夹角的变化情况

两个分力的夹角 α	两个分力与合力	合力 F 的大小
$\alpha=0°$		$F=F_1+F_2$
$0°<\alpha<90°$		$F<F_1+F_2$
$\alpha=90°$		$F=\sqrt{F_1^2+F_2^2}$
$90°<\alpha<180°$		$F<\sqrt{F_1^2+F_2^2}$
$\alpha=180°$		$F=\left|F_1-F_2\right|$

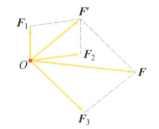

图1-5-5　3个力的合成

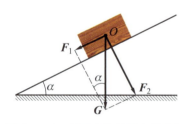

图1-5-6　斜面上物体重力的分解

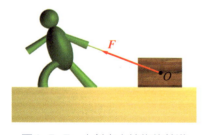

图1-5-7　人斜向上拉物体前进

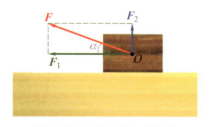

图1-5-8　斜向拉力的分解

合力与分力的大小关系可以归纳出如下规律：

$$\left|F_1-F_2\right|\leqslant F\leqslant F_1+F_2$$

如果求两个以上力的合力，可以连续应用平行四边形定则。其步骤是：先求出任意两个力的合力 F'，然后再求出 F' 与第三个力的合力 F，以此类推，直到求出所有力的合力为止。图1-5-5所示为3个力的合成。

力的分解

求一个合力的分力称为**力的分解**。生活中经常可以见到一个力产生两个作用效果的情景。

例如，斜面上物体的重力会产生两个作用效果：使物体沿斜面向下滑和使物体垂直于斜面向下压。因此，重力 G 应该分解为这样两个分力：平行于斜面向下的分力 F_1、垂直于斜面向下的分力 F_2，如图1-5-6所示。

如果已知重力 G 和斜面的倾角 α，根据三角函数关系可知

$$F_1=G\sin\alpha，F_2=G\cos\alpha$$

再如，人斜向上拉着物体前进，如图1-5-7所示。拉力对物体产生两个作用效果，一个效果使物体向前运动，另一个效果将物体向上提，若拉力 F 与水平方向的夹角为 α，如图1-5-8所示，则拉力在这两个方向上产生的作用力分别为 $F_1=F\cos\alpha，F_2=F\sin\alpha$。

五峰山长江大桥的两根主缆是主要承重结构，它们将原本需桥墩承担的重力，通过吊索转化成了向上的拉力，并由主缆传递到锚碇和主塔上。每根主缆由352根索股组成，每根索股由127根直径为5.5 mm的高强度钢丝组成，如图1-5-9所示。352根索股安装到大桥上的预定位置后，再使用紧缆机捆绑紧固，最终形成一条世界上直径最大、拉力最大的主缆，单根主缆承受的拉力高达9×10^8 N。

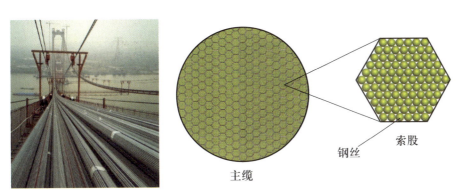

主缆　　钢丝　索股

图1-5-9　五峰山长江大桥主缆及其截面结构示意图

📐 应用与拓展——力传感器

力传感器是指能感受外力并转换为输出电信号的传感器，能检测出拉力、压力、重力等力学量，可用于对力的测量。力传感器的使用范围十分广泛，是常用的一种传感器，在动力设备、工程机械以及各类工业和民用产品中，如电子汽车衡［图1-5-10（a）］、电子台秤、电子叉车秤［图1-5-10（b）］、动态轴重秤，力传感器已成为其中不可缺少的核心部件。

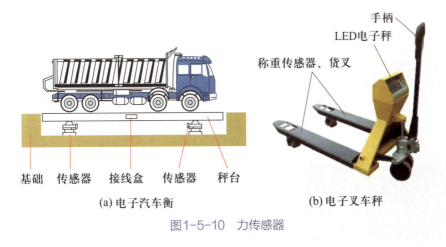

基础　传感器　接线盒　传感器　秤台

手柄
LED电子秤
称重传感器、货叉

(a)电子汽车衡　　　　　　(b)电子叉车秤

图1-5-10　力传感器

1. 画出图1-5-11中F_1和F_2的合力，并与同学交流。

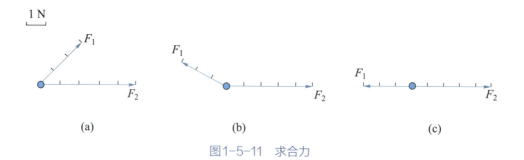

图1-5-11 求合力

2. 电力工人在野外作业时，常用到应急帐篷，为了防止搭好的帐篷被风刮跑，往往需要在帐篷四周的地面上钉入地钉。再给帐篷系上防风绳，并将防风绳的另一端斜向下固定在地钉上，如图1-5-12所示。与同学讨论，帐篷所受拉力的合力方向朝哪？怎样钉地钉才能使防风绳固定得最牢固？

图1-5-12 帐篷的防风绳

3. 超市里装载商品的手推车既可以拉，也可以推。与同学讨论，拉车和推车相比，哪种方式更省力？

4. 地面上放着一个质量约200 kg的大石头，如果让你利用一根结实的长绳和一棵大树，能将石头移动吗？

5. 查阅资料，了解我国在斜拉桥、悬索桥等桥梁建设中取得的成就，写一篇科技小论文，与同学交流并讨论。

第六节 物体受力分析

情境与问题

在汽车拉力锦标赛中，汽车行驶在复杂的赛道上，时而拐弯，时而上下坡，运动状态在不断改变，如图1-6-1所示。

汽车为什么能不断地改变运动状态？应当怎样分析汽车的受力情况呢？

图1-6-1　汽车行驶在砂石赛道上

弄清楚物体的受力情况，对于分析和解决实际问题十分重要。为此，需要学会正确分析物体的受力情况。

观察与体验——"吊篮法"高空带电作业

带电高压作业十分危险，稍有不慎，会危及人身安全。我国电力工人为了避免停电检修，创造了多种超高压带电作业法。2017年12月，山东电力检修公司的电工利用"吊篮法"[图1-6-2（a）]在1 000 kV的铁塔上，首次完成了特高压带电作业，在电网运维检修领域达到了世界领先水平。

观察并思考，维修电工在悬停于空中的吊篮中作业时，他受到几个力的作用？该怎样对他进行受力分析？

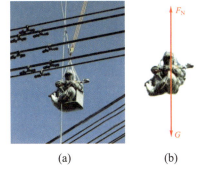

(a)　　　　(b)

图1-6-2　"吊篮法"高空带电作业

受力分析

想要知道物体的受力情况，首先要对其进行受力分析。所谓受力分析，就是把所要研究的物体受到的各个力准确地找出来，并画出受力图的过程。

设吊篮中的电工作业时处于静止状态，不难发现，他受到两个力的作用，重力G和吊篮底面对其的支持力F_N，如图1-6-2（b）

41

所示。

为了把物体的受力情况清楚地表示出来，通常需要画出物体的受力图。画受力图时，首先要确定研究对象，把要研究的物体从周围物体中隔离出来，单独画出它的简图，然后把其他物体作用在它上面的各个力——画上去，并且正确标明各力的大小、方向和作用点。

在实际问题中，一个物体往往同时受到几个力的作用，每个力的作用点可能各不相同，画受力图时，可把各个力的作用点画在同一点，即重心上。

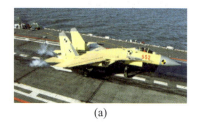

(a)

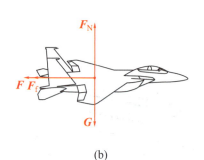

(b)

图1-6-3　舰载机在
辽宁号航母上着陆

● 示例1

2012年11月，我国舰载机在辽宁号航母上首降成功，如图1-6-3（a）所示。为了让飞机在有限长度的跑道上能停下来，甲板上设置了阻拦索协助飞机减速。若忽略空气作用力，把飞机视为质点，试分析飞机着陆过程中的受力情况，并画出受力图。

解　以飞机为研究对象，它在甲板上滑行时做减速运动，因此受到重力 G、支持力 F_N、阻拦索的拉力 F 以及甲板摩擦力 F_f 4个力作用，如图1-6-3（b）所示。

▶ 受力分析步骤

受力分析主要是分析物体受到周围其他物体的作用。正确进行受力分析，就要全面地找出物体受到的每一个力，避免出现遗漏或者凭空增加力的情况。要做到这一点，就应掌握受力分析的基本方法。一般按如下步骤进行。

（1）确定研究对象，找出施力物体。受力分析时，首先要确定研究对象，并将研究对象从周围的物体中隔离出来，只分析周围物体对研究对象所施加的力，不要分析研究对象对周围物体的作用，也不要把施加在其他物体上的力错误地认为作用在研究对象上。

（2）依以下顺序分析研究对象所受到的力：

① 画重力　只要被研究物体在地球表面附近，都会受到重

力的作用。重力的方向竖直向下。

②画弹力　当被研究物体与其他施力物体有直接接触并发生形变时，被研究物体就要受到弹力的作用，如支持力、压力、推力、拉力。弹力的方向垂直于接触面；若施力物体是绳子，则弹力的方向是沿着绳子，指向施力物体的方向。

③画摩擦力　当被研究物体与接触物体（两接触面不光滑）发生相对运动（或有相对运动趋势）时，就要受到摩擦力的作用。摩擦力的方向与物体相对运动（或相对运动趋势）的方向相反。

④其他原因引起的力　如物体受到的牵引力、空气阻力、磁场力或电场力。

（3）检查分析结果。养成画完受力图后再检查一遍的习惯，检查每个力是否都有施力物体，是否漏掉了力或凭空增加了力，是否与物体的运动状态相对应。

● 示例2

每到冬天，松花江的江面会结起厚厚的冰，人们喜欢拉着雪橇走过江面。雪橇在拉力作用下，在水平冰面上沿着直线匀速前进。如果拉力与水平方向成60°角，那么当把雪橇和坐在上面的小朋友看为一个整体时，这个整体受到了几个力的作用？试画出受力图。

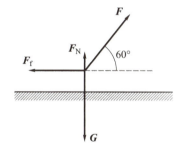

图1-6-4　人拉雪橇受力分析图

解　以雪橇和小朋友为研究对象，它受到4个力的作用：重力G、冰面的支持力F_N、冰面的滑动摩擦力F_f、成人对雪橇斜向上方的拉力F，如图1-6-4所示。

我国古人早就能应用受力情况解决问题，并将其应用于生产实践。如春秋战国时期的《考工记》，在论述轮子大小对拉力（牛或马）的影响时，有这样描述：轮太矮，马就老在上坡一样。如图1-6-5（a）所示。从受力分析的角度看，因为轮太低时，辕与地面成一角度，马除了要克服运动阻力外，还要承受部分重力，因此马总像上坡一样费劲。这是我国古人对马拉车的一个极好的受力分析，如图1-6-5（b）所示。

(a)   (b)

图1-6-5 马拉车

在实际问题中，分析物体受力情况时，我们可以利用隔离法，但有时也需要把几个有关联的物体放在一起进行分析，这时用隔离法进行分析将会比较复杂，为了更加方便地研究问题，往往需要用整体法，即把相关联的物体看成一个整体进行研究。

思维与方法——隔离法与整体法

隔离法：在研究物理问题时，把所要研究的物体或过程从系统中隔离出来，进行单独分析和研究的方法称为**隔离法**。在力学中，就是把要分析的物体从周围相关的物体中隔离出来，将其作为研究对象，只分析其受力情况。示例1用的就是隔离法，将飞机从甲板中隔离出来。

整体法：对物理问题中的整个系统或整个过程进行分析、研究的方法称为**整体法**。在力学中，就是把几个物体视为一个整体，作为研究对象，受力分析时，只分析这一整体之外的物体对整体的作用力（即外力），而不考虑整体内部之间的相互作用力（即内力）。示例2中，将雪橇和坐在上面的小朋友作为整体进行受力分析，用的就是整体法。

需要注意的是，应用整体法进行受力分析时，系统内物体之间的相互作用力不能画在受力图上，因为这是属于系统的内力，内力不能改变研究对象的运动状态。我国古人早就认识到了内力的这一特点。

《论衡》是我国东汉哲学家王充的代表作。该书中写道："古之多力者，身能负荷千钧，手能决角伸钩，使之自举，不能离地。"说明古人已经清楚地知道物体的内力不能使物体发生运动，只有其他物体对其产生的作用力才能改变物体的运动状态。

●示例3

随着物流行业的智能化发展，众多物流企业逐渐采用工业机器人代替人工完成拣选、仓储、配送等物流环节，大幅降低了生产成本，提高了工作效率。图1-6-6所示为将机器人与托盘组合而成的托盘机器人，已应用于大批量的货物搬运。试分析机器人匀速前进时：（1）货物A、B的受力情况；（2）货物A、B整体的受力情况。

图1-6-6 托盘机器人

解 （1）用隔离法将A、B分别从周围的物体中隔离出来。机器人匀速前进时，若以货物A为研究对象，它受到两个力作用：重力G_A、货物B对A的支持力F_{NA}，其受力图如图1-6-7（a）所示；若以货物B为研究对象，它受到3个力作用：重力G_B、货物A对B的压力F_A、托盘的支持力F_{NB}，其受力图如图1-6-7（b）所示。

（2）运用整体法，将货物A、B看成一个整体，当机器人匀速前进时，其受到两个力作用：重力G、托盘的支持力F_N，其受力图如图1-6-7（c）所示。

物体的受力情况与物体的运动状态有关，物体所处的运动状态不同，其受力情况一般也不同。因此，在对运动物体进行受力分析时，需结合物体的运动状态，才能准确画出物体的受力图。

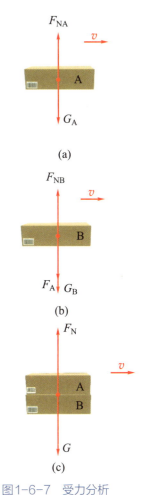

图1-6-7 受力分析

🔬 观察与体验——不倒的硬币

我国自主研发的复兴号动车组列车，其平稳性指标达到了优级。有乘客在车速高达350 km/h的复兴号动车组列车的窗台上，将一枚枚硬币立了起来（图1-6-8）。

硬币随动车组一起做匀速直线运动，此时，硬币受到_____个力的作用，分别是：_____。

图1-6-8 高速运行列车上的硬币

受力分析与物体的运动状态分析，两者相互联系、不可分割。

如图1-6-6所示，若货物A、B随机器人做的是匀加速直线运动，且货物A、B与机器人托盘间保持相对静止，则当将A、

45

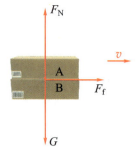

图1-6-9 加速运动分析

B视为整体时，其受到3个力作用：重力G、托盘的支持力F_N、托盘对物体的摩擦力F_f，如图1-6-9所示。其中，摩擦力F_f是货物A、B产生加速度的原因。

在对物体进行受力分析时，还应考虑周围环境对物体的影响。如物体是否在斜面上，是否在水中、空中等。

若汽车在上坡路段做匀加速直线运动［图1-6-10（a）］，则汽车的受力情况是怎样的？

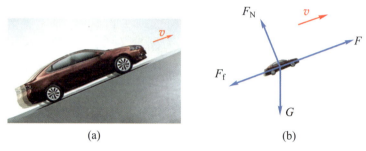

(a)   (b)

图1-6-10 上坡的汽车

以汽车为研究对象，用隔离法对其进行受力分析。汽车受到4个力的作用：重力G，方向竖直向下；斜坡的支持力F_N，方向垂直于坡面向上；汽车的牵引力F，方向与汽车前进方向相同，且沿着坡面向上；地面的摩擦力F_f，方向与汽车前进的方向相反，且沿着坡面向下，如图1-6-10（b）所示。

技术·中国——一箭多星

2022年2月27日，我国在文昌航天发射场用长征八号遥二运载火箭成功发射22颗卫星（图1-6-11），刷新了我国一箭多星发射新纪录。

一箭多星，即用一枚运载火箭同时或先后将数颗卫星送入地球轨道的技术。一箭多星发射的技术难点有很多，其中多颗卫星相继脱离时，火箭结构角度和重心分布会多次发生变化，这就使得火箭在飞行中难以稳定。航天科技工作者经过无数次精密分析和测试，攻克了这些难题。这标志着我国在航天技术领域达到了世界先进水平。

图1-6-11 组装一箭22星的星罩组合体

1. 在机场和智能物流生产线，常用传送带运送行李和货物，试分析在以下情况下，传送带上货物的受力情况，并画出受力图。（1）货物通过传送带被匀速传送到飞机上［图1-6-12（a）］；（2）货物在智能生产线上被水平匀速传送［图1-6-12（b）］。

（a）　　　　　　　　　　　　　　　（b）

图1-6-12　机场行李传送带及智能生产线传送带

2. 叉车是一种能把水平运输和垂直升降有效结合起来的装卸机械。某物流仓库在装卸货物时，将甲、乙两个货箱叠放在叉车上，如图1-6-13所示，并匀速地沿水平方向运送到仓库。

（1）用隔离法分别分析甲、乙的受力情况，并画出受力图。

（2）把甲、乙视为一个整体，用整体法分析其受力情况，并画出受力图。

图1-6-13　运货的叉车

第七节　牛顿运动定律及其应用

情境与问题

2020年12月1日，嫦娥五号探测器在月球正面预选着陆区着陆（图1-7-1）。12月17日，嫦娥五号返回器携带月球样品着陆地球。2022年9月9日，我国科学家在月球样品中发现新矿物"嫦娥石"，使我国成为世界上第三个在月球发现新矿物的国家。

图1-7-1　嫦娥五号探测器在月球正面预选着陆区着陆

嫦娥五号是如何实现从地面飞向月球的？在月球完成钻取采样及封装后，又是如何在月球实现地外天体起飞，并最终回到地球的？

牛顿第一定律

公元前4世纪，古希腊哲学家亚里士多德在观察和直觉的基础上得出结论：必须有力作用在物体上，物体才能运动；没有力的作用，物体就保持静止。由于与人们在生产实践中观察到的情形基本相符，因此这个观念一直流传了近两千年，没有被人质疑过。

16世纪末，意大利科学家伽利略对亚里士多德的论断表示了怀疑。他注意到，当一个球沿斜面向下滚动时，它的速度增大，而向上滚动时，它的速度减小。他由此猜想，当球沿水平面滚动时，它的速度应该不增不减。

伽利略在实验时发现，当球在水平面上滚动时，球的速度越来越慢，最后停下来。伽利略认为，这是由于阻力的缘故，因为他还观察到，水平表面越光滑，球便会滚得越远。于是，他推断：若没有阻力，球将沿水平面永远滚下去。

伽利略为了说明他的思想，设计了一个如图1-7-2所示的对接斜面的理想实验。让小球沿一个光滑斜面从

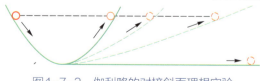

图1-7-2　伽利略的对接斜面理想实验

静止状态开始滚下，小球将滚上另一个斜面，由于没有摩擦，小球将上升到初始高度；减小第二个斜面的倾角，小球在这个斜面上滚动仍会达到初始高度，因此它要滚得远些；继续减小第二个斜面的倾角，小球仍会为达到同一高度而滚得更远。如果第二个斜面改成水平面，小球将沿着水平面以恒定的速度持续运动下去。

英国物理学家牛顿在伽利略等人研究的基础上，根据自己的研究，系统地总结了力学规律，得出如下结论：

一切物体总保持静止或匀速直线运动状态，直到有外力迫使它改变这种状态为止。这就是牛顿第一定律。由于物体总保持原来运动状态的性质称为惯性，因此，牛顿第一定律又称为惯性定律。无论物体处于什么状态，都具有惯性。惯性是物体的一种固有属性。

牛顿第一定律揭示了运动与力的关系，力不是维持物体运动状态的原因，而是改变物体运动状态的原因。在改变物体的运动状态时，会感受到物体惯性大小的不同。例如，推动一个静止的物体运动时，质量大的物体比质量小的物体所需要的力更大。大量的事实证明，质量是物体惯性大小的量度。质量大的物体惯性大，质量小的物体惯性小。

应用与拓展——惯性分离器

惯性分离器（图1-7-3）是利用夹带于气流中的颗粒或液滴的惯性而实现分离的。在气体流动的路径上设置障碍物，气流绕过障碍物时发生突然的转折，直径较大的颗粒或液滴在惯性力的作用下被分离出来。

图1-7-3　惯性分离器

正在高速行驶的汽车紧急制动时，车上的乘员由于惯性会继续向前运动，撞到汽车前部的硬物造成伤害。因此，汽车的座位上通常都要配置安全带、安全气囊等设施以保证乘员的安全。

牛顿第二定律

牛顿第一定律告诉我们，物体如果不受外力，它将保持原来的运动状态。由此可知，如果物体受到外力作用，物体的运动状态必将改变。

列车出站时，在机车牵引力的作用下，由静止开始运动，并且速度不断增大；列车进站时，由于受到制动力等阻力的作用，速度不断减小，最后停下；抛出的铅球、射出的炮弹，由于受到重力、空气阻力的作用，速度的大小和方向都不断发生改变。可见，物体运动状态的改变，是由于受到了力的作用，力是物体运动状态改变的原因。物体运动状态发生改变时，会产生加速度，因此也可以说，力是使物体产生加速度的原因。

人们在实践中发现，物体的加速度不仅与其所受外力有关，还与其质量有关。质量越大的物体，运动状态越难以改变。那么，物体的加速度与外力、质量到底有什么定量关系？

观察与体验——探究影响加速度大小的因素

图 1-7-4 所示是探究影响加速度大小的因素的实验装置。将两个一端带定滑轮的滑道并排放在水平桌面上，取两辆质量相同的小车，对齐摆放在水平滑道上，小车的前端各系上一根细绳，绳的另一端跨过定滑轮用来挂钩码（钩码的质量远小于小车的质量）。小车的后端也分别系上细绳，并分别穿过夹子，以便能同时控制两辆小车的运动。

加速度与外力的关系。在两辆小车的绳端分别挂不同数量的钩码，再打开夹子，让两辆小车同时从静止开始运动。经过一小段时间后，合上夹子，让它们同时停下。测量发现：小车的位移与其所受拉力成_____比。

加速度与质量的关系。让两辆小车的绳端挂相同数量的钩码，在其中一辆小车上加放砝码，使其质量增大为原来的 2 倍。重复上面的实验，测量发现：小车的位移与其质量成_____比。由于位移与加速度成正比，因此小车的加速度与质量成_____比。

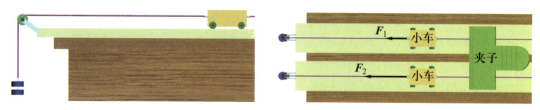

图 1-7-4　探究影响加速度大小的因素的实验装置

在大量实验的基础上，可以归纳出：

物体的加速度与所受到的合外力成正比，与物体的质量成反比，加速度的方向与合外力的方向相同。这就是**牛顿第二定律**。通过选择合适的单位，牛顿第二定律可用数学公式表示为

$$F_{合}=ma$$

思维与方法——控制变量法

控制变量法就是在有多个因素（变量）同时对结果起作用的过程中，通过控制实验条件（控制其他因素不变），逐个研究某一因素对结果的影响，然后加以综合的研究方法。

●**示例**

吊车要在10 s内将地面上的货物吊到10 m高的楼顶，货物的质量是2.0×10^3 kg，假设货物被匀加速吊起，问吊车缆绳对货物的拉力是多少？

解 货物在运动过程中受到两个力的作用：竖直向上的拉力 F 和竖直向下的重力 G，如图1-7-5所示。

由匀变速直线运动的位移公式 $s = v_0 t + \dfrac{1}{2} at^2$ 及 $v_0 = 0$ 得

$$a = \frac{2s}{t^2} = \frac{2 \times 10}{10^2} \text{m/s}^2 = 0.20 \text{m/s}^2$$

选竖直向上为正方向，根据对货物的受力分析，利用牛顿第二定律

$$F_合 = F - G = ma$$

$$F = G + ma = mg + ma$$
$$= (2.0 \times 10^3 \times 9.8 + 2.0 \times 10^3 \times 0.20) \text{N}$$
$$= 2.0 \times 10^4 \text{N}$$

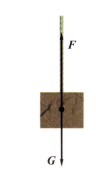

图1-7-5 货物在运动过程中的受力

示例中，在吊车向上加速吊起货物过程中，缆绳对货物的拉力超过货物的重力，这种现象称为<u>超重</u>。与此相反，当吊车向下加速放下货物时，缆绳对货物的拉力将小于货物的重力，这种现象称为<u>失重</u>。

在火箭发明之前，有人曾设想用一门巨型大炮将载有宇航员的宇宙飞船发射到月球上去。这种想法很有创意，但实际上却是不可能的。因为飞船中的乘客在被发射出去时将经历一个超强的加速过程，从而产生强烈的超重现象，这会让他们瞬间失去生命。现代火箭延长了发射过程，减弱了超重现象，但仍会使宇航员承受3～4倍于自身体重的压力，这是宇航员们经过训练可以承受的。

🌓 牛顿第三定律

初中物理中我们学过，力是物体间的相互作用。两个物体间的作用总是相互的，一个物体对另一个物体有力的作用，另一个物体同时对这个物体也一定有力的作用。物体间相互作用的这一对力，称为<u>作用力</u>和<u>反作用力</u>。

🔬 观察与体验——用力传感器研究作用力与反作用力

将两个力传感器、数据采集器和计算机连接好，打开数字信息系统通用软件。先用手逐一推、拉两个力传感器的测量端，检查并调节两个力传感器，使其测量端受力时，力随时间变化的图线都能实时、准确地显示在计算机屏幕上。

实验时，用两只手分别握住两个力传感器，将它们的测量端连接在一起，如图 1-7-6 所示。当两只手同时用力互拉时，两个力传感器各自受力的情况都实时地显示在屏幕上。图中纵坐标表示力的大小。

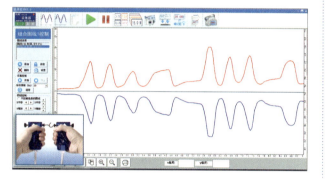

图1-7-6　两个力传感器相互作用时的受力图线

观察发现，两个力传感器的受力图线在任何时刻都是_____。

大量实验表明，两个物体之间的作用力和反作用力总是大小相等，方向相反，作用在同一条直线上。这就是<u>牛顿第三定律</u>。用公式可表示为

$$F = -F'$$

式中：F、F'分别为作用力和反作用力，负号表示它们的方向相反。

作用力和反作用力总是成对出现，同时产生，同时消失。

作用力与反作用力总是属于同种性质的力。例如，作用力是万有引力，反作用力也一定是万有引力；作用力是弹力，反作用力也是弹力；作用力是摩擦力，反作用力也是摩擦力。

作用力和反作用力总是分别作用在两个物体上，各自产生各自的作用效果，不能平衡，不能抵消。

人走路时，脚总是不断地向后蹬地，地面受到了向后的摩擦力，同时，脚也受到了向前的摩擦力，从而使人向前运动；骑自

行车时［图1-7-7（a）］，人用力蹬踏板，使后轮转动，后轮对地面产生向后的摩擦力，地面对后轮产生向前的摩擦力，推动自行车前进；人在游泳时［图1-7-7（b）］，主要是利用四肢向后推水，来获得水对人向前的推力。

(a)

(b)

图1-7-7　骑自行车与游泳

当搭载着嫦娥五号探测器的火箭发射升空时，通过向后高速喷射高温高压气体，火箭获得了向前的推进力。探测器与火箭分离后，主要依靠惯性前进，但可利用携带的发动机，进行修正，校准航向。在反推发动机和着陆缓冲机构的保护下，探测器实现软着陆。在月球完成钻取采样后，嫦娥五号上升器在月面点火，发动机工作约6 min后，携带月壤的上升器成功完成垂直上升、姿态调整和轨道射入3个阶段，顺利进入预定环月轨道。

国际单位制

1960年10月，第11届国际计量大会确定了通用的国际单位制。1971年，第14届国际计量大会建立了以7个基本量为基础的国际单位制，规定了7个**基本单位**，见表1-7-1。

表1-7-1　国际单位制中的基本单位

物理量名称	单位名称	单位符号
长度	米	m
质量	千克	kg
时间	秒	s
电流	安培	A
热力学温度	开尔文	K
物质的量	摩尔	mol
发光强度	坎德拉	cd

由基本单位导出的单位称为导出单位。例如，根据速度公式 $v=\dfrac{s}{t}$，可推导出速度的单位是m/s；根据加速度公式 $a=\dfrac{v_t-v_0}{t}$，可推导出加速度的单位是m/s²；根据牛顿第二定律 $F=ma$，可推导出力的单位是N，即1 N=1 kg·m/s²。

1956 年，我国开始现代火箭的研制工作。从 1970 年到 2007 年，长征系列运载火箭的第一个"100 次发射"用了 37 年，第二个"100 次发射"用了不到 8 年，第三个"100次发射"用了 4 年多，第四个"100 次发射"仅用了 2 年多。中国长征系列火箭已形成系列型谱，进入空间的能力不断增强，为顺利实施我国重大航天工程提供了保障。

新时代十年，中国航天如期实现探月工程"绕落回"三步走，圆满收官；天问一号火星探测器一次实现"绕着巡"目标，成功完成我国首次行星探测任务；羲和号在国际上首次成功实现空间太阳 Hα 波段光谱的扫描成像；北斗三号全球卫星导航系统开通运营；载人航天工程实现了从飞船到空间站的历史跨越，中国空间站（图1-7-8）时代全面开启。

图 1-7-8　中国空间站

 实践与探索 1-7

1. 一辆新能源小汽车的质量是 1.2×10^3 kg，车上乘员质量为 200 kg。不载人时该小汽车产生的加速度是 1.5 m/s²，设小汽车的牵引力保持不变，那么载人时该小汽车产生的加速度多大？（忽略阻力）

2. 与同学讨论，下列 4 种情境中，人们的目的能实现吗？为什么？

（1）在失重的太空飞船上，一位航天员想将一个相对静止的、质量为 1 000 kg 的物体移动到 5 m 外的另一位置；（2）吊车用一根长绳吊着一个 2 000 kg 的工件还未接触地面，一位工人想将工件向水平方向推开 0.1 m，以让它对准预定位置；（3）一艘轮船正在靠岸，离岸还有 0.5 m，轮船上的一位游客用手推它，以阻止它碰到岸边；（4）一辆汽车沿斜坡从高处缓缓滑下，一位行人用手推它，以阻止它下滑。

3. 长征三号乙运载火箭是我国在国际发射服务市场上的主推火箭。它有 4 个助推器，起飞时有 8 台发动机点火工作，总推力达到 5.92×10^6 N，火箭起飞质量为 4.6×10^5 kg。与本学习小组的同学共同分析、讨论，尝试计算它的起飞加速度。

4. 用弓射出的箭可以飞很远，而用手抛出的箭却飞不了多远，与同学讨论并尝试用牛顿第二定律解释这一现象。

5. 马向前拉车时，车也向后拉马，这两个力大小相等，方向相反，彼此平衡，合力为零，所以马无论如何也拉不动车。与同学讨论，这种说法错在哪里？

第八节 曲线运动

情境与问题

2021年，在东京奥运会田径比赛女子铅球决赛中，我国选手以20.58 m的成绩夺冠，为我国取得了田径史上首枚田赛项目奥运金牌。你是否知道，在初速度相同的情况下，沿哪个方向投掷铅球（图1-8-1），投掷距离更远？

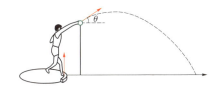

图1-8-1　投掷铅球

曲线运动

前面我们学习了直线运动，但在实际生产生活和自然界中，曲线运动比直线运动更常见。如机器上转动的飞轮、飞行的炮弹、投掷出去的铅球，以及围绕着地球运动的卫星、绕太阳公转的地球，都在做曲线运动。物体运动的轨迹是曲线的运动称为曲线运动。

那么，物体在什么情况下做曲线运动呢？

观察与体验——吹玻璃球

玻璃球是一种盛行于民间的儿童小玩具。如图 1-8-2 所示，让玻璃球在水平桌面上做直线运动，从一侧用吸管用力吹它，观察发现，在玻璃球没有受到吸管的吹力时，其运动方向为＿＿＿＿＿＿＿；如果在水平方向上受到一个与原运动方向成某一角度的力，玻璃球的运动方向将＿＿＿＿＿＿＿。（填写"保持不变"或"发生改变"）

图1-8-2　曲线运动

曲线运动的条件

我们知道，在直线运动中，作用在物体上的合力总是与物体的运动方向在同一直线上。如果物体所受力的方向与运动方向成

55

某一角度，物体便不再沿原来的直线方向运动，而做曲线运动。

事实表明，**当物体所受合力的方向与它运动的方向不在同一直线上时，物体做曲线运动**。投掷出去的铅球，由于所受重力的方向与运动方向不在同一条直线上，所以做曲线运动。

曲线运动的种类很多,且要比直线运动复杂得多。本节只研究平抛运动和匀速圆周运动这两种简单且基本的曲线运动。

平抛运动

将物体以一定的速度抛出，在空气阻力可以忽略的情况下，物体只受重力作用，物体在空中的运动称为抛体运动。若抛出去的物体的初速度是沿着水平方向的，这种抛体运动称为**平抛运动**。如水平射出的子弹、从水平桌面上以一定速度滚落的小球、从水平飞行的飞机上释放的救灾物资，它们在空中的运动都是平抛运动。在平抛运动中，物体的运动轨迹是一条抛物线，所以平抛运动是曲线运动。

平抛运动是一种物理模型，即把物体看成质点，抛出后只考虑重力作用，忽略空气阻力。

平抛运动的规律

研究平抛运动比研究直线运动复杂，能否用研究直线运动的方法来研究平抛运动呢？下面用实验来研究平抛运动的规律。

观察与体验——观察平抛运动

图 1-8-3 所示是平抛运动演示实验装置,当小锤打击弹性金属片时,球 A 沿水平方向抛出,做平抛运动,同时,球 B 自由下落,做自由落体运动,观察两球是否同时落地。

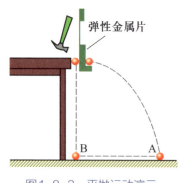

弹性金属片

图1-8-3 平抛运动演示

实验表明，两球总是同时落地。

我们还可以用频闪照相的办法更精细地研究这个实验。图 1-8-4 是用频闪照相的方法拍摄的两球运动过程的照片，该照片是每隔1/30 s的时间间隔拍摄一次得到的。从照片上可以看出，两球在同一时刻总是处在同一水平高度上，说明它们在竖直方向的运动是相同的，即它们在相等的时间里通过的竖直距离是相等的。也就是说，球A在竖直方向做自由落体运动。仔细测量球A在水平方向通过的距离，发现在任意相等的时间里，球A在水平方向通过的距离都相等，说明球A在水平方向做匀速直线运动。

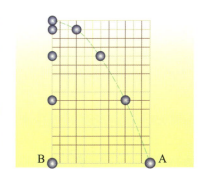

图1-8-4 平抛运动的频闪照片

可见，做平抛运动的物体，同时参与了两个运动。一个是水平方向上，由于物体不受力，物体做匀速直线运动，其速度等于平抛运动的初速度；另一个是竖直方向上，物体的初速度为零，且物体只受重力作用，故物体做自由落体运动，加速度为重力加速度g。

为了直观地研究平抛运动的规律，在竖直平面内建立一个坐标系，取抛出点为坐标原点O，以初速度v_0方向为x轴的正方向，竖直向下为y轴的正方向，如图1-8-5所示。

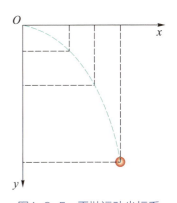

图1-8-5 平抛运动坐标系

在时间t内，物体在水平方向的位移x和竖直方向的位移y分别为

$$x=v_0t, \quad y=\frac{1}{2}gt^2$$

其合位移大小为

$$s = \sqrt{x^2 + y^2}$$

在任一时刻t，物体在水平方向的速度v_x和竖直方向的速度v_y分别为

$$v_x=v_0, \quad v_y=gt$$

其合速度大小为

$$v = \sqrt{v_x^2 + v_y^2}$$

▶ 运动的合成与分解

在物理学中，如果一个物体实际发生的运动产生的效果与另外两个运动共同产生的效果相同，就把这一实际发生的运动称为这两个运动的 合运动，这两个运动称为这一实际运动的 分运动。由分运动求合运动的过程称为 运动的合成，由合运动求

分运动的过程称为**运动的分解**。运动的合成与分解遵从平行四边形定则。

显然，平抛运动可以看作水平方向上的匀速直线运动和竖直方向上的自由落体运动的合运动。

图1-8-6　上行的自动扶梯

(观察) **观察与体验——自动扶梯**

商场里的自动扶梯在匀速运行的过程中，自动扶梯上的人也在匀速向斜上方运动（图1-8-6）。仔细观察人的运动，能否将此人的运动分解为两个分运动呢？

运动的合成与分解在生产生活中有许多应用。随自动扶梯匀速上升的人的运动，可看成是两个相互垂直的直线运动的叠加，即在水平方向上的匀速直线运动和在竖直方向上的匀速直线运动的合运动。

● **示例1**

一位特技演员准备沿水平方向飞跃一条壕沟，壕沟的宽度及两侧的高度差如图1-8-7所示，不计空气阻力。为确保安全飞过，特技演员驾驶摩托车的速度至少应为多少？

解　由平抛运动的下落高度公式 $y = \dfrac{1}{2}gt^2$ 得

$$t = \sqrt{\dfrac{2y}{g}} = \sqrt{\dfrac{2 \times 4.9}{9.8}}\ \text{s} = 1.0\ \text{s}$$

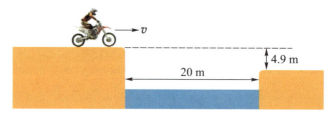

图1-8-7　特技演员飞跃壕沟

由平抛运动的水平距离公式 $x = v_0 t$ 得

$$v_0 = \dfrac{x}{t} = \dfrac{20}{1.0}\ \text{m/s} = 20\ \text{m/s}$$

特技演员驾驶的摩托车的速度至少应为20 m/s，才能确保安全飞过。

由以上示例可见，做平抛运动的物体，在水平方向上运动的距离与时间和初速度有关；而平抛运动的时间仅与抛出点和落地点的竖直高度差有关。

思维与方法——等效方法

等效方法是指在保证效果相同的前提下，将陌生、复杂、难处理的问题转换成熟悉、简单、易处理的问题的一种逻辑思维方法。运动的分解就是应用等效方法解决问题的一种思维，将原本一个较为复杂的运动分解为两个简单的运动，使研究的问题变得容易处理。

斜抛运动

如果物体被抛出时的速度不沿水平方向，而是斜向上方或斜向下方，这种抛体运动称为斜抛运动。斜抛运动的受力情况与平抛运动完全相同。

图1-8-8　喷泉

斜抛运动在生活中很常见，如投篮时篮球的运动、抛秧时秧苗的飞行、斜向上喷出的水柱的运动（图1-8-8），在忽略空气阻力的情况下都可以视为斜抛运动。

运动员在投掷铅球时，为了能将铅球投掷得更远，铅球的初速度方向必须斜向上方，此时，铅球在空中的运动就是斜抛运动。可以证明，为了获得更大的投掷距离，出手的仰角应略小于45°。

行为与责任——拒绝高空抛物，从我做起

查阅资料，了解高空抛物造成的危害和后果，知道高空抛物需承担的法律责任。作为一名公民，不仅要自觉做到任何时候都不高空抛物，同时要做好宣传，教育身边人不要高空抛物。

匀速圆周运动

轨迹为圆周或一段圆弧的运动称为圆周运动。和抛体运动一样，圆周运动也是一种常见的曲线运动。日常生活中处处可以看到圆周运动，如各种车辆的车轮、机械钟表的指针、电动机的转子、飞机螺旋桨叶片（图1-8-9），其上的各点在运动时做的都是圆周运动（转轴除外）。

图1-8-9　飞机螺旋桨叶片

如果做圆周运动的质点在任意相等的时间内通过的弧长都相等，这种运动就称为**匀速圆周运动**。匀速圆周运动在生产生活中很常见，如机器上的飞轮、车轮，在稳定运转时，它上面的各点（圆心除外）都在做半径大小不等的匀速圆周运动。匀速圆周运动是一种物理模型，地球绕太阳的公转、人造地球卫星和月球绕地球的运动、氢原子中的核外电子绕原子核的运动等，都可看作匀速圆周运动。

物体做匀速圆周运动时，因为每经过一定的时间，运动就重复一次，因此，这种运动称为**周期运动**。

秒针和分针都是做匀速圆周运动，但转动一周所用的时间不同。为了描述匀速圆周运动的这种特性，下面引入一些新的物理量。

◗ 周期

做匀速圆周运动的质点运动一周所用的时间，称为**周期**。周期用 T 表示，在国际单位制中，它的单位为 s（秒）。

◗ 频率

做匀速圆周运动的质点在单位时间内运动的周数，称为**频率**。频率用 f 表示，在国际单位制中，它的单位为 Hz（赫）。

周期 T 与频率 f 的关系为

$$T = \frac{1}{f}$$

周期和频率都是描述质点做匀速圆周运动快慢的物理量。

◗ **观察与体验——观察遥控赛车比赛**

某学校举办科技节活动，在圆形赛道上进行遥控赛车比赛［图1-8-10（a）］。若甲、乙两车同时从点 A 出发，沿顺时针做匀速圆周运动，经过一段时间后，甲车到达点 B，乙车到达点 C，如图1-8-10（b）所示，哪辆车运动得快呢？

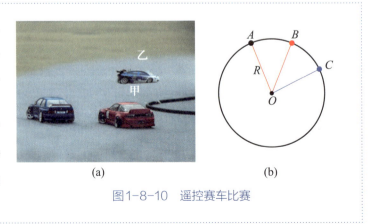

(a)　　　　(b)

图1-8-10　遥控赛车比赛

线速度

质点做匀速圆周运动所通过的弧长 s 和通过这段弧长所用时间 t 的比值称为匀速圆周运动的**线速度**，用 v 表示。即

$$v = \frac{s}{t}$$

在国际单位制中，线速度的单位为 m/s（米/秒）。

如果质点做匀速圆周运动的半径为 R，在周期 T 内运动的弧长为 $2\pi R$，其线速度大小用公式表示为

$$v = \frac{2\pi R}{T} = 2\pi R f$$

如图 1-8-11（b）所示，在相同的时间内，甲车到达点 B，乙车到达点 C，甲车通过的弧长比乙车通过的弧长小，所以乙车比甲车运动得快。

线速度是矢量，它不仅有大小，而且有方向，它的方向是时刻改变的。那么，怎么确定线速度的方向呢？

观察与体验——观察圆周运动线速度的方向

在砂轮上磨刀具〔图 1-8-11（a）〕时可以看到，刀具与砂轮接触处有火星沿砂轮的边沿飞出。这些火星是由于惯性而沿着分离时的速度方向运动的。

观察发现，圆周运动中线速度的方向是时刻改变

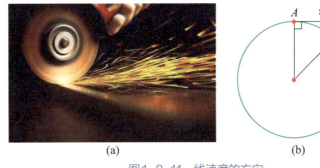

(a)   (b)

图1-8-11 线速度的方向

的，质点在某一点（或某一时刻）的线速度方向，是沿着圆周在该点的切线方向，并指向质点前进的一侧〔图 1-8-11（b）〕。

匀速圆周运动中速度的方向时刻在改变，所以匀速圆周运动是变速运动，这里的"匀速"是指速率不变。

下面再学习一个描述匀速圆周运动快慢的物理量。

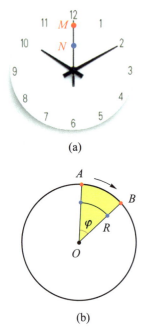

(a)

(b)

图1-8-12 转动的秒针

角速度

图1-8-12（a）所示的时钟在工作时，秒针上各点在做匀速圆周运动，我们可以将秒针的运动情况简化为图1-8-12（b）所示，设秒针经过一定时间后由位置A运动到位置B，秒针上不同位置的M、N两点在相同的时间内通过的弧长不同，但是转过的圆心角相同。因此，也可以用质点在一段时间内半径转过圆心角的大小来描述匀速圆周运动的快慢。把做匀速圆周运动的质点和圆心连接的半径所转过的角度φ与转过这一角度所用时间t的比值，称为匀速圆周运动的**角速度**。角速度用ω表示，其大小为

$$\omega = \frac{\varphi}{t}$$

在国际单位制中，角速度的单位是rad/s（弧度/秒）。

如果质点做匀速圆周运动的半径为R，在周期T内转动的角度为2π，其角速度大小用公式表示为

$$\omega = \frac{2\pi}{T} = 2\pi f$$

对比线速度与角速度公式，两者的关系式为

$$v = \omega R$$

这表明，在匀速圆周运动中，线速度的大小等于角速度大小与半径的乘积。在线速度相等的情况下，半径越大则角速度越小，半径越小则角速度越大。

(a)

(b)

图1-8-13 修正带

● 示例2

学习时使用的修正带［图1-8-13（a）］内置有两个齿轮，当修正带工作时，两个齿轮相互啮合，由此可知，齿轮边缘上A、B两点［图1-8-13（b）］的线速度大小相同，若大齿轮的半径为2 cm，小齿轮的半径为1 cm，A、B两点的角速度之比为多少？

解 由$v_A = v_B$，根据线速度与角速度的关系式$v = \omega R$可得

$$\omega_A R_A = \omega_B R_B$$

$$\frac{\omega_A}{\omega_B} = \frac{R_B}{R_A} = \frac{1}{2}$$

由示例2可知，改变两个相互啮合齿轮的半径，可以实现转速的改变。

在机械传动装置中，始端主动轮与末端从动轮的角速度或转速的比值称为**传动比**。常用传动比来描述机械设备的变速性能。

技术·中国——处于世界领先水平的风力发电技术

我国大力发展清洁能源，风力发电技术水平世界领先。

风力发电是把风的动能转换成叶片的机械能，再把叶片的机械能通过发电机转换为电能的过程，如图1-8-14（a）所示。风力是一种绿色能源，用它发电不需要燃料，也不会产生辐射或空气污染，越来越受到世界各国的青睐。

我们常看到，风力发电机的外部叶片转速很慢，却还能大量发电，它是怎么做到的呢？

原来，在风力发电装置的内部有一个把转速提高到发电机额定转速的齿轮变速箱，如图1-8-14（b）所示。齿轮变速箱的作用就是改变转轴的速度，它可以将转轴的转速提高50倍，即使叶片转得慢，但被带动的发电机的转轴却转得很快，能达到1 500 r/min左右，从而驱动发电机发电。

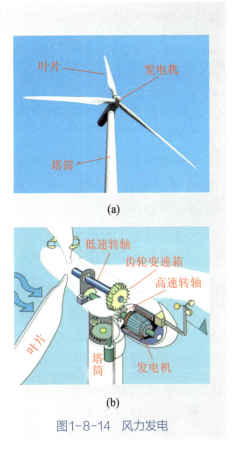

图1-8-14　风力发电

观察与体验——观察做圆周运动的小球

用细绳拴住一个小球（图1-8-15），让它在光滑的水平桌面上做匀速圆周运动。小球做圆周运动时所受到的力是由_____提供，方向指向_____。当把细绳松开时，小球将做_____运动。

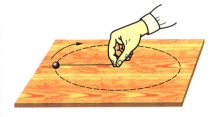

图1-8-15　圆周运动的小球

向心力

做匀速圆周运动的物体，运动状态在不断变化，说明物体受到了力的作用，那么，使物体做匀速圆周运动的力有什么特点呢？

通过大量实验，人们发现，要使物体做匀速圆周运动，需始终给物体一个与线速度方向垂直、沿半径指向圆心的力，这个力称为**向心力**。

做匀速圆周运动的物体需要的向心力 F 的大小与哪些因素有关呢？要定量地研究向心力与各个因素的关系，可以利用向心力演示仪来进行分析。

活动与探究——探究影响向心力大小的因素

提出问题：向心力的大小与哪些因素有关呢？

猜想假设：做圆周运动的物体，需要的向心力大小可能与物体的质量、半径以及角速度（线速度）的大小有关。

设计方案：利用图 1-8-16 所示的向心力演示仪，运用控制变量法探究做匀速圆周运动物体的向心力 F 与物体的质量 m、圆周半径 R 及角速度 ω 的定量关系。

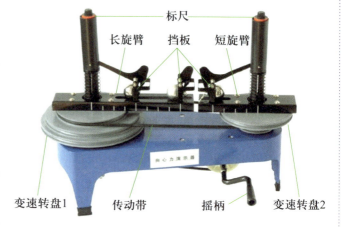

图 1-8-16 向心力演示仪

收集证据：

（1）控制 R 与 ω 不变，研究 F 与 m 的关系。

（2）控制 m 与 R 不变，研究 F 与 ω 的关系。

（3）控制 ω 与 m 不变，研究 F 与 R 的关系。

分析归纳：通过观察、分析和归纳发现，向心力 F 与物体的质量 m 成_____比，与角速度 ω 的平方成_____比，与圆周半径 R 成_____比。

反思改进：实验得到的测量结果是否准确？出现误差的原因有哪些？有什么方法可以使得测量得更加准确？

探究影响向心力大小的因素实验，用的是_____法。

实验表明，向心力 F 与物体的质量 m 成正比，与角速度 ω 的平方成正比，与圆周半径 R 成正比，用公式表示为

$$F = m\omega^2 R$$

把 $\omega = \dfrac{v}{R}$ 代入上式得

$$F = m\dfrac{v^2}{R}$$

显然，对于同一物体，当角速度不变时，向心力与半径成正比；当线速度不变时，向心力与半径成反比。

做圆周运动物体的向心力是按效果命名的，并不是一种新型的力，而是物体实际所受的某一个力或者几个力的合力。

例如，地球绕太阳的运动可近似看作匀速圆周运动，太阳对地球的引力提供了向心力；细绳拴住小球在光滑的水平桌面上做匀速圆周运动，是绳子的拉力提供了向心力。

● 示例3

如果一辆质量为 m 的小汽车在凸形石拱桥上匀速行驶，若汽车行驶到桥中央时速度为 v，桥面的圆周半径为 R，求汽车对桥的压力。

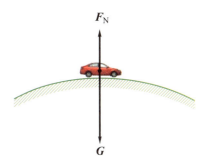

图1-8-17　汽车过拱桥时的受力分析

解　汽车在桥中央时，竖直方向上受力情况如图1-8-17所示。汽车受到两个力的作用：竖直向下的重力 G 和竖直向上的支持力 F_N。汽车在桥中央时，所受到的合力提供向心力，得

$$F = G - F_N = m\frac{v^2}{R}$$

$$F_N = G - m\frac{v^2}{R}$$

根据牛顿第三定律，车对桥的压力 F_N' 与桥对车的支持力 F_N 大小相等，方向相反。

$$F_N' = G - m\frac{v^2}{R}$$

可见，在圆拱形桥上，汽车对桥的压力小于汽车的重力，而且汽车的速度越大，汽车对桥的压力越小。

 思考与讨论

在一些地方也有两侧高、中间低的凹形桥。与同学讨论，在经过凹形桥时，汽车对桥面的压力比它自身的重量大还是小？在过凹形桥时应注意什么？

向心加速度

根据牛顿第二定律，物体在力的作用下，将产生加速度，加速度的方向跟作用力的方向相同。因此，做匀速圆周运动的物体也有一个指向圆心的加速度，称为<u>向心加速度</u>。根据 $F=ma$ 和 $F=m\dfrac{v^2}{R}$，可得出向心加速度的大小为

$$a=\frac{v^2}{R} \text{ 或 } a=\omega^2 R$$

图1-8-18　自行车比赛

● 示例4

图1-8-18所示是自行车比赛的圆形赛道，若圆周半径为 50 m，路面是水平的，某运动员以15 m/s的线速度做匀速圆周运动，运动员和自行车的总质量为100 kg（不计空气阻力，取 g =10 m/s²）。求：（1）运动员做匀速圆周运动的向心加速度；（2）自行车所受摩擦力的大小。

解 （1）由向心加速度公式 $a=\dfrac{v^2}{R}$，可得加速度大小

$$a=\frac{v^2}{R}=\frac{15^2}{50}\,\text{m/s}^2=4.5\,\text{m/s}^2$$

（2）由 $F=ma$，可得向心力大小为

$$F=ma=100\times 4.5\,\text{N}=450\,\text{N}$$

若路面是水平的，如果向心力全部由摩擦力提供，则自行车所受摩擦力大小为

$$F_f=F=450\,\text{N}$$

做匀速圆周运动的物体，如果物体得不到足够的向心力，将会由于惯性，逐渐远离圆心，这种运动常被称为<u>离心运动</u>。

在实际中，利用离心现象工作的机械称为<u>离心机械</u>。

 技术·中国——国之重器——海上超强挖泥船

海上超强挖泥船新海旭号［图1-8-19（a）］是目前世界上最大、最先进的海上非自航绞吸疏浚装备，是国之重器。在海上挖泥时，它具有挖得快、立得稳、排得远的特点，是海上资源开发、港口建设、岛礁建设、航道疏浚等海上工程作业离不开的大型特种装备。

新海旭号拥有强大的海底挖掘和输送能力，其离心泵作为输送物料的一种转动装备，

能将高浓度物料由管道连续输送 6 ～ 15 km ［图1-8-19（b）］，其性能世界领先。

目前，该系列海上超强挖泥船的成果已应用于新加坡等许多"一带一路"沿线国家地区的一百多项工程，遍及亚洲、非洲、南美洲等。

(a)   (b)

图1-8-19　新海旭号

 实践与探索1-8

1. 图1-8-20所示为抗震救灾综合演练中飞机空投救灾物资的场景。已知飞机的水平飞行速度为10 m/s，飞机距离地面的垂直高度为2 km，求需在距离目的地水平距离多远时开始投放救灾物资，才能使其准确投放到目的地。

图1-8-20　飞机空投救援物资

2. 调查铁路或公路拐弯处是否有一定倾斜度，分析其原因，撰写调查报告，课堂上与同学交流。

3. 手持小风扇的扇叶的转动周期是0.05 s，扇叶的半径长5 cm，试计算小风扇在运转时扇叶边缘的线速度、角速度及向心加速度的大小。

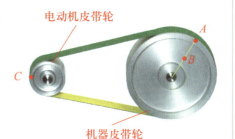

图1-8-21　皮带传动

4. 降落伞下落一定时间后的运动是匀速的，无风时，某跳伞员着地速度是4 m/s，现在由于有水平向东的风的影响，跳伞员着地的速度变为5 m/s，试求：（1）跳伞员着地的速度方向怎样？（2）风速为多少？

5. 一台机器由电动机带动，机器皮带轮的半径为2 cm，是电动机皮带轮半径的3倍（图1-8-21），皮带与两轮之间不发生滑动。已知机器皮带轮边缘上一点 A 的向心加速度为0.20 m/s²。试求：（1）电动机皮带轮边缘上一点 C 的线速度为多少？（2）若机器皮带轮上点 B 到转轴的距离为轮半径的一半，点 B 的向心加速度为多少？

第九节 学生实验：测量运动物体的速度和加速度

任务与目标

（1）使用光电门、数字计时器等装置测量气垫导轨上运动物体的速度和加速度。

（2）了解本实验使用的间接测量运动物体速度和加速度的实验方法。

（3）初步具备细心观察、规范操作的操作技能，养成分工合作、主动探究的实验习惯。

（4）树立实事求是的科学态度和勇于探索的科学精神，养成爱护仪器设备、保持环境卫生等素养。

仪器与材料

气垫导轨、气泵、光电门、数字计时器、挡光片、滑块、垫片、直尺等。

原理与方法

气垫导轨（图1-9-1）利用气泵产生压缩空气，使滑块在导轨上悬浮，从而大大减小了滑块在导轨上运动时的阻力。

数字计时器与气垫导轨上的两个光电门相连，当滑块上的挡光片经过光电门时，数字计时器的显示窗口可以自动显示挡光片的挡光时间。

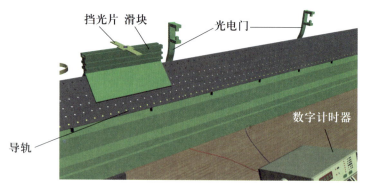

图1-9-1　气垫导轨

实验装置如图1-9-2所示，让滑块在倾斜的气垫导轨上做匀加速直线运动，当滑块上的挡光片经过光电门时，数字计时器的显示窗口可以自动显示出挡光片经过两个光电门的挡光时间 Δt_1 和 Δt_2。结合挡光片的宽度 l 可计算出其平均速度，分别为

$$v_1 = \frac{l}{\Delta t_1}, \quad v_2 = \frac{l}{\Delta t_2}$$

由于这两个挡光时间都很短，因此可近似认为这两个平均速度分别是滑块经过两个光电门时的瞬时速度。

再利用两个光电门间的距离s，根据匀变速直线运动的公式$v_t^2 - v_0^2 = 2as$即可求出滑块在两个光电门间的加速度为

$$a = \frac{v_2^2 - v_1^2}{2s}$$

◗ **收集与整理**

（1）将气垫导轨按图1-9-2所示连接好，将垫片垫在单脚螺钉下面，使导轨形成一个斜面。打开数字计时器的开关，选择"计时1"功能。借助导轨上的标尺，调节两个光电门之间的距离，使$s = 0.60$ m，用直尺测量挡光片的宽度l，将数据填入表1-9-1。

（2）将挡光片安装在滑块上。打开气泵开关，给导轨送气。把滑块轻轻地放在导轨上。用手扶着滑块，尝试让滑块经过两个光

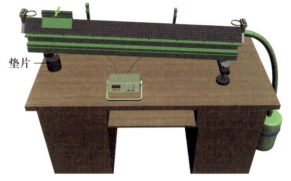

图1-9-2 用气垫导轨测量加速度的实验装置

电门，调节光电门的高度，使挡光片可以顺利通过，不发生擦碰。

（3）将滑块从导轨较高一端的固定位置由静止开始释放，当滑块通过两个光电门后，将滑块拦住，防止其撞击导轨末端、跌落或弹回。及时记下挡光时间Δt_1和Δt_2，将数据填入表1-9-1。

提示：本步骤需要几位同学密切配合，与同学协商如何分工合作？

（4）重复上一步操作，再测两次。

（5）将滑块从导轨上取下，关闭气泵开关，关闭数字计时器的开关。

（6）整理实验仪器，将其恢复初始位置，摆放整齐，打扫卫生。

◗ **分析与处理**

整理本学习小组测量的3组时间数据，求出平均值，再分别计算滑块经过两个光电门的瞬时速度以及在此过程中的加速度。将计算结果填入表1-9-1，完成表格。

表1-9-1　滑块的瞬时速度和加速度

挡光片的宽度 $l =$ _____ m，两个光电门之间的距离 $s =$ _____ m

实验序次	Δt_1/s	Δt_2/s	v_1/（m/s）	v_2/（m/s）	a/（m/s²）
1					
2					
3					
平均值					

🌓 思考与讨论

通过本次实验，能证明沿光滑斜面下滑物体的运动是匀加速直线运动吗？如果想证明上面的结论，应该怎么做？

🌓 总结与交流

与其他学习小组计算的数值相比较，讨论物体沿斜面下滑的加速度的大小可能与_____有关。

🌓 反思与提升

（1）查阅气垫导轨的使用说明书，与同学共同探讨是否还有其他测量加速度的方法。

（2）上网搜集资料，了解使用超声波传感器等其他仪器测量运动物体的速度和加速度的方法。

（3）回顾本实验的全过程，写出自己最大的收获是什么，对本实验中的哪些细节还有疑问。与同学讨论，与老师交流。

一、物理观念及应用

（1）世界是由物质组成的，物质都是运动的。物体的运动状态可以用时间、位移、速度、加速度等物理量描述。自由落体运动是匀变速直线运动。

（2）力是物体间的相互作用，物体间相互作用具有普遍性。一个合力与几个分力的作用效果相同，可以相互替代。力的合成与分解都遵循平行四边形定则。

（3）物体所受合外力为零时，总保持静止或匀速直线运动状态。物体所受合外力不为零时，运动状态会发生改变。两个物体之间的相互作用力总是大小相等，方向相反，作用在同一条直线上。

（4）物体的运动形式复杂多样，其中曲线运动是更为常见的运动。平抛运动是匀变速运动，匀速圆周运动是变速运动。

应用以上物理观念，能够较准确地描述物体的运动状态，能对物体进行受力分析，能对匀变速直线运动、平抛运动以及匀速圆周运动等进行简单的计算。能应用力的合成与分解规律和牛顿运动定律解释简单的力学现象。

二、科学思维与创新

（1）质点、匀速直线运动、匀速圆周运动、平抛运动等物理模型的构建，可以把复杂抽象的物理问题简单化、理想化，突出主要因素，忽略次要因素，简明扼要地揭示事物的本质。通过构建这些模型的过程，体会将复杂运动分解为简单运动的物理思想，认识物理模型在解决实际问题中的重要作用。

（2）隔离法、整体法、控制变量法等都是重要的思想方法，实际应用时，应根据具体情况，灵活应用。

（3）根据已有经验，对研究问题先行提出猜想假设，通过实验论证得出正确结论的科学思维方法，对于发现物体运动规律具有重要作用。伽利略运用实验和逻辑思维相结合的研究方法，论证了他的假设，发现了物体下落的规律。

（4）伽利略发现自由落体规律，源于其不迷信权威、敢于质疑、勇于创新、实事求是的科学态度和科学精神。

三、科学实践与技能

（1）通过测量物体的长度等实验，学会正确使用游标卡尺等测量工具，养成细心观察的习惯；通过测量运动物体的速度和加速度等实验和其他实践活动，增强实验操作技能，进一步养成客观记录实验现象和结果的习惯，学会误差分析。

（2）通过探究影响向心力大小的因素等实验，增强探究设计意识，提升探究设计能力。

（3）通过分析设置紧急避险车道有助于汽车安全行驶等示例，将物理知识与生产生活的实际应用相结合，进一步提高技术应用的意识和能力。

四、科学态度与责任

（1）通过对有效数字和误差的学习，以及误差产生的原因的分析，进一步树立规范操作、实事求是的科学态度，培养精益求精的工匠精神。

（2）通过了解我国在航空航天等领域的发展现状，感悟我国取得的伟大成就，增强民族自信心和自豪感。

（3）结合平抛运动等规律的学习，理解高空抛物的危害性，明白作为公民的社会责任，提升规则与法治意识。

（4）通过学习我国在风力发电、海上疏浚等方面处于世界领先水平的现代科技成果，增强科技传承的使命感和责任感。

评价与发展

结合老师、同学的评价及自己在学习过程中的表现，总结自己在本主题学习后的主要收获与不足，进行星级评定（评价表见附录）。

主题二
功和能

2

两千多年前，人类就发明出能利用风力、水力做功的机械，大大促进了生产力的发展。2021年，我国发电总装机容量达23.8亿千瓦，其中非化石能源装机占比首次超过煤电，风电并网装机容量连续12年稳居全球第一，光伏发电并网装机容量连续7年稳居全球第一。科学技术的发展带动了我国电力能源多元化，为降煤减排和带动经济发展做出了重要贡献。

在长期的生产实践中，人们逐渐建立了功、机械能等物理概念，并利用其来认识和描述自然规律。本主题将在初中物理的基础上，进一步形成和巩固机械能方面的物理观念，并了解其在生产生活中的应用。

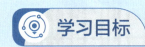 **学习目标**

　　理解功、功率、机械能等概念，从能量角度思考问题，提高对物体运动、相互作用和能量关系的认识，形成能量转换与守恒等物理观念，能应用能量观念分析和解决简单的实际问题。

　　通过对机械能相互转换与守恒的学习，进一步体会模型建构的过程。进一步了解用乘积定义法定义物理量，用控制变量法研究物体动能、势能、机械能等思维方法。

　　通过探究影响重力势能大小的因素、单摆的振动周期等实验，进一步增强操作技能，养成科学严谨的操作习惯，提升实验观察、实践探究与技术应用等能力。

　　了解我国水力发电、潮汐发电等现代大型水利枢纽工程的科技新发展，了解人类对风力与水力资源的开发与利用的新成就，初步形成利用绿色能源的意识，养成节约能源的行为习惯，增强保护环境的社会责任感。

第一节 功 功率

情境与问题

　　观察与水平方向成一定角度的扶手电梯和水平电梯的运动（图2-1-1），它们的运动方向虽然不同，但是当电梯匀速运动时，站在上面的人受力情况却是相同的，都受到重力和电梯的支持力。这两种电梯的运动对人的重力势能变化的影响有什么不同呢？

图2-1-1　不同功能的电梯

功

　　在初中物理中我们学过，一个物体受到力的作用，如果在力的方向上发生了一段位移，就称这个力对物体做了功。

　　若物体在力 F 的作用下，在力的方向上发生的位移是 s，如图2-1-2所示，那么力 F 对物体做的功为

$$W=Fs$$

图2-1-2　物体在力的方向上发生了位移

　　功是标量，国际单位制单位为 J（焦）。这种定义物理量的方法是乘积定义法。

思维与方法——乘积定义法

　　用两个或多个物理量相乘来定义新物理量的方法称为乘积定义法。

　　力和物体在力的方向上发生的位移，是做功的两个不可缺少的因素。例如，一个滑块在光滑的水平面上做匀速直线运动，因为滑块在位移方向上没有受力，所以没有力对滑块做功；再如，用手提着一桶水站立不动，虽然人用了力，但在力的方向上没有位移，所以提水的力也没有对这桶水做功。

　　在实际问题中，物体的位移方向并不总是与力的方向相同。

75

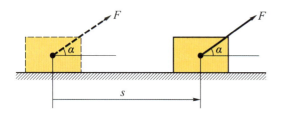

图2-1-3 物体受力的方向与位移方向成一定角度

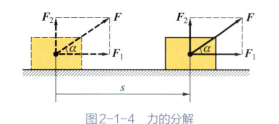

图2-1-4 力的分解

当力 F 的方向与位移 s 的方向构成某一角度 α 时，如图2-1-3所示，该怎样计算这个力所做的功呢？

可以将力 F 分解成与位移方向相同的分力 F_1 和与位移方向垂直的分力 F_2，如图2-1-4所示。

力 F 对物体做的功 W 等于两分力做功之和。因为 $F_1 = F\cos\alpha$，F_2 不做功，所以

$$W = Fs\cos\alpha$$

（1）当 $\alpha = 0$ 时，$W = Fs$，力对物体做正功。

（2）当 $0 < \alpha < 90°$ 时，$W > 0$，力对物体做正功。

（3）当 $\alpha = 90°$ 时，$W = 0$，力对物体不做功。

（4）当 $90° < \alpha < 180°$ 时，$W < 0$，力对物体做负功。

（5）当 $\alpha = 180°$ 时，$W = -Fs$，力对物体做负功。

 思维与方法——分析法

分析法就是把研究对象分解为各个组成部分和要素，然后分别加以研究，从而揭示事物的属性和本质的方法。

一个力对物体做负功，表示这个力阻碍物体的运动。因此，当力对物体做负功时，常说成物体克服这个力做功。例如，当摩擦力对物体做负功时，也可以说物体克服摩擦力做功。

与水平方向成一定角度的扶手电梯在向上匀速运动过程中，电梯对人产生了向上的支持力，人在竖直方向上也发生了位移，因此扶手电梯对人做了功；而水平电梯匀速运动时，虽然电梯对人的支持力也是竖直向上的，但人在支持力的方向上没有位移，因而水平电梯在竖直方向上对人不做功。

若公式 $W = Fs\cos\alpha$ 中的 F 是几个力的合力，那么 α 就是合力方向与物体位移方向间的夹角，W 就是合力做的功。通过分析法可以证明，合力做的功等于各个分力做功的代数和。

● 示例1

解放军在一项体能极限训练中，拉着30 kg的汽车轮胎向终

点冲刺，如图2-1-5（a）所示。轮胎受到与水平方向成37°且斜向上方的拉力，设拉力的大小为100 N，轮胎与地面间的摩擦力大小为20 N，在水平地面上移动了50 m到达目标位置，试求合力对轮胎做的功。

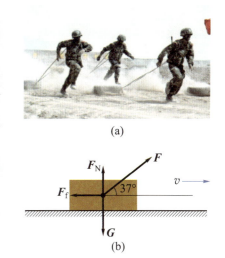

(a)

图2-1-5　人拉轮胎受力分析

解　轮胎在水平地面上移动时，受到重力G、支持力F_N、拉力F和摩擦力F_f四个力的作用，如图2-1-5（b）所示。由于重力G、支持力F_N的方向与轮胎的位移方向垂直，不做功，因此合力做的功就是拉力F和摩擦力F_f做功的代数和。

拉力做的功　$W_F = Fs\cos\alpha = 100 \times 50 \times \cos 37° \text{ J} \approx 4 \times 10^3 \text{ J}$

摩擦力做的功　$W_{F_f} = -F_f s = -20 \times 50 \text{ J} = -1 \times 10^3 \text{ J}$

合力做的功　$W_合 = W_F + W_{F_f} = (4 \times 10^3 - 1 \times 10^3) \text{ J} = 3 \times 10^3 \text{ J}$

功率

不同物体做相同的功，所用的时间往往不同。例如，一台起重机能在80 s内把$2 \times 10^3 \text{ kg}$质量的物体从地面提升到楼顶，而另一台起重机只需40 s就能做相同的功。那么就可以说，这两台起重机做功的快慢程度不同。如何描述一个力做功的快慢程度呢？

物理学中，把一个力所做的功W跟完成这些功所用时间t的比值称为**功率**。用P表示功率，则有

$$P = \frac{W}{t}$$

功率是标量，其单位为W（瓦）。

电动机、内燃机（包括柴油机、汽油机）等动力机械的铭牌上都标有额定功率，这是其在正常条件下可以长时间工作的功率，其实际输出功率往往小于这个数值。例如，某汽车发动机的额定功率是100 kW，但在平直公路上中速行驶时，阻力较小，发动机实际输出的功率只有20 kW左右。在特殊情况下，例如爬陡坡或穿越障碍时，司机通过将加速踏板踩到底，将供油量增至最大，使发动机短时间实际输出的功率大于额定功率。但这种超负荷的状态会损伤发动机，因此要尽量避免这种操作。

力、位移、时间都与功率有关。这种关系在技术上具有重要

意义。

把 $W=Fs$ 代入功率公式，可得 $P=\dfrac{W}{t}=\dfrac{Fs}{t}$，因为 $v=\dfrac{s}{t}$，所以

$$P=Fv$$

即功率等于力和物体运动速度的乘积。可以看出，当功率 P 一定时，牵引力 F 和速度 v 成反比。

汽车发动机产生的动力通过变速箱中的齿轮传递到车轮，司机可以通过换挡来选择使用不同的齿轮组。因为发动机的最大输出功率是一定的，所以汽车在从静止起动或长距离上坡时，司机一般都使用低速挡，来获得较大的牵引力。汽车在平直公路上高速行驶时，受到的阻力较小，需要的牵引力也较小，这时就可以使用高速挡。

然而，在发动机功率一定时，通过减小速度提高牵引力或通过减小牵引力而提高速度，效果都是有限的。因此，要达到更高速度和获得更大牵引力，必须提高发动机的额定功率，这就是大型载重汽车和大型飞机、舰船需要大功率发动机的原因。

● 示例 2

设一列 16 节车厢的"复兴号"高速列车总质量 $m=8.0\times10^5\,\mathrm{kg}$，发动机的额定功率 $P=8.0\times10^3\,\mathrm{kW}$，若列车在水平轨道上匀速行驶时所受平均阻力是列车重力的 0.01 倍，$g=10\,\mathrm{m/s^2}$。求该列车在水平轨道上行驶的最大速度。若在同样的阻力下，路过某限速区段时行驶速度为 180 km/h，则发动机的实际输出功率是多少？

解 由公式 $P=Fv$ 即可求出速度。当列车牵引力不变，而速度减小时，发动机的实际输出功率也可由公式 $P=Fv$ 求出。

当列车匀速行驶时，牵引力等于阻力，即重力的 0.01 倍

$$F=0.01\times mg=0.01\times8.0\times10^5\times10\,\mathrm{N}=8.0\times10^4\,\mathrm{N}$$

发动机的额定功率 $P_1=8.0\times10^3\,\mathrm{kW}=8.0\times10^6\,\mathrm{W}$，由 $P_1=Fv_1$ 得

$$v_1=\frac{P_1}{F}=\frac{8.0\times10^6}{8.0\times10^4}\,\mathrm{m/s}=100\,\mathrm{m/s}$$

当牵引力 F 不变，路过某限速区段时的速度 $v_2=180\,\mathrm{km/h}=$

50 m/s时，则发动机的实际输出功率

$$P_2 = Fv_2 = 8.0 \times 10^4 \times 50 \text{ W} = 4.0 \times 10^6 \text{ W}$$

实践与探索2-1

1. 一位质量m=50 kg的滑雪运动员从高h=10 m的斜坡顶端自由下滑，如图2-1-6所示。如果运动员在下滑过程中受到的阻力F=50 N，斜坡的倾角θ=30°，运动员滑至坡底的过程中，克服阻力做了多少功？重力做了多少功？

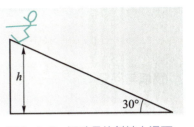

图2-1-6　运动员从斜坡上滑下

2. 在2022年北京冬奥会和冬残奥会中有169辆氢能源公交车投入运营。若某辆氢能源公交车的发动机额定功率为1.4×10^5 W，行驶时受到的阻力为7×10^3 N，则这辆公交车行驶的最大速度是多少？

3. 张家界有一个创造了两项吉尼斯世界纪录的观光电梯，如图2-1-7所示。电梯全长326 m，其中底部的157 m埋在山体中，另一部分裸露在山体外，单梯可乘64人。原本近5小时的山路，乘电梯从山下到山上只需66 s。试估算观光电梯的电动机总功率是多少？试从多角度探讨一下建造该观光电梯的利与弊。

图2-1-7　观光电梯

4. 2020年，我国运用现代先进测量技术测得珠穆朗玛峰最新高程是8 848.86 m。设质量为60 kg的某队员，身背15 kg的装备背包，从海拔5 800 m的过渡营地出发，走完9 km山路用时5 h，到达海拔6 500 m的前进营地。

（1）此过程中该队员对背包做了多少功？

（2）该队员做功的平均功率是多少？

（3）设法测出自己爬楼梯的功率，并与上述登山队员的功率相比较，谈谈体会与感悟（取$g = 10$ m/s²）。

第二节 动能定理

◎ 情境与问题

打铁是一种古老的传统工艺。坚硬的铁块在能工巧匠手中可以变成任何形式的器皿、工具等。如图2-2-1所示，当重重的大锤从上方落下来，快速砸向锻件，烧红的锻件顿时火花四射。

大锤对锻件做功利用的是什么形式的能量？它为什么能将锻件捶打变形？

图2-2-1 打铁

◗ 动能

在初中我们学过，如果一个物体能够对外界做功，就说这个物体具有能量。物体由于运动而具有的能量称为动能。

实验表明，一个质量为 m、速度为 v 的物体，它的动能等于物体的质量与速度二次方乘积的一半。用 E_k 表示动能，则有

$$E_k = \frac{1}{2} mv^2$$

动能是标量，其国际单位制单位为 J（焦）。

● 示例

运动员甲将质量为 4 kg 的铅球以 15 m/s 的速度掷出。运动员乙在 25 m 标准运动手枪的射击赛场上，将一颗质量为 0.02 kg 的子弹以 300 m/s 的速度射出。试比较铅球和子弹，哪一个动能大？

解 根据动能的定义式，铅球的动能

$$E_{k1} = \frac{1}{2} m_1 v_1^2 = \frac{1}{2} \times 4 \times 15^2 \, \text{J} = 450 \, \text{J}$$

80

子弹的动能

$$E_{k2} = \frac{1}{2}m_2v_2^2 = \frac{1}{2} \times 0.02 \times 300^2 \, \text{J} = 900 \, \text{J}$$

通过比较可知，质量小的子弹比质量大的铅球的动能大。

观察与体验——用数字信息系统探究合外力做功与动能变化的关系

将计算机、数据采集器、光电门等按图 2-2-2 所示安装好，打开数字信息系统，进入相应实验条目，调节轨道一端高度，使小车能在轨道上匀速滑行。将小桶所受的重力（可用力传感器测出，小桶质量应远小于小车）、两光电门间距离和小车质量分别输入实验系统。让小桶拉着细绳通过定滑轮拉动小车在轨道上加速滑动，系统会在屏幕上自动显示出小车经过两个光电门时的动能大小。小车质量可通过增减配重片调节，小桶所受重力通过增减砝码调节。

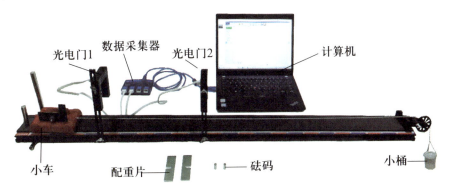

图2-2-2　探究合外力做功与动能变化的关系实验装置

图 2-2-3 所示为 3 组测得的实验数据。

对比这 3 组数据发现，细绳拉力做的功与小车动能的增量间存在的关系是_____。

实验次数	绳子拉力（力传感器读数）/N	两光电门间距/m	拉力的功/J	小车质量（含配重片）/kg	小车经过光电门1时的动能/J	小车经过光电门2时的动能/J	小车动能的增量/J
1	0.049	0.3	0.0147	0.073	0.0105	0.0250	0.0145
2	0.098	0.4	0.0392	0.123	0.0178	0.0571	0.0393
3	0.147	0.5	0.0735	0.173	0.0160	0.0894	0.0734

图2-2-3　合外力做功与动能变化的关系实验数据

动能定理

如果一个质量为m、初速度为v_1的物体，受到恒定合外力$F_合$的作用，并在力的方向上产生了位移s，而物体的末速度变为v_2。在此过程中合外力做功

$$W_合 = F_合 s$$

根据牛顿第二定律$F_合 = ma$和匀变速直线运动的位移公式$s = \dfrac{v_2^2 - v_1^2}{2a}$可以得到

$$W_合 = \frac{1}{2}mv_2^2 - \frac{1}{2}mv_1^2$$

实验和理论均表明，合外力对物体做的功，使物体的动能发生了变化，合外力做的功等于物体动能的增量，这个结论称为<u>动能定理</u>。

例如，一列动车启动时，在牵引力和阻力的共同作用下开始加速，动能越来越大。在这个过程中牵引力和阻力的合力做正功，动车的动能增加。当动车制动时，在阻力的作用下开始减速，动能越来越小，此过程中阻力做了负功，动车的动能减少了。

铁匠打铁时，借助大锤的重力，并通过用力对大锤做正功，让大锤快速砸向锻件，使大锤获得更大的动能。当大锤砸到锻件上时，锻件对大锤做负功，大锤的动能瞬间减少为零，大锤对锻件产生的巨大作用力将锻件捶打变形。

应用与拓展——汽车制动距离与车速的关系

设汽车制动过程中所受的阻力F_f恒定不变，汽车的制动位移为s。由动能定理可知

$$-F_f s = 0 - \frac{1}{2}mv_1^2$$

图2-2-4　高速公路上的限速标志牌

显然，汽车制动前的初速度v_1越大，初动能$\dfrac{1}{2}mv_1^2$越大，制动时阻力做的功$-F_f s$就越多，制动后经过的位移s越大，潜在危险也越大。所以在高速公路旁，往往安装有限速标志牌，如图2-2-4所示，以提醒司机不要超速，保持安全车距，防止追尾事故。

1. 若某颗卫星质量为170 kg，轨道速度为6 km/s，这颗卫星的动能是多少？

2. 2021年，具有我国完全自主知识产权的时速600 km高速磁浮列车在青岛成功下线（图2-2-5），标志着我国掌握了高速磁浮成套技术和工程化能力。设列车在平直轨道上运行，其质量为6×10^4 kg，列车启动被悬浮到8 mm的高度后，从静止加速到600 km/h。求：（1）加速过程中车厢克服重力做了多少功？（2）该列车动能的增量是多少？（3）若不考虑其他阻力，牵引系统对列车做了多少功？

3. 遇紧急情况时，民用航空客机打开紧急出口的舱门会自动生成一个由气囊构成的逃生滑梯，连接出口与地面，如图2-2-6所示。假设某次应急救援演练的气囊高3.2 m，长5.5 m，质量为60 kg的人沿气囊斜面下滑时所受平均阻力是240 N，求人滑至底端时的速度。

图2-2-5 高速磁浮列车

图2-2-6 民用航空客机的机舱
紧急出口气囊

第三节　机械能守恒定律及其应用

 情境与问题

　　三峡水电站（图2-3-1）是当今世界上装机容量最大的水力发电站。在充分发挥防洪、航运、水资源利用等综合效益的情况下，三峡水电站2020年的年发电量已打破世界水电站发电纪录。

　　三峡水电站为什么会有如此巨大的发电量呢？

图2-3-1　三峡水电站

图2-3-2　正在工作的强夯机

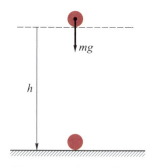

图2-3-3　自由下落物体的受力示意图

▶ **势能**

　　在建筑工程中常用一种吊重锤击式的强夯机对松土进行压实处理。强夯机工作时，通过机械力把重锤高高吊起，然后释放，再让重锤自由落下，将地基压实，如图2-3-2所示。

　　被吊起的重锤具有对地基做功的本领，因此说它具有某种能量。物理学中，把地球表面附近的物体由于被举高而具有的能量称为**重力势能**。那么，重力势能的大小跟哪些因素有关呢？

　　质量为m的物体从高处自由下落高度h，如图2-3-3所示。由于物体只受重力，因此在物体下落过程中重力做的功

$$W=mgh$$

　　表明物体在高度h处具有的能量，即重力势能为mgh。重力势能用E_p表示，得

$$E_p=mgh$$

　　重力势能是标量，其国际单位制单位为J（焦）。

　　显然，物体重力势能的大小与物体的质量和所处的高度是有关的。

84

物体的高度总是相对于某一水平面来说的，这个水平面称为零势能面。在零势能面上的物体，高度为0，重力势能也为0。

零势能面的选择是任意的，不影响所研究的问题，可视研究问题的方便而定。一般情况下，常选地面为零势能面。

处于零势能面以上的物体，重力势能为正值；处于零势能面以下的物体，重力势能为负值。重力势能为负值，表示物体的重力势能比处在零势能面时的重力势能小。

卷紧的发条、拉伸或压缩的弹簧、拉开的弓（图2-3-4）、正在击球的球拍、撑竿跳运动员手中弯曲的跳竿等，这些物体由于发生了弹性形变，而具有了做功的本领。物理学中，把物体由于弹性形变而具有的能量称为弹性势能。

图2-3-4 拉开的弓

▶ 机械能守恒定律

动能和势能（包括重力势能和弹性势能）统称为机械能。在一定的条件下，物体的动能和势能可以相互转换。

一个质量为m的物体在自由下落的过程中，先后经过高度为h_1的点A和高度为h_2的点B，同时速度从v_1增加到v_2，如图2-3-5所示。

根据动能定理

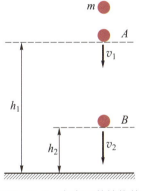

图2-3-5 自由下落的物体

$$mg(h_1 - h_2) = \frac{1}{2}mv_2^2 - \frac{1}{2}mv_1^2$$

得

$$\frac{1}{2}mv_2^2 + mgh_2 = \frac{1}{2}mv_1^2 + mgh_1$$

上式表明，在自由落体运动中，只有重力做功，物体的动能与重力势能可以相互转换，而总的机械能保持不变。事实上，在各种抛体运动中，如果忽略空气阻力，物体的总机械能也保持不变。

当物体在光滑斜面上下滑时，如图2-3-6所示，虽然物体受重力和支持力的作用，但支持力对物体不做功，只有重力做功。可以证明，在此过程中物体的机械能也保持不变。

理论和实验表明，在只有重力（或弹力）做功的情况下，物体

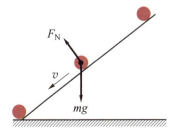

图2-3-6 沿光滑斜面下滑
物体的受力示意图

85

的动能和重力势能（或弹性势能）相互转换，机械能的总量保持不变，这个结论称为**机械能守恒定律**。机械能守恒定律是力学中的一条重要规律，也是能量守恒定律在机械运动中的一种表现形式。

● 示例

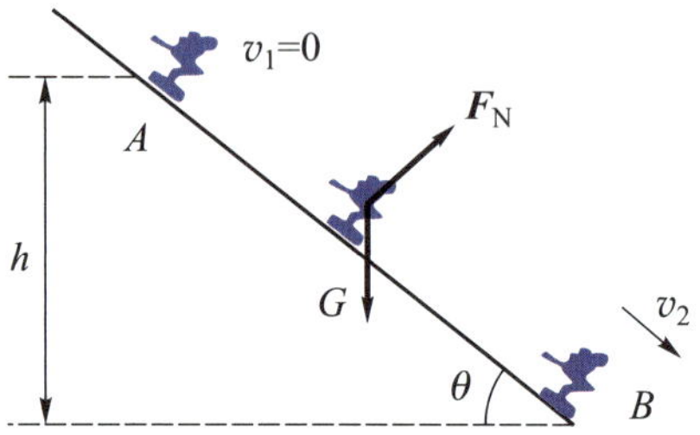

图2-3-7为2022年北京冬奥会时某一运动员的滑雪示意图，设滑雪坡AB是倾角为37°的斜坡，竖直高度差h=8 m，运动员连同滑雪装备总质量为80 kg，从点A由静止下滑到达点B（不计空气阻力和摩擦阻力，取g=10 m/s²），求运动员经过点B时的速度。

解 由于不计摩擦力和空气阻力，运动员在下滑过程中只受支持力和重力的作用。支持力的方向始终与运动方向垂直，因此不做功。下滑过程中只有重力做功，机械能守恒。

设运动员与装备的质量为m，并选取点B为零势能面，根据机械能守恒定律，有

$$\frac{1}{2}mv_2^2 = \frac{1}{2}mv_1^2 + mgh$$

$$\frac{1}{2}mv_2^2 = 0 + mgh$$

$$v_2 = \sqrt{2gh} = \sqrt{2 \times 10 \times 8} \text{ m/s} \approx 12.6 \text{ m/s}$$

图2-3-7 滑雪示意图

技术·中国——水力发电

水力发电是利用水的重力势能和动能进行发电，是目前人类大规模利用清洁能源的方式之一。利用拦河坝和引水管涵等，将水能资源集中起来，然后引导水流去冲击水轮机，水轮机带动发电机发电，机械能转换为电能（图2-3-8）。

长江干流上，由乌东德、白鹤滩、溪洛渡、向家坝、三峡、葛洲坝6座梯级水电站构成的世界最大清洁能源走廊，科学实施梯级水库联合调度，至2022年5月，累计发电量突破3万亿千瓦时，为我国经济社会绿色发展做出了巨大贡献。

图2-3-8 水力发电示意图

1. 设一名质量为50 kg的跳水运动员从距水面10 m高的跳台起跳，下落4 m时的重力势能是_____J；落水时的重力势能是_____J；在整个跳水的过程中，重力势能变化了_____J。

2. 西成高铁是第一条穿越我国南北分界线秦岭的高速铁路，将"蜀道难"变成历史，如图2-3-9所示。西成高铁是国内少有的需要爬坡的高铁线路，在某4.5×10^4 m长的大坡道上，落差有1 100 m。（1）试求质量为3.8×10^5 kg的列车行驶在这段坡道上时重力势能的最大变化量；（2）列车在

图2-3-9　西成高铁某路段

爬坡时，仍保持250 km/h的速度高速行驶，问列车在这段斜坡上运行时机械能是否守恒，为什么？

3. 某同学在离地1 m高处以一定的初速度向下抛出一个质量为0.02 kg的弹力球，此球击地后回跳的最大高度是3.8 m。设弹力球击地反弹时无机械能损失，不计空气阻力，取$g = 10$ m/s²，求弹力球从抛出到着地过程中重力所做的功和小球抛出时的初速度大小。与同学讨论，如果是向上抛出，结果一样吗？

4. 荡秋千时，有经验的人不用人推也会越荡越高，此时机械能不仅不守恒而且是不断增加的。和同学交流并讨论，这个机械能的增量来自何处？阐述一下荡秋千需要什么技巧。

5. 溪洛渡水电站是我国"西电东送"战略的骨干电源点。电站蓄水后，水位落差约130 m，水的流量约1.3×10^4 m³/s，约有3 000 m³/s的流量用于通航，其余全部用来发电。水流冲击水轮机发电，约有20%的机械能转化为电能。问该水电站的最大发电功率是多少？

第四节　机械振动和机械波

🔬 **情境与问题**

医药振动筛［图2-4-1（a）］是医药行业专用的振动筛设备，主要用于对粉末类物料进行筛选、分级、除杂、过滤等工作。它是利用筛体的高频率振动［图2-4-1（b）］来对物料进行筛选、分级。

什么是振动？振动在生产生活中有哪些应用和危害呢？

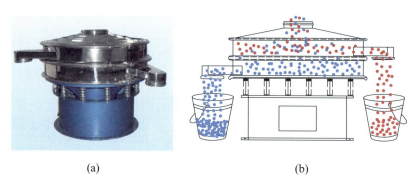

(a)   (b)

图2-4-1　医药振动筛

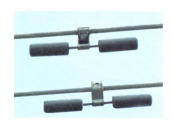

图2-4-2　高压输电线上的减振锤

机械振动

前面学习了在恒力作用下的匀变速直线运动和平抛运动，学习了在大小不变而方向改变的向心力作用下的匀速圆周运动。本节学习在大小和方向都改变的力作用下的运动——机械振动。

生活中的机械振动随处可见，如高压输电线上减振锤（图2-4-2）的运动、手机来电时的振动、发动机活塞的运动，我们把物体沿直线或弧线在某一中心位置附近所做的往复运动称为**机械振动**，简称**振动**。

简谐运动

自然界中存在多种复杂的振动，本单元我们学习机械振动中最基本的运动——简谐运动。

观察与体验——弹簧振子

如图 2-4-3 所示，把一个有孔的小球连接在弹簧的一端，弹簧的另一端固定，小球穿在光滑的水平杆上，可以在杆上滑动。把小球向右拉至点 A 放开，它就左右运动起来。

小球为什么能振动？振动过程中，小球受到哪些力的作用？

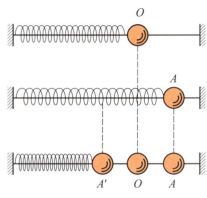

图2-4-3　弹簧振子

在图 2-4-3 中，小球和水平杆间的摩擦忽略不计，弹簧的质量比小球的质量小得多，也可忽略不计，这样的装置称为弹簧振子，显然，弹簧振子是一种理想化的实体模型。弹簧振子的小球称为振子，振子静止在点 O 时，弹簧没有发生形变，对振子没有弹力的作用，所以点 O 是振子的平衡位置。

回复力

振子在振动过程中水平方向上只有弹簧的弹力，这个力的方向跟振子偏离平衡位置的位移方向相反，总是指向平衡位置（图2-4-4），它的作用是使振子返回平衡位置，我们把能使振子回到平衡位置的力称为回复力。

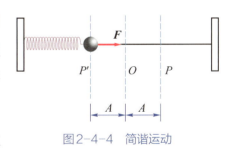

图2-4-4　简谐运动

根据胡克定律，在弹簧发生弹性形变时，弹力大小与位移大小成正比，方向与位移方向相反，即

$$F=kx$$

式中，k 为比例常数。在弹簧振子中，k 为弹簧的劲度系数，x 是振子相对平衡位置的位移。

物体在运动过程中受到与位移的大小成正比、方向与位移相反的回复力作用下的运动，称为简谐运动。

弹簧振子在振动时，振子运动的位移与时间又存在什么规律呢？

活动与探究——探究振动过程中位移和时间的关系

提出问题：如何描述质点在振动过程中位移和时间的关系呢？

猜想假设：如果能测量出振子在每个时刻的位置，即振子的位置随时间的变化关系，就可以用 v–t 关系图像表示出质点在振动过程中位移和时间的关系。

设计方案：用分体式位移传感器的发射端作为振子，悬吊使其在水平方向上做简谐运动，将位移传感器的接收端固定在另一侧，使之与发射端处于同一水平面且基本正对。通过数据采集器、计算机及专用软件，测量位移随时间的变化情况，如图 2-4-5 所示。

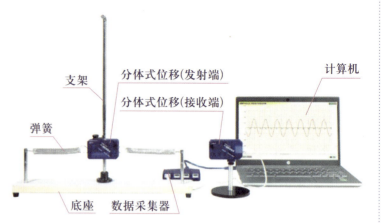

图2-4-5　探究弹簧振子 v–t 关系的实验装置

分析归纳：假设某次测量的 v–t 图像如图 2-4-6 所示。可以发现，弹簧振子的位移和时间的关系遵循正弦函数规律。这是简谐运动的一个重要特征。

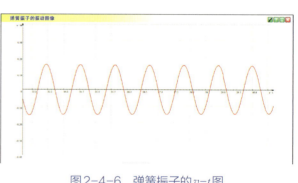

图2-4-6　弹簧振子的 v–t 图

交流反思：我们还能设计出其他方法来测量振动物体的 v–t 图像吗？

振幅、周期和频率

做简谐运动的物体总是在一定范围内运动的。在图2-4-4中，振子在水平杆上的点 P 与点 P' 间做往复运动，振子离开平衡位置的最大距离为 OP 或者 OP'。振动物体离开平衡位置的最大距离称为振动的振幅，用 A 表示，国际单位制单位为 m（米）。振幅是表示振动强弱的物理量。

图2-4-4中，如果振子从点 P' 开始向右运动，经过点 O 后到达点 P，然后向左运动回到点 O，又继续运动到点 P'，这样一个完整的振动过程称为一次全振动。做简谐运动的物体完成一次全振动所需要的时间称为振动的周期，周期用 T 表示，国际单位制单位为 s（秒）。单位时间内完成全振动的次数称为振动的频率，用 f 表示，国际单位制单位为 Hz（赫）。

周期和频率都是表示振动快慢的物理量。周期T与频率f的关系为

$$T = \frac{1}{f}$$

 单摆

生活中，经常可以看到悬挂起来的物体在竖直平面内做摆动，如悬挂的风铃的摆动、钟摆摆锤的运动（图2-4-7）。下面用细线悬挂着的小球来研究摆动的规律。

如图2-4-8所示，将一小球用一根细线悬挂起来，如果细线不能伸缩且质量可以忽略不计，线长又比球的直径大得多，这样的装置称为<u>单摆</u>，摆线的长度称为<u>摆长</u>。显然，单摆是一种理想化的实体模型。

可以证明，在摆角很小时，小球受到的回复力与其对平衡位置的位移大小成正比，方向总是指向小球的平衡位置，因此，在摆角很小的情况下，单摆的振动是简谐运动。

思考与讨论

单摆的振动周期跟哪些因素有关？采用控制变量法，可以探究单摆的周期与摆长、摆角及小球质量的关系。

荷兰物理学家惠更斯（1629—1695年）研究了单摆的振动，发现单摆做简谐运动的周期T跟摆长l的平方根成正比，跟重力加速度g的平方根成反比，跟振幅、摆球的质量无关，用公式表示为

$$T = 2\pi\sqrt{\frac{l}{g}}$$

单摆的振动周期和摆长很容易测量出来，所以利用单摆可以测定各地的重力加速度。地下有大型矿藏时，当地的重力加速度就会出现异常，因此可以通过测重力加速度的值来探测矿藏。

单摆的周期跟单摆的振幅没有关系，这种性质称为<u>单摆的等时性</u>。

图2-4-7　物体的摆动

图2-4-8　简单的单摆

- **示例1**

周期为2 s的单摆称为秒摆，秒摆的摆长是多少？（取 $g = 10 \text{ m/s}^2$）

解 根据单摆的周期公式 $T = 2\pi\sqrt{\dfrac{l}{g}}$，可得秒摆的摆长

$$l = \frac{T^2 g}{4\pi^2} = \frac{2^2 \times 10}{4 \times 3.14^2} \text{ m} \approx 1.01 \text{ m}$$

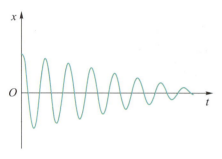

图2-4-9　阻尼振动图像

受迫振动

简谐运动是实际振动的理想化模型，只要提供给振动系统一定的能量，使它开始振动，由于系统的机械能守恒，振子就会永不停止地振动下去，且振幅不变，这种振动称为等幅振动，其振动频率称为固有频率，周期称为固有周期。等幅振动的振动曲线如图2-4-6所示。

但是在实际的振动系统中，除了受到回复力以外，振动物体还要受到摩擦力和其他阻力的作用，系统需要克服阻力做功，此时机械能就会有损耗，系统的机械能随着时间的增加逐渐减少，振动的振幅也逐渐减小。这种振幅逐渐减小的振动称为阻尼振动，其振动曲线如图2-4-9所示。

怎样才能得到持续的周期性振动呢？最简单的办法是用周期性的外力作用于振动系统，使外力对系统做功，补偿系统的能量损耗，才能使系统持续地振动下去。这种周期性的外力称为驱动力，物体在驱动力作用下的振动称为受迫振动。秋千在有人推动时能继续摆动就是一种受迫振动。

应用与拓展——减振器

汽车悬架系统上一般都装有减振器（图2-4-10）。减振器可以缓解路面带来的冲击，以减缓颠簸时产生的振动，提高车辆乘坐的舒适性。

汽车减振器实际上是一个振动阻尼器。目前汽车常用的减振器为筒式液压减振器，其工作原理是当车身出现振动时，减振器内的活塞上下移动，活塞在缸筒内移动时会将内腔中的油液压入另一个内腔，油液与内腔产生摩擦，增加阻尼力，从而达到减振的效果。

图2-4-10　汽车减振器

简谐运动的振动频率由振动系统决定，那么，受迫振动的频率又与什么有关呢？

在图2-4-11所示装置的实验中，物体做受迫振动时，受到的驱动力的频率与把手转动的频率是相等的。实验表明，物体做受迫振动的频率（周期）等于驱动力的频率，而与弹簧的固有频率（周期）无关。那么，物体的固有频率对于受迫振动就没有任何影响了吗？

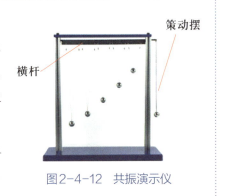
◗ 共振

实验表明，振动系统固有频率与驱动力频率相等的摆球，振幅最大；固有频率与驱动力频率相差最大的摆球，振幅最小。图 2-4-13 为受迫振动的振幅 A 与驱动力的频率 f 的关系曲线。

受迫振动的物体在驱动力的频率等于其固有频率时，振幅出现最大的现象称为共振。

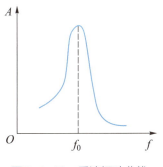

图2-4-13 受迫振动曲线

我国关于共振现象的研究，可以追溯到公元前3世纪。《庄子》中说，如果有两个瑟（乐器）音律相同，则拨动一个瑟的弦，另一个瑟的对弦就会振动起来。"鼓宫宫动，鼓角角动，音律同矣"，这是世界上最早的关于共振的文字记载。

共振现象在自然界中十分普遍。例如，当青蛙的声带振动时，引起声囊发生共振，形成嘹亮的蛙鸣；人类的声带发出的振动，也是因为与空气产生了共振，才形成了一个个音节；自来水管在邻近的水龙头放水时，有时会发生阵阵的响声，这是由于水从水龙头中冲出时引起水管共振的缘故等。

共振在生产生活中的应用也十分广泛。声学中，共振被称为"**共鸣**"；电磁学中，共振被称为"**谐振**"。

应用与拓展——传统乐器中的共振

我国的传统乐器历史悠久、种类繁多，凝聚着中华民族数千年的智慧和匠心。古筝、古琴、琵琶、二胡、马头琴等都有一个木制的箱体，被称为共鸣箱，如图2-4-14所示。演奏时，琴弦的振动，引起共鸣箱与之共振，带动箱内外空气振动产生共鸣，起到放大声音的作用。

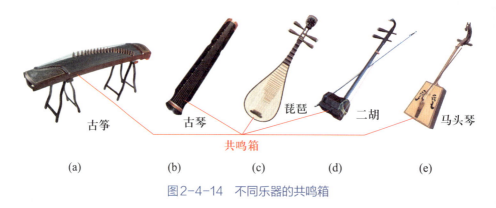

古筝 古琴 琵琶 二胡 马头琴

共鸣箱

(a) (b) (c) (d) (e)

图2-4-14　不同乐器的共鸣箱

从功能关系来看，当驱动力的频率与振动物体的固有频率相同时，驱动力对振动物体总是做正功，所以受迫振动的物体得到的能量越来越多。也就是说，此时受迫振动的物体最有效地吸收了驱动力的施力物体所提供的能量，从而使受迫振动物体的振幅越来越大。

事物总是一分为二的。一方面，利用共振原理，可以为人类造福，但某些情况下，共振也是有害的，而且破坏性还很大。如机床运转时，一旦发生共振，就会影响加工精度，加大机械的损害力度。火车过桥时，车轮对铁轨接头处的撞击频率接近桥梁的固有频率时，就有可能使桥梁的振幅显著增大，致使桥梁断裂。轮船在航行时，如果波浪对船舶的作用力的频率与船舶的固有频率相同，就会导致船舶的摇晃越来越严重，导致倾覆。

机械波

前面学习了直线运动、曲线运动和机械振动。在研究这些运动时，研究的对象都是单个质点的运动，那么，有没有许多质点同时做运动的情况呢？有，这就是波动。下面学习一种简单、基本的波动，即机械波。

观察与体验——生活中的波动

把一块石子丢到平静的水面上，落石点就产生出几圈逐渐向四周扩大的圆形水波，如图2-4-15（a）所示。在这个例子中，我们可观察到一种广泛存在的运动形式，即波动。演员抖动长绸的一端，长绸随之上下飞舞，有时呈现出波的形态，这是波在长绸上的传播，如图2-4-15（b）所示。

长绸上的波形成的原因是 _____。

(a)   (b)

图2-4-15　生活中的波动

机械波是物质运动中非常重要的一种形式，广泛存在于自然界。声波传递到我们的耳膜，使我们听到声音。远处地震激起的地震波传来后，会引起地面的振动。那么，这些机械波是如何产生的呢？

在图2-4-15（b）中，只有当演员抖动长绸一端时，才能在长绸上形成波浪。这表明，产生机械波需要一个振动的质点，我们称之为波源。

但只有波源并不能产生机械波，还必须有传播振动的介质。波源在介质中振动时，会通过弹力带动周围的质点一起振动，进而又带动更远的质点振动。例如，抖动长绸振动，振动沿着长绸传播，投石激起水面上某处振动，振动沿着水面传播。长绸、水等传播波的物质都是介质。组成介质的质点间是有弹性的，它们相互作用，一个质点的振动会引起相邻质点的振动。像这样，机械振动在介质中的传播就称为机械波。

形成机械波需要两个条件：产生振动的波源和传播振动的介质。

机械波是一种较为复杂的运动形式，是多个质点做同时而不同步的运动。那么，机械波是如何向前传播的呢？

图2-4-16　绳波

◗ 横波

取一根较长的软绳，一端拴在门把上，另一端用手握住，如图2-4-16所示，手持续地上下抖动，可以看到一列凹凸相间的波向另一端传去。绳上的绳波，质点做上下振动，而波是向右传播的，质点的振动方向与波的传播方向垂直，这种波称为横波。在横波中，凸起的部分称为波峰，凹下的部分称为波谷。

◗ 纵波

用细线把螺旋弹簧右端固定，在它的左端施加一个力，使弹簧左右振动，这样，在弹簧上自左向右形成了一列疏密相间的波，如图2-4-17所示。弹簧上的疏密波中，质点左右振动，而波是向右传播的，质点的振动方向与波的传播方向在同一直线上，这种波称为纵波。在纵波中，质点分布较密的部分称为密部；质点分布较疏的部分称为疏部。

图2-4-17　螺旋弹簧上的波

在波的传播过程中，沿波的传播方向，介质中各质点在弹力作用下依次振动，把振动传向远方。仔细观察在水面上振动的枝条、树叶等，就会发现，它们并不随着水波向外移动，只是在原来的平衡位置附近上下振动。这一切都表明，介质虽然以波的形式把振动传播出去，但介质本身并没有随着波一起传播出去。因此，波是振动传播的一种形式。

为了进一步研究机械波传播过程中质点的运动情况，可用图像来进行分析。

波的图像

以在绳子上传播的横波为例，建立 xOy 坐标系，如图2-4-18所示，该图像描述了某一时刻介质中各个质点偏离平衡位置的位移情况，称为波的图像。

与前面学习的振动图像不同，它们虽然都是正弦图像，但表达的意义并不相同。振动图像描述的是一个质点在不同时刻的运动，而波的图像描述的是多个质点在某一时刻的运动。

从能量角度来看，机械波是一种运动形式的传播，在这个过程中振动的能量被传递。本来静止的质点，随着相邻质点的振动开始振动，这表明它获得了能量。获得的能量是从波源传来的。因此，振动的传播也伴随着能量的传播，波在传播振动的同时，也将波源的振动能量传播出去。也就是说，波是能量传递的一种方式。利用机械波传播能量的特点，人们建造了潮汐发电站，利用海洋的潮汐能来发电（图2-4-19），把机械波（水波）传播的能量转换为电能。

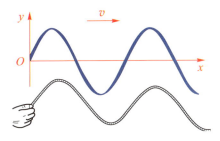
图2-4-18 波的图像

图2-4-19 潮汐发电

技术·中国——潮汐发电站

江厦潮汐发电站（图2-4-20）是我国当前最大的潮汐能发电站，也是全球第四大潮汐发电站，是世界最先进的潮汐发电工程之一，于1985年建成，电站共安装有6台双向潮汐发电机组。

江厦潮汐发电站也是我国第一座双向潮汐发电站，能利用潮水涨落双向发电，相比传统单向潮汐发电站，其发电量有很大提高。

图2-4-20 江厦潮汐发电站

周期、波长和波速

波向前传播一个完整的波形所用的时间称为周期，用 T 表示。波的周期正好等于波源完成一次全振动所用的时间。周期的倒数就是波的频率，用 f 表示。波的周期和频率与波源的周期和频率相同。

在波的传播方向上，波在一个周期内传播的距离称为波长。通常以 λ 表示，其国际单位制单位为 m（米）。在横波中，两个相邻的波峰（或波谷）间的距离都等于波长，如图2-4-21所示。在纵波中，两个相邻的密部（或疏部）间的距离也等于波长。

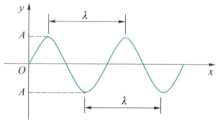

图2-4-21 两个相邻的波

人耳能听到的声音频率一般在20～20 000 Hz之间。人耳对声音高低的感觉称为音调，音调主要与声波的频率有关。频率高的声音，音调就高，听起来就尖细；频率低的声音，音调低，听起来就低沉。例如，笛子是利用空气振动发声和空气柱共鸣的原理制成的，吹奏者能吹奏出不同频率的声音。

振动在介质中传播的速度称为波速，用 v 表示。波速是描述波传播快慢的物理量。同一列波，在不同的介质中传播，波速是不同的。例如，声波在空气中（0 ℃）的传播速度是331 m/s，而在水中的传播速度是1 440 m/s，在钢铁中的传播速度是5 000 m/s。

根据定义，波长、周期和波速的关系为

$$v = \frac{\lambda}{T}$$

根据周期 T 和频率 f 的关系，上式又可写为

$$v = \lambda f$$

即波速等于波长和频率的乘积。

● 示例2

"奋斗者"号载人潜水器在万米的深海通过海水传播声波来实现与海面的双向通信。设潜水器发出的声波在空气中的波长是3.4 m，速度是340 m/s，它的频率是多少？当该声波在海水中传播时，其波长为15 m，则该声波在海水中的传播速度是多少？

解 由公式 $v=\lambda f$，潜水器发出的声波在空气中的频率为

$$f = \frac{v_1}{\lambda_1} = \frac{340}{3.4} \, \text{Hz} = 100 \, \text{Hz}$$

当该声波进入海水中传播时，频率不变，它的传播速度为

$$v_2 = \lambda_2 f = 15 \times 100 \, \text{m/s} = 1\,500 \, \text{m/s}$$

 应用与拓展——地震中的横波与纵波

地震是威胁人类生存和发展的主要自然灾害之一。图 2-4-22 所示为地震造成的路面塌陷现象。

地震波是机械波。地震时，同时从震源发出两种类型的地震波：纵波和横波。由于纵波在地球内部的传播速度大于横波，所以地震时，纵波总是先到达地表，而横波则会延后 10 ~ 30 s。利用这一特点，可以为我们赢得应急避险时间。

图2-4-22　地震造成的路面塌陷

另外，利用电磁波比地震波传播速度快的原理建设的地震预警系统，在地震波到达前给目标发出警告，提前让人们采取有效的避震措施，可以有效减少人员伤亡。

 实践与探索2-4

1. 某种昆虫靠翅膀的振动发声，如果这种昆虫的翅膀在2 s内振动了600次，频率是多少？

2. 弹簧振子从距离平衡位置5 cm处由静止释放，4 s内完成5次全振动，则这个弹簧振子的振幅、周期是多少？ 4 s末振子的位移是多少？ 4 s内振子通过的距离是多少？

3. 已知单摆的摆长为39.2 cm，取重力加速度$g=9.8 \, \text{m/s}^2$，求单摆的周期。

4. 海面上停着一艘船，一个人观察到每隔10 s就有一个波峰经过这艘船，他还注意到相邻波峰之间的距离大约是160 m，试由这些数据估算海面波浪的速度。

5. 在某一地区，地震波的纵波和横波在地表附近的传播速度分别是9.3 km/s和3.1 km/s。在一次地震时，这一地区的一个观测站记录的纵波和横波的到达时刻相差6 s。地震的震源距这个观测站多远？

6. 尝试制作简易单摆，并测量出单摆的周期。若有甲、乙两个同学分别做了两个不同的单摆，并测得两个单摆摆动的周期恰好相等，试分析这两个单摆的

摆长、摆幅、摆球的质量等有什么关系。

    7. 设计一个实验,探究单摆的振动周期与哪些因素有关。实际做一做,验证你的设计方案,并与同学交流你的收获和体会。

一、物理观念及应用

（1）如果物体在力的方向上发生了位移，就说这个力对物体做了功。合力做的功等于各个分力做功的代数和。一个力所做的功跟完成这些功所用时间的比值称为功率。

（2）如果一个物体能够对外界做功，就说这个物体具有能量。合外力做的功等于物体动能的增量。

（3）在只有重力（或弹力）做功的情况下，物体的动能和重力势能（或弹性势能）相互转化，机械能的总量保持不变。

（4）简谐振动可用振幅、周期和频率等物理量来描述。单摆具有等时性。机械波有横波和纵波两种传播方式，机械波是能量传递的一种方式。

应用以上物理观念可以理解风能、水能发电等物理原理，能够解释强夯机、振动筛等基本工作原理，能够制作单摆等。

二、科学思维与创新

（1）构建弹簧振子、单摆等简谐运动模型，可以方便地研究机械振动。

（2）定义功、动能、重力势能等概念，应用了乘积定义法。用控制变量法可以探究影响单摆周期大小的因素。

三、科学实践与技能

（1）用数字信息系统探究合外力做功与动能变化的关系等实验，不但可以提升实验观察能力，还可以帮助我们从众多数据中发现规律，提升科学论证水平。

（2）设计并测量自己爬楼梯的功率、制作简易单摆并测量其周期等实践活动，可以进一步提高操作技能以及技术运用、探究设计等能力。

四、科学态度与责任

（1）在制作简易单摆并测量其振动周期等实践活动中，进一步发扬精益求精的工匠精神。

（2）在对做功、动能、重力势能与机械能等问题的思考与讨论中，进一步增强与他人合作交流的能力。

（3）了解我国可再生能源发电建设等方面的新成就，增强民族自信与国家认同。

（4）汽车的制动距离与车速有关，加强对超速和跟车过近危险的认知，增强安全驾驶意识，提升社会责任感。

评价与发展

结合老师、同学的评价及自己在学习过程中的表现，总结自己在本主题学习后的主要收获与不足，进行星级评定（评价表见附录）。

主题三 ③
热现象及能量守恒

从18世纪中叶的蒸汽机到现代交通工具仍广泛使用着的内燃机，几个世纪以来，热力学的蓬勃发展极大地提高了生产力，并推动了各个领域的发展。

随着对热力学的深入研究，人们认识到各种能量形式可以相互转换，进而发现了能量守恒定律，意识到能源的重要作用。能源是整个世界发展和经济增长的最基本驱动力，是人类赖以生存的基础。为推进能源的合理开发和利用，我国积极倡导"绿水青山就是金山银山"理念，大力推动绿色清洁能源技术的发展。

本主题从微观角度认识和解释热力学现象，学习热力学及能量守恒的规律，并了解其在生产生活中的应用，解决简单实际问题。

了解分子动理论的基本观点，理解温度、气体压强、热力学能等物理概念，了解热力学第一定律、能量守恒定律，进一步巩固世界是由物质分子组成的、分子是运动和相互作用的、物体普遍具有热力学能、能量守恒是自然界中最基本普遍的规律等物理观念，并能用其解释布朗运动、摩擦生热等相关的热力学现象，解决简单的实际问题。

学习转换法、归纳法等科学方法在科学研究中的应用，并尝试运用这些方法分析和解决简单的热力学问题。

通过布朗运动、扩散现象与温度的关系等演示实验，以及钻木取火等实践活动，增强探究设计的能力，具有将相关技术用于解决生产生活中实际问题的意识。

通过查阅资料、分组讨论、课堂交流等自主学习或合作学习方式，了解我国古代在热力学方面的伟大成就，增强民族自豪感和爱国情怀。认识能源开发与利用对人类生活和社会发展的影响，巩固可持续发展的观念，逐渐养成节约能源的习惯。

第一节　分子动理论

情境与问题

中国的茶文化源远流长。人们对泡茶的水温十分讲究，冲泡芽叶细嫩的绿茶，一般水温为80 ℃左右为宜，红茶则要用100 ℃的沸水冲泡。取等量同种茶叶，用不同温度的水冲泡相同时间，泡出来的茶水（图3-1-1）颜色有什么不同？生活中还有哪些相似的现象？

图3-1-1　不同温度的水泡的茶

分子动理论

宏观物体由大量分子组成。分子的尺寸极小，很难被直接测量，常利用转换法进行间接测量。例如，可以这样估测油酸分子的大小：先测量出通常情况下一滴油酸的体积；再将一滴油酸滴在水面上，让其铺展开，形成一层单分子油膜，测量出油膜的面积；最后计算出该体积与面积的比值，近似得到油酸分子直径的大小。

一般物质的分子直径是以nm（纳米）为数量级的，如水分子的直径为0.4 nm，比可见光波长的1/1 000还要小，即使借助最精密的光学显微镜也无法直接观测到水分子。构成水分子的氢原子和氧原子就更小。近年来，人们已经能够用放大200万倍的场离子显微镜直接观察分子了，甚至还能够用放大3亿倍的扫描隧道显微镜实现了"操纵原子"的梦想。

1827年，英国植物学家布朗在用显微镜观察悬浮在水中的植物花粉颗粒的形态时，发现花粉颗粒在水中不停地做无规则运动。最初他怀疑花粉颗粒是有生命的。当他用一些无机物的微粒代替花粉颗粒再观察时，发现水中的微粒仍然不停地做无规则运动。当时，人们都不理解产生这种运动的原因，于是把水中悬浮微粒的这种无规则运动称为布朗运动。

取一滴稀释后的水粉颜料溶液放在载玻片的凹槽中，盖上盖玻片，放到显微镜下观察，如图 3-1-2（a）所示。通过显微镜，追踪一颗悬浮在液体中的微粒如图 3-1-2（b）所示，观察它的运动情况，它的运动轨迹是：＿＿＿＿＿＿＿＿＿＿＿＿＿＿＿＿＿。

与同学讨论，布朗运动形成的原因是＿＿＿＿＿＿＿＿＿＿＿＿＿＿＿＿＿＿＿。

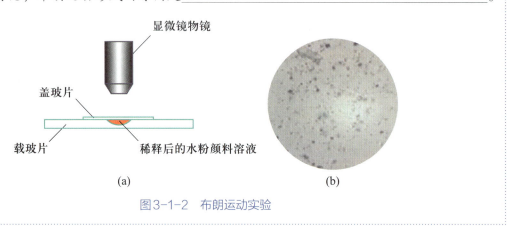

图 3-1-2　布朗运动实验

图 3-1-3　水分子撞击微粒示意图

后来，经过半个多世纪的研究，科学家们利用假设推理的方法，逐渐认识到水中的小颗粒运动是受到周围众多、用高倍的光学显微镜也看不到的水分子碰撞导致的。水分子的运动是无规则的，如图 3-1-3 所示，悬浮微粒每一瞬间受到的来自周围的水分子的撞击往往是不平衡的，导致悬浮微粒也不停地做无规则运动。布朗运动间接地反映了液体分子在做永不停息的无规则运动。

生活中，在一间封闭的房间里，喷一下香水，不一会儿，香水的气味就会弥漫到房间的每个角落；在一杯静置的清水中，轻轻滴入一滴红墨水，慢慢就会发现杯中的水全部变红了。工业中，在特定条件下，将纯净半导体材料硅片和其他杂质源（如磷）放在一起，一段时间后就能获得掺杂半导体……这些都是扩散现象。

人们通过对布朗运动和生产实践中大量的气体、液体、固体之间的扩散现象的观察，归纳出分子不停地做无规则运动。

思维与方法——归纳法

归纳法是从具体的个别事物的认识中，概括出抽象的一般认识的思维方法，是人类认识由观察到概括、由感性到理性、由部分到整体、由个别到一般、由个性到共性的升华。

通过对不同温度的水冲泡等量同种茶叶的实验观察，可以发现，温度高的水，相同时间内，泡出来的茶水颜色_____。说明水温越高，茶叶中物质分子融入水中的速度越_____，热水分子比冷水分子运动得越_____。

通过大量观察，人们归纳出：分子的无规则运动与温度有关，温度越高，分子运动越剧烈。因此，把分子的这种无规则运动称为分子的热运动。

微观的分子与分子之间有空隙吗？气体容易被压缩，说明气体分子间存在着很大的空隙；水和酒精混合后总体积会减小，表明液体分子间也是存在空隙的；高压下的油能透过钢壁渗出，表明固体分子间也有空隙。通过对这类现象的观察、归纳，人们得出，不论是气体、液体，还是固体，组成它们的分子之间存在空隙。在电子技术中通过掺杂过程获得掺杂半导体的方法，就是对分子空隙的利用。我国科学家经过艰苦努力，在半导体掺杂技术上已取得重大突破，自主研制的国内首台高能离子注入机（图3-1-4）已于2022年投入应用。

图3-1-4 高能离子注入机

沾水后合在一起的两块玻璃很难分开，用电焊能把两块铁焊接在一起，固体和液体很难被压缩……这些现象说明分子间既存在引力，也存在斥力，引力和斥力同时存在。实际表现出来的分子力是分子引力和斥力的合力。

综上所述，人们归纳出，一切物体都是由大量分子组成的，分子永不停息地做热运动，分子间有空隙，分子间存在着相互作用的引力和斥力。这就是分子动理论的基本观点。

温度与温标

温度是表示物体冷热程度的物理量。温度数值的表示方法，称为温标。常用的温标有：摄氏温标和热力学温标（也称绝对温标）。

摄氏温标是瑞典天文学家摄尔修斯创立的，单位为℃（摄氏度）。摄氏温标以1个标准大气压下水的冰点和沸点作为特征温度，将这两个温度分别定义为0 ℃和100 ℃，摄氏温度通常用符号t表示。

热力学温标是由英国物理学家开尔文创立的，单位为K（开）。热力学温标的单位大小与摄氏温标相同。因此，热力学温标中水的沸点同样比其冰点高100 K。热力学温标把宇宙最低温度定义为0 K，这个温度称为**绝对零度**。国际上公认的绝对零度为-273.15 ℃。热力学温度是国际单位制中7个基本物理量之一，用符号T表示。

热力学温度和摄氏温度的数值关系为

$$T = t + 273.15$$

测量温度需要用温度计。世界上最早的温度计是意大利科学家伽利略于1593年发明的。那么，在没有温度计的古代，人们又是如何计量温度的呢？春秋战国时期的著作《考工记》记载了火焰呈不同颜色时的冶炼操作规则，说明中国古人在当时已经掌握了通过观察火焰的颜色来计量高温的技术。

图3-1-5　后母戊鼎

现藏于国家博物馆的后母戊鼎（原称司母戊鼎，图3-1-5），是迄今世界上出土最大、最重的青铜礼器，享有"镇国之宝"的美誉。后母戊鼎重达832.84 kg，铸造工艺十分复杂，需要近千摄氏度的高温、二三百名工匠的密切配合才能完成。在冶炼过程中，古代工匠就是通过观察火焰的颜色来判别温度高低的，这充分反映了我国古代工匠们高超的艺术水准和杰出的控温技术。

应用与拓展——智能快速测温仪

2020年，国家药品监督管理局发布通知，自2026年1月1日起，将全面禁止生产含汞体温计，取而代之的是各式智能快速测温仪。

电子体温计［图3-1-6（a）］由温度传感器、液晶显示器、纽扣电池、专用集成电路及其他电子元器件组成，能快速准确地测量人体体温。

红外体温计［图3-1-6（b）］通常可分为接触式红外体温计和非接触式红外体温计。体温计的滤镜正对被测物体，物体产生的红外线透过滤镜后被光电系统聚集并传输给光电探测器转换成电信号，再经过信号处理器校正后，传输至显示设备，显示温度值。

红外热成像测温仪［图3-1-6（c）］是利用红外热成像技术，通过特殊的电子装置将物体表面的温度分布转换成人眼可见的图像，并以不同颜色显示物体表面温度分布。

温度传感器［图3-1-6（d）］能感受温度并转换成可输出信号，广泛应用在各类温度测量场景，如航空航天、深海探测、智能制造等。

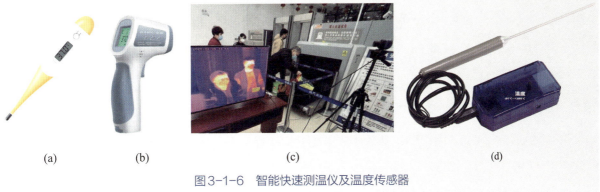

(a)　　　　(b)　　　　(c)　　　　(d)

图3-1-6　智能快速测温仪及温度传感器

气体的压强

气体分子之间有很大的空隙，它们之间的相互作用力十分微弱。气体分子可以自由地运动，常温下多数气体分子的速率都可达到数百米每秒，与子弹的速率相当。

单个分子的撞击力很小，而且是不连续的，但大量分子对器壁的撞击却可以产生大而连续的压力。气体垂直作用在器壁单位面积上的压力，称为**气体的压强**。气体在各个方向上产生的压强都是相等的。

从微观角度来看，一定质量的气体温度升高时，分子的热运动变得剧烈，气体的压强增大。在炎热的夏天，打足了气的自行车行驶在高温的路面上，有时会爆胎，往往是因轮胎中气体温度升高，压强过大造成的。

压强用p表示，其国际单位制单位为Pa（帕）。

日常生活和工业生产中常常需要测量压强，测量压强的仪器也各有不同，如测量气体和液体压强的U形管压强计、测量大气压力的动槽式水银气压表、基于传感技术的气压传感器等。

应用与拓展——高压氧舱

高压氧舱（图3-1-7）是一种特殊的通气装置。患者在1.5～2.5个大气压的氧舱内，呼吸着纯氧或高浓度氧，经过一段时间后，溶解在血液中氧的浓度就能提高数倍，从而可以治疗缺氧性或相关疾患。

图3-1-7　高压氧舱

热力学能

在初中物理课程已经学过，物体由固态转化为液态时，需要吸收能量；由液态转化为气态时，也需要吸收能量。即对等量同种物质来说，液态分子的能量比固态分子的能量多，气态分子的能量比液态分子的能量多。把物体分子由于运动而具有的能量称为**分子动能**；把物体分子由于相互作用而具有的能量称为**分子势能**。物理学中，把物体内所有分子的分子动能和分子势能的总和称为物体的**热力学能**。

所有物体都含有热力学能。物体的热力学能与物体的温度和体积都有关系，改变物体温度或体积就可以改变物体的热力学能。

在生活中也常常见到改变热力学能的现象。例如，手持杀虫气雾剂喷洒一段时间后，手会感觉到罐体温度明显下降了。发生这一现象的原因是罐内的压缩气体在喷洒过程中对外膨胀，即对外做功，其热力学能减少，从而使罐体温度降低。

图3-1-8　摩擦焊接

在现代制造与加工行业，常使用这样一种焊接工艺：先将一个金属工件在电动机驱动下高速旋转，再将另一个金属工件与其接触并压紧，摩擦生热，会使两个金属表面熔化，并在压力作用下，结合成一个整体。这种焊接工艺称为**摩擦焊接**，如图3-1-8所示。

以上现象说明：对物体做功，可以改变其热力学能。

当两个不同温度的物体相互接触时，热量总是自发地从温度高的物体转移到温度低的物体，直到它们的温度相等，这种现象称为**热传递**。通过热传递，原来温度高的物体的热力学能减少了，原来温度低的物体的热力学能增加了。

⚙ **技术·中国**——超长重力热管技术

超长重力热管技术是我国干热岩地热资源开采技术的一项重大突破。

干热岩位于地下 3～10 km 深处，温度大于 200℃，是一种清洁的地热资源。在我国，干热岩分布广泛，储量巨大。但长期以来，干热岩资源开发存在耗电耗水量大，技术风险高、开发成本大等诸多困难，因此长期得不到有效开发和利用。

我国科学家勇攀科技高峰，发明了超长重力热管技术。其原理是将热管从钻井口插入，到达干热岩岩层。热管的管壁是一种导热速度极快的材料，内装有沸点很低的氨水。如图 3-1-9 所示，热管接触到高温热岩后，液态氨在热管底部（蒸发段）受热蒸发气化，并自发上升到热管顶部（冷凝段），然后释放出热量并冷凝成液态，在重力作用下再下降至热管底部，如此不断循环，从而实现将地下热能传递到地面的目的。2022 年 1 月，我国科学家研制的 4 200 m 重力热管采热试验获得成功，在世界上首次实现中深层地热资源"只取热、不取水"的"无泵式"开采，取得了我国深地探测技术领域新的突破。这将为我国开发利用清洁能源、优化能源结构、减少污染物排放发挥重要作用。

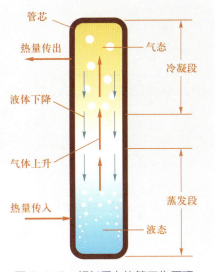

图 3-1-9　超长重力热管工作原理

综上所述，人们归纳出改变物体热力学能的物理过程有两种：做功和热传递。当外界对物体做功时，物体的热力学能增加；当物体对外界做功时，物体的热力学能减少。当外界向物体传递热量时，物体的热力学能增加；当物体向外界传递热量时，物体的热力学能减少。

 实践与探索 3-1

1. 试用分子运动的观点解释下列现象：

（1）破镜不能重圆；

（2）在墙角长时间堆放煤块，墙壁上也变黑了；

（3）酒香不怕巷子深；

（4）清晨树叶上的露珠看起来呈球状；

（5）把青菜腌成咸菜需要几天的时间，而把青菜炒熟使之具有相同的咸味，仅需几分钟。

2. 在估测油酸分子大小的实验中，若把一滴体积为 0.02 mL、浓度为 0.06% 的油酸酒精溶液滴入足够大盛水的浅盘中，由于酒精溶于水并很快挥发，形成由单层油膜分子组成的油膜，其形状如图 3-1-10（a）所示，每一小方格的边长为 25 mm。若将油膜分子视为球形，并认为它们紧密排布，如图 3-1-10（b）所示，

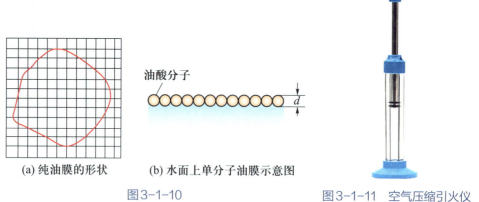

(a) 纯油膜的形状　　(b) 水面上单分子油膜示意图

图3-1-10　　　　　　　图3-1-11　空气压缩引火仪

忽略分子间存在的间隙，试估算出油酸分子的直径d。

3. 在空气压缩引火仪（图3-1-11）的玻璃筒中放一小团硝化棉，将活塞放进玻璃筒。用手迅速向下压活塞，可以观察到玻璃筒中的硝化棉因燃烧而发出明亮的火光。试阐述硝化棉被点燃的原因，并讨论该实验成功的关键之处在哪里？

4. 以学习小组为单位，探究钻木取火的方法，收集所需的木头（或竹子）等材料，并在课外开阔安全区域进行实验，检验实际生火的效果如何。撰写探究报告，记录本学习小组的探究过程和取得的成果，与其他学习小组交流。

5. 地热能是一种新型洁净能源。查找资料，了解地热发电原理、过程，以及技术难点与解决方法，与你学习的专业有何相关之处。写一篇调查报告，与同学交流。

第二节 能量守恒定律及其应用

情境与问题

柴油机是通过燃烧柴油释放的能量驱动的发动机（图3-2-1），在工农业生产中发挥着重要作用。在寒冷的冬天，柴油机有时会出现难以打着火的现象，有经验的师傅往往会在压缩气体的同时给气缸加热，便能使柴油机顺利工作。为什么压缩气体的同时给气缸加热比只压缩气体更容易打着火呢？

图3-2-1　柴油机

热力学第一定律

如果一个物体从外界吸收热量 Q，则物体的热力学能增加 Q；如果同时外界又对物体做功 W，则物体的热力学能又增加 W。因此在整个过程之后，该物体的热力学能的增加量

$$\Delta E = Q + W$$

这个公式可以理解为：**物体热力学能的增加等于外界向它传递的热量与外界对它做功的和**。这就是**热力学第一定律**。

在热力学第一定律的公式中，对各物理量的物理意义是这样规定的：物体的热力学能增加时，$\Delta E > 0$；热力学能减少时，$\Delta E < 0$。外界对物体做功时，$W > 0$；物体对外界做功时，$W < 0$。物体从外界吸热时，$Q > 0$；物体向外界放热时，$Q < 0$。

柴油机启动时，如果只压缩气体，那么热力学能的改变量仅为压缩气体时对其做的功；若压缩气体的同时给气缸加热，则热力学能的改变量为压缩气体对其做的功与外界传递给它的热量之和，而热力学能增加得越多，就越容易打着火了。

热力学第一定律的本质是能量在做功与热传递等过程中，其总量保持不变。

113

图3-2-2 压气机

压气机（图3-2-2）是航空发动机的重要部件之一，负责对机舱外稀薄空气进行强力压缩，既能为燃料燃烧过程提供高压空气，又能为机舱提供适合乘客使用的氧气。若某压气机在一次工作时，对空气做功$6×10^6$ J，使空气的热力学能增大$4.2×10^6$ J。试求这部分空气从外界吸收多少热量？

解 由热力学第一定律公式$\Delta E = Q + W$，得

$$Q = \Delta E - W = 4.2×10^6 \text{ J} - 6×10^6 \text{ J} = -1.8×10^6 \text{ J}$$

$Q < 0$，表示空气向外界释放热量，即这一过程中空气放出了$1.8×10^6$ J热量。

人们通过大量类似的观察归纳出，热量总是自发地从高温热源传递到低温热源，高温热源温度下降，低温热源温度升高，最终达到温度相等的状态。

能量守恒定律

不同的物质有不同的运动形式，每种运动形式都有一种对应的能量，与机械运动对应的是机械能，与热运动对应的是热力学能，与其他运动形式对应的还有电能、磁能、光能、核能、化学能等。

通过对机械运动的研究发现，物体的动能和势能可以互相转换，在一定的条件下，机械能守恒；通过对热现象的研究发现，做功可以改变物体的热力学能，如蒸汽做功，机械能和热力学能互相转换。通过对其他运动形式的研究发现，其他形式的能也可以互相转换，如通电导线发热，电能转换为热力学能；燃料燃烧生热，化学能转换为热力学能；发电机发电，机械能转换为电能等。

在19世纪中叶，迈耶、焦耳和亥姆霍兹等科学家经过长期的实验探索，共同归纳出如下规律：

能量既不会凭空产生，也不会凭空消失，它只能从一种形式转换为另一种形式，或者从一个物体转移到另一个物体，在转换

和转移的过程中其总量保持不变。这就是能量守恒定律。这是自然界中具有普遍意义的定律之一，也是各种自然现象都遵循的普遍规律。任何违背能量守恒定律的说法，都被证明是错误的。

17—18世纪，为了满足生产对动力日益增长的需要，许多人致力于制造一种机器，它不需要任何动力或燃料，却可以源源不断地对外做功。这种机器被称为第一类永动机。如图3-2-3所示是一种永动机的设计方案：在一个轮子的齿形边缘等距地安装12个活动的短杆，在杆端装上重球。设计者认为，轮子右边的球比左边的球离轴远些，因此右边球产生的力矩比左边球的大。这样，轮子就会永无休止地沿着顺时针方向转动下去，并可以带动机器转动。

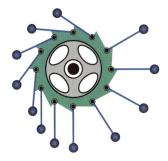

图3-2-3　一种永动机的设计方案

 思考与讨论

上面这个轮子不会无休止转动的原因是：＿＿＿＿＿＿＿＿＿＿＿＿＿＿

＿＿＿＿＿＿＿＿＿＿＿＿＿＿＿＿＿＿＿＿＿＿＿＿＿＿＿＿＿＿＿＿＿。

虽然人们经过多次尝试，做了各种努力，但永动机无一例外地归于失败。制造永动机的千万次失败使人们冷静下来，开始在更深层次寻找失败的原因。最终通过研究自然界中各种能量形式的转换，发现失败的根本原因就是违背了能量守恒定律。

能量守恒定律的发现使人们进一步认识到：任何机器，只能使能量从一种形式转换为另一种形式，而不能无中生有地制造能量，因此永动机是不可能制成的。

 应用与拓展——新能源的开发利用与环境保护

迄今为止，在常规能源中，被人类利用得最多的是煤炭、石油、天然气等。但这些常规能源大多日渐枯竭，而且粗放式的能源利用，带来了严重的环境污染。开发新的能源，建设清洁、低碳、安全、高效的能源体系，已是当务之急。

太阳能　太阳辐射到地球的能量是巨大的，每年可达 10^{24} J。相对于人类的历史来说，太阳能取之不尽、用之不竭。同时，太阳能是一种清洁能源，它不会导致环境污染。

核能　核能通常是指重原子核（如铀-235）在中子作用下裂变时释放的能量。另外，人们也发现了某些轻原子核结合成质量较大的原子核时，会发生聚变反应，能释放出比

115

裂变更多的能量，但到目前为止其反应过程还不能被人类随意控制。受控核聚变是当前世界正在共同研究的重大课题，但要发展到实用阶段，还有一段艰难的路要走。

风能 风能是由于太阳辐射热造成地球表面各处受热不均匀而引起空气流动所产生的能量。风能是一种蕴藏量大、分布广、可再生、无污染的天然清洁能源。

海洋能 海洋能是指依附在海水中的可再生能源，包括潮汐能、波浪能、海洋温差能、海洋盐差能和海流能等。据海洋学家估算，全世界海洋能蕴藏量折合成的发电能力达 7.5×10^{10} kW，并且不枯竭、无污染。

地热能 地热能是指在地球内部蕴藏着的巨大热力学能，它主要来源于地球深处的熔融岩浆和放射性物质的衰变。地球内部是高温高压的世界，蕴藏着无比丰富的热量，地温随深度增加而升高，平均每深入 1 km，温度升高 30 ℃，仅地下热水和地热蒸汽存储的总能量就为地球全部煤炭储能的上亿倍。

水力能 水力能是指蕴藏于天然水体中的动能和重力势能。水力能为自然界的可再生能源，随着水文循环周而复始，重复再生。水力发电过程中不发生化学变化，不排放有害物质，对环境影响较小，因此水力能是一种清洁的能源。

生物质能 生物质能指绿色植物通过光合作用储存在生物体内的化学能。地球上的植物每年产生的生物质能，大约是目前人类能源消费总量的 10 ~ 20 倍，是一种非常巨大的能源。生物质能的转换利用技术，除直接燃烧外，还有沼气生产、酒精制取、生物质能发电等。

 行为与责任——绿色发展，低碳生活

我国已经成为世界上节能减排、利用新能源和可再生能源的第一大国。我们要树立绿色发展的理念，养成节约能源、低碳生活的习惯，如多乘公交出行，不将空调温度调得过高或过低，做到"人走灯熄"等，为我国按期实现碳达峰、碳中和的目标做出自己的贡献。

 实践与探索3-2

1. 在某次实验中，将一定质量的二氧化碳气体封闭在一个可自由压缩的导热容器中，将容器缓慢移到海水深处，气体体积减为原来的一半，不计温度的变化，如图3-2-4所示，试分析封闭气体在此过程中的热力学能变化、对外做功、与外界传递热量的情况。

2. 常见的气压式水枪玩具的储水罐如图3-2-5所示。按动气压手柄，能从储水罐充气口充入气体。达

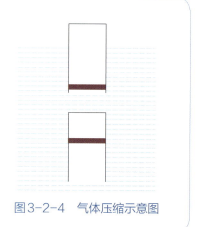

图3-2-4 气体压缩示意图

116

到一定压强后，停止充气，关闭充气口。扣动扳机将阀门M打开，水即从枪口喷出。若在水不断喷出的过程中，罐内气体温度始终保持不变，则气体（　　）。

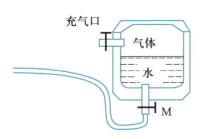

图3-2-5　气压式水枪玩具的储水罐

A. 压强变大　　　　B. 对外界做功

C. 对外界放热　　　D. 分子平均动能变大

3. 某学习小组做了如下实验：先把空的烧瓶放入电冰箱冷冻，再取出烧瓶，并迅速把一个气球紧套在烧瓶颈上，封闭了一部分气体，然后将烧瓶放进盛满热水的烧杯里，气体逐渐膨胀起来，如图

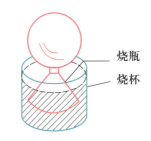

图3-2-6　实验装置示意图

3-2-6所示。若气球逐渐膨胀的过程中，气体对外做了0.6 J的功，同时吸收了0.9 J的热量，则该气体热力学能变化了多少？若气球在膨胀过程中迅速脱离瓶颈，则该气球内气体的温度会升高还是降低？

4. 实践探索一下，将温度传感器放在篮球气嘴处，当篮球放气时，测量气嘴处的温度变化情况，与同学讨论，并对此现象进行解释。

5. 夏天，将一台电冰箱放在房间里，打开电冰箱的门，能为房间降温吗？

6. 查阅资料，了解迈耶、焦耳或亥姆霍兹等科学家对能量守恒定律的发现做了哪些具体贡献，写一篇调查小报告，与同学交流。

一、物理观念及应用

（1）宏观物体是由大量分子组成的，分子永不停息地做无规则运动，分子间存在着相互作用的引力和斥力。温度越高，分子运动越剧烈。气体的压强是由大量分子对器壁的撞击产生的。做功和热传递都可以改变物体的热力学能。

（2）物体热力学能的增加等于外界向它传递的热量与外界对它做功的代数和。能量既不会凭空产生，也不会凭空消失，它只能从一种形式转换为另一种形式，或者从一个物体转移到另一个物体，在转换和转移的过程中其总量保持不变。

应用以上物理观念能解释布朗运动、气体做功等现象，能理解热管等工作原理。

二、科学思维与创新

（1）利用假设推理可以从微观角度探寻布朗运动的本质。

（2）应用归纳法、分析法和演绎法可以得出分子动理论、能量守恒定律等。热力学温度和摄氏温度存在一定的数值关系，热力学第一定律可以运用数学方法表达。

三、科学实践与技能

（1）使用转换法进行间接测量，可以估测油酸分子的大小。

（2）通过观察"布朗运动"等演示实验，提升实验观察的能力。

（3）通过"钻木取火"等课外实践活动，发展技术运用和探究设计等素养。

四、科学态度与责任

（1）通过对我国古代铸造工艺、现代测量技术、现代焊接工艺等的了解，发扬工匠精神，增强科技传承的使命感。

（2）通过对太阳能、核能、风能等新能源开发利用的了解，认识能源开发与利用对人类生活和社会发展的影响。

（3）通过对能量守恒定律的发现过程的调查了解和交流活动，熟悉自主学习与合作学习的学习方式，增强合作交流与科技传承的意识。

评价与发展

结合老师、同学的评价及自己在学习过程中的表现，总结自己在本主题学习后的主要收获与不足，进行星级评定（评价表见附录）。

主题四 4

电场与直流电及其应用

我国能源资源的地域分布极不均衡，用于火力发电的煤炭储藏主要在西北地区，用于水力发电的水资源三分之二集中在西南地区，用于风力发电和太阳能发电的陆地风能资源和太阳能资源80%以上集中在西部、北部地区，而我国的电力消耗70%以上集中在东中部地区。针对我国能源资源分布特点，国家优化能源结构，推进各类资源节约集约利用，实施了"西电东送"战略，通过特高压输电等技术把西部的电送到东中部地区，满足了东中部地区的用电需求，并带来了显著的经济与社会效益。电是什么？它有哪些性质？又是怎样传输的呢？

本主题中，将在初中物理的基础上，进一步了解电场和直流电路的基本性质，探索电阻定律、全电路欧姆定律等规律，并了解其在生产生活中的应用。

了解电场、电场强度、电势能、电势、电势差等概念，进一步巩固电场是一种特殊形态的物质、电荷间通过电场发生相互作用、电荷在电场中具有电势能等物理知识，理解电阻定律及全电路欧姆定律，并了解这些规律在生产生活中的应用。

清楚电场线、匀强电场等物理模型在研究物理问题中的重要作用，尝试运用类比法对电势能的特点进行分析论证，进一步了解用比值定义电场强度、电势等物理量的科学方法，运用控制变量的实验方法探究金属导体的电阻规律，培养科技创新的意识。

通过观察带电体间的相互作用等演示实验，增强实验观察能力，通过思考与讨论，增强解释所观察到的实验现象的能力。通过电阻定律的探究实验，经历科学探究的过程，熟悉科学探究的基本步骤，增强探究设计的能力。

通过查阅资料、撰写报告、分组讨论、课堂交流等自主学习或合作学习的方式，了解我国在超导研究等方面取得的伟大成就，并认识科技进步与社会发展的关系。

第一节　电场　电场强度

情境与问题

我们知道，自然界中存在两种不同的电荷，电荷间会发生相互作用，这种作用会对一些精密的电子产品带来很大影响。电子产品大多采用大规模的集成电路甚至超大规模的集成电路（图4-1-1）。集成电路对电荷非常敏感，一旦周围积聚电荷，容易使设备发生故障。那么，电荷是怎么形成的？如何避免这种故障呢？

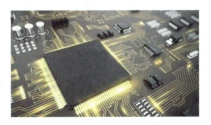

图4-1-1　集成电路

电场

经过摩擦的物体，如塑料笔杆、玻璃棒，能够吸引轻小物体，我们就说这些摩擦过的物体带了电荷。孤立物体携带的电荷很快会达到一种相对静止状态，因此被称为静电。

电荷分为正电荷和负电荷两种，用丝绸摩擦过的玻璃棒带正电荷，用毛皮摩擦过的橡胶棒带负电荷。同种电荷相互排斥，异种电荷相互吸引，如图4-1-2所示。

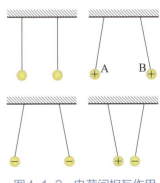

图4-1-2　电荷间相互作用

电荷的多少称为电荷量，常用q表示，其国际单位制单位为C（库）。通常，正电荷用正数表示，负电荷用负数表示。

科学家发现，自然界中存在的最小电荷是电子和质子所带的电荷。这一最小的电荷称为元电荷，用e表示。

$$e = 1.6 \times 10^{-19} \text{C}$$

任何带电体所带电荷都是e的整数倍。

如图4-1-2所示，两个带电体间是怎样发生相互作用的？研究表明，电荷间的相互作用是通过一种特殊物质发生的。这种存在于电荷周围的看不见、摸不着但可测量的特殊形态的物质，称为**电场**。只要电荷存在，电荷的周围就存在着电场。静止电荷产生的电场称为**静电场**。电场的基本性质是它对放入其中的电荷有力的作用，这种力称为**电场力**。

例如在图4-1-2中，电荷A对电荷B的作用，实际上是电荷A的电场对电荷B的作用；电荷B对电荷A的作用，实际上是电荷B的电场对电荷A的作用。

应用与拓展——静电放电及其防护

静电放电可以发生在两个物体间，也可由物体表面静电荷直接向空气放电。

静电放电过程往往会产生瞬时脉冲大电流，其强度可达几十安甚至上百安，将会导致元件局部过热，从而使元件损坏。同时，脉冲大电流还会产生强烈的电磁辐射，形成静电放电电磁脉冲，其电磁能量甚至会引发整个电子系统损坏。

为防止电子设备产生静电放电，在设计电路时，线路板边应设置静电防护；在设计制造时，必须将金属部件接地。具体防护措施将在主题五中进一步介绍。

电场强度

电场既然对放入其中的电荷有力的作用，那么它有什么规律呢？

为了分析电场的性质，需要引入一种物理模型——**检验电荷**，它代表一种体积和电荷量都非常小的电荷。

观察与体验——电荷在电场中不同位置的受力

如图4-1-3所示，先把一个带正电的金属球放在 A 处，然后把一个挂在丝线下端的带正电的小球，先后挂在 P_1、P_2、P_3 三个位置上。

观察发现，小球离金属球越远，丝线偏离竖直方向的角度就越_____，表明小球受力越_____。

与同学讨论，此现象说明在电场中的不同位置，电场的强弱程度_____（填"相同"或"不同"）；离金属球越远，电场越_____（填"强"或"弱"）。

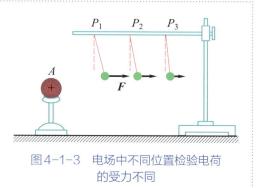

图4-1-3　电场中不同位置检验电荷的受力不同

实验发现，同一检验电荷在电场中的不同位置受到的电场力不同。进一步实验发现，不同电荷量的检验电荷在电场中的同一位置受到的电场力也不同，而且检验电荷所受到的电场力与检验电荷的电荷量之间的比值是一个不变的常数。例如，将电荷量分别为 q、$2q$、$3q$ 的检验电荷放在某点，受到的电场力分别为 F、$2F$、$3F$。

于是，在物理学中，把放入电场中某点的检验电荷所受到的电场力 F 跟检验电荷的电荷量 q 的比值称为该点的**电场强度**（简称为**场强**），用 E 表示，即

$$E = \frac{F}{q}$$

电场强度的国际单位制单位为 N / C（牛 / 库）。

电场强度是矢量。物理学中规定，电场中某点的电场强度的方向与正电荷在该点所受的电场力的方向相同。

电场强度的大小反映了电场的强弱：电场强度数值大的地方电场强，数值小的地方电场弱。

电场强度反映的是电场本身的力的性质，电场中每一点的电场强度都是固定的，与放入的检验电荷及受力大小无关。

电场线

电场很抽象，如果能够用图形把电场中各点电场强度的大小和方向形象地表示出来，将有助于对电场的认识。英国物理学家法拉第提出了用电场线来表示电场的方法。

电场线的分布可以通过实验来模拟。把铁粉放在由两个金属电极形成的电场的导电纸上，这些铁粉就按照电场强度的方向排列成规则的曲线，如图4-1-4所示。应该注意，虽然可以用实验来模拟电场线，但电场线并不是电场里实际存在的线，而是人们为了使电场形象化而假想的线。用电场线描绘抽象的电场，这是一种形象化的研究方法。

因此，可以在电场中画出一系列带箭头的曲线，使这些曲线上每一处的切线方向，都和该点的电场强度的方向相同，这些曲线就称为**电场线**。图4-1-5表示一条电场线，其中 A、B、C 点处的切线方向即为电场强度 E_A、E_B、E_C 的方向。

电场线也是一种物理模型。图4-1-6所示为单个电荷的电场线分布示意图。图4-1-7所示为两个等量电荷的电场线分布

图4-1-4　模拟电场线的分布

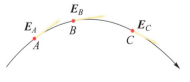

图4-1-5　电场线

示意图。

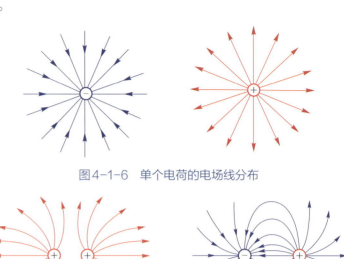

图4-1-6　单个电荷的电场线分布

图4-1-7　两个等量电荷的电场线分布

 思考与讨论

观察以上几种电场线的分布情况可以发现，在离产生电场的电荷越近的地方，电场强度越_____（填"大"或"小"），电场线越_____（填"疏"或"密"）。

电场线具有如下特点：**电场线始于正电荷（或无限远处），终止于负电荷（或无限远处），不闭合，不相交；电场强处电场线密，电场弱处电场线疏。**

匀强电场

在电场的某一区域里，如果各点的电场强度大小和方向都相同，这个区域的电场就称为**匀强电场**。匀强电场是一种理想模型，在实验和理论研究中应用广泛。

匀强电场是最简单的电场，同时也是很常见的电场。两块面积相等、互相正对、彼此平行而又靠近的金属板，分别带上等量异种电荷，它们之间的电场，除边缘附近以外，两板间的电场即可视为匀强电场。匀强电场的电场线是一系列疏密均匀、互相平行的直线，如图4-1-8所示。

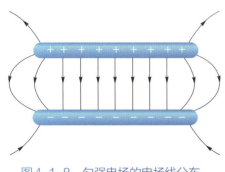

图4-1-8　匀强电场的电场线分布

1. 取一把塑料小尺子，如图4-1-9所示，想一下，用什么办法可以把桌上的纸屑吸引起来，并进行解释。

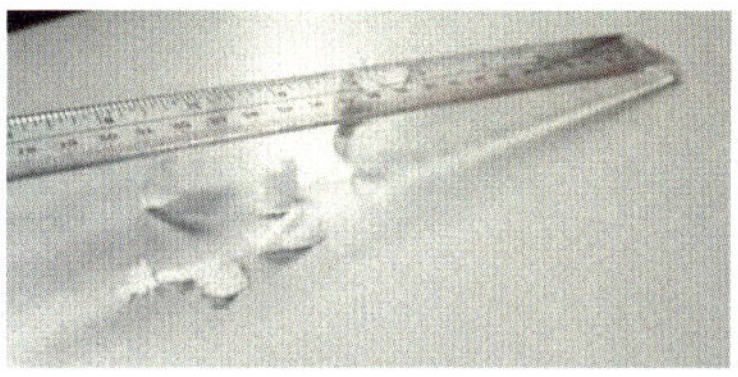

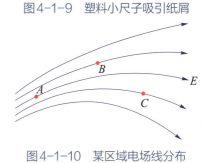

图4-1-9　塑料小尺子吸引纸屑

2. 图4-1-10所示是某区域电场的电场线分布，A、B、C是电场中的3个点。

（1）哪一点的电场强度最强？

（2）各点电场强度的方向分别指向哪里？

（3）负电荷在这3点所受的电场力的方向分别指向哪里？

图4-1-10　某区域电场线分布

3. 上网搜集资料，了解我国古代对电现象的记载，制作一份手抄报在课堂上进行展示。

4. 在电场中的某点放入电荷量为q的正点电荷，它受到的电场力为F，方向向右。

（1）当放入电荷量为q的负点电荷时，受到电场力的大小和方向如何？

（2）若在该点放入电荷量为$2q$的正点电荷，它受到的电场力的大小和方向如何？

（3）若该点不放电荷时，电场强度是否改变？

5. 在真空中有一电场，在这个电场中的某点P放一正点电荷$q=1.0×10^{-9}$ C，它受到方向向左、大小为$3.0×10^{-4}$ N的电场力。

（1）求点P的电场强度的大小。

（2）负点电荷$q'=-2.0×10^{-9}$ C，它在点P受到的电场力是多大？

第二节 电势能 电势 电势差

 情境与问题

近年来，我国LED（发光二极管）技术的发展十分迅猛，LED照明产品的产量和应用规模居全球第一。如图4-2-1所示的LED灯，如果要想让它亮起来，就需要在其两端施加电压。

电压是什么？电压又是怎么形成的呢？

图4-2-1 LED灯

● 电势能

生活中几乎每天都需要消耗电能，那么电能到底是一种什么样的能量？下面就来探究电能的本质。

 观察与体验——电场对电荷能量的影响

将带正电荷q的小球静止竖直悬挂在最低位置点A，如图4-2-2所示。当将带正电荷Q的金属球从远处移到点A附近时，观察小球位置发生的变化。

观察发现：小球位置＿＿＿＿＿＿。

从能量的角度考虑，带正电荷q的小球处于金属球的电场中后具有了做功的本领，在电场力的作用下，可以从点A移动到点B。在此过程中，带电小球的一部分＿＿＿＿＿转化为小球的重力势能。

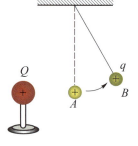

图4-2-2 电场对带电小球的影响

物理学中，电荷由于受到电场力的作用而具有的能量称为**电势能**，用E_p表示。电势能是标量，国际单位制单位是J（焦）。

处于地球表面的物体，可以认为处于重力场中。当物体由高处竖直下落位移h时，重力做正功mgh，物体的重力势能将减少mgh；反之，当物体由低处竖直上升位移h时，重力做负功mgh，

126

物体的重力势能将增加mgh。

电场中，电荷的电势能与重力场中物体的重力势能相类似。当电荷从一点移动到另一点时，电场力对电荷做了多少正功，电荷的电势能就减少多少；电场力对电荷做了多少负功，电荷的电势能就增加多少。

电场力做功和电势能变化的关系为

$$W_{AB} = E_{pA} - E_{pB}$$

式中，W_{AB}是电荷从点A移动到点B时电场力做的功；E_{pA}、E_{pB}分别是电荷在点A和点B具有的电势能。可见，电场力做的功等于电势能的减少量。

例如，如图4-2-3所示的电场中，一个正电荷在电场力F_1的作用下，从点A移动到点B时，电场力做正功，因此可知正电荷在点A的电势能大，在点B的电势能小；一个负电荷在电场力F_2的作用下，从点D移动到点C时，电场力也做正功，因此可知负电荷在点D的电势能大，在点C的电势能小。

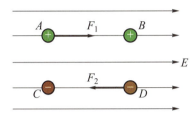

图4-2-3　电荷在电场中的电势能变化情况

 思维与方法——类比法

　　类比法是根据两个（或两类）对象在某些方面的相同或相似，而推出它们在其他方面也可能相同或相似的方法。类比是人脑凭借已知对象的知识对未知对象做出的推测，至于这个推测结果正确与否，还需要进一步的实践和实验验证。

▶ 电势

在地球表面，可以直接判断出一个物体重力势能的大小：同一个物体在高处的重力势能大，在低处的重力势能小。即物体重力势能的大小与物体地理位置的相对高度有直接的关系。

同样，人们为了能够直观地比较电荷在电场中电势能的大小，把放在电场中某一点的电荷所具有的电势能E_p与电荷量q的比值称为该点的**电势**。电势（也称电位）一般用符号V表示，即

$$V = \frac{E_p}{q}$$

电势是标量，国际单位制单位为V（伏）。

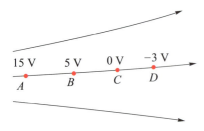

图4-2-4 选取C点为零电势点时的各点电势

经过长期实践，人们归纳出电场中电势的高低可以根据电场线的方向来判断：沿着电场线的方向，电势越来越低。

电场中的电势与地球上的高度一样，都是相对的。要确定某一点的电势，首先要选择一个零电势点。例如，如图4-2-4所示，在一个电场中有A、B、C、D四点，若选取点C为零电势点，A、B两点的电势就分别为15 V、5 V，而点D的电势为–3 V。

零电势点的选取可以是任意的。实践中，常选取大地或仪器的公共地线为零电势点。

思考与讨论

与同学讨论，根据$E_p = qV$和电场线的特点可以发现，对于一个正电荷来说，在电势高处，电势能_____；在电势低处，电势能_____。而对于负电荷来说，在电势高处，电势能_____；在电势低处，电势能_____。（填"大"或"小"）

电势差

电场中任意两点的电势之差称为这两点的<u>电势差</u>，也称<u>电压</u>，用U表示。若电场中A、B两点的电势分别为V_A和V_B，则这两点间的电势差

$$U_{AB} = V_A - V_B$$

电势差也是标量，国际单位制单位也是V（伏）。在图4-2-4中，A、B两点间的电势差U_{AB}=15V–5 V=10 V；B、A两点间的电势差U_{BA}=5V–15 V=–10 V。

电场中某点电势的大小与零电势点的选取有关，但是两点间的电势差与零电势点的选取无关。这就像高度差与零高度位置的选取无关一样。

电场中电势的高低可以根据电场线的方向来判断。沿着电场线的方向将单位正电荷由点A移动到点B，电场力做正功，$U_{AB} = V_A - V_B > 0$；反之，若沿着电场线的相反方向将单位正电荷由点B移动到点A，电场力做负功，$U_{BA} = V_B - V_A < 0$。

在图4-2-1中，LED灯点亮是由于在灯的两端有电势差，即电压。靠近电源正极的一端电势高，靠近电源负极的一端电势

低。电荷流入 LED 灯前的电势能大，流出 LED 灯后的电势能小，减少的电势能转化为 LED 灯的光能和热力学能。

匀强电场中电势差与电场强度的关系

电势差与电场强度是有联系的。实验表明，在匀强电场中，沿电场强度方向的两点间的电势差等于电场强度与这两点的距离的乘积。

如图 4-2-5 所示，在某一匀强电场中，设 A、B 两点间的电势差为 U_{AB}，距离为 d，电场强度为 E，则

$$U_{AB}=Ed$$

也可以改写为

$$E=\frac{U_{AB}}{d}$$

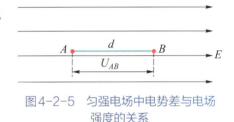

图 4-2-5 匀强电场中电势差与电场强度的关系

上式说明，电场强度在数值上等于沿电场强度方向上单位长度的电势差。由于电势差 U_{AB} 的单位是 V，距离 d 的单位为 m，因此，得到电场强度的另一个单位为 V/m（伏/米）。

应用与拓展——绿色照明光源

LED 灯是一种利用固态半导体器件把电能直接转化为可见光从而实现照明的灯具。它具有使用电源电压低、耗能少、体积小、适用性强、稳定性高、响应时间短、对环境无污染、多色发光等优点，被称为"绿色照明光源"，广泛应用于各种指示、显示、装饰和背景光源，以及普通照明等领域。

实践与探索 4-2

1. 如图 4-2-6 所示的匀强电场中，已知 M、N 两点间的电势差 U_{MN} 为 6 V，距离 d 为 2 cm，该匀强电场的电场强度 E 为多大？

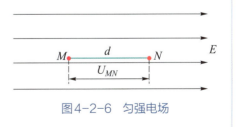

图 4-2-6 匀强电场

2. 图 4-2-7 所示是一个正电荷的电场，A、B 为电场中的两点。

（1）A、B 两点哪点电势高？

（2）正电荷在哪点电势能大？

（3）负电荷在哪点电势能大？

3. 电工对某电子设备进行检查维修，该设备电路中的电场如图4-2-8所示，电工取电路中的点B为零电势点，请计算出电工测量出的A、B两点的电势差U_{AB}和D、C两点间的电势差U_{DC}？

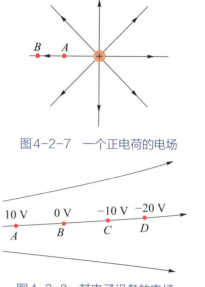

图4-2-7　一个正电荷的电场

4. 空气一般是不导电的。可是当空气中的电场很强，将使气体分子发生电离而出现可以自由移动的电荷，这时空气就变成了导体，我们称这个现象为空气的"击穿"。查阅国家电网安全管理相关规定，了解对35 kV、110 kV和220 kV的设备不停电作业时的安全距离分别是多少？

图4-2-8　某电子设备的电场

5. 已知空气的击穿场强为3×10^6 V/m，若测得某一次闪电火花长1 000 m，两闪电云团之间可视为匀强电场，闪电火花的路径为直线，求发生这次闪电时，放电云团两端的电势差的大小。

第三节　电阻定律

情境与问题

在电气施工中常会看到不同规格的导线（图4-3-1）。它们有的粗，有的细；有的是铜芯，有的是铝芯，而外面的防护层则用聚氯乙烯或聚乙烯等材料制成。

导线是越粗越好还是越细越好？为什么要选用不同的材料制作？

图4-3-1　不同规格的导线

电流

初中物理课程学过，电荷的定向移动形成电流。要形成电流，必须有能自由移动的电荷——自由电荷。金属中的自由电子，以及电解质溶液（酸、碱、盐的水溶液）中的正、负离子都是自由电荷。在什么条件下，自由电荷才能发生定向移动呢？

电流的形成

当金属导体两端没有电压时，导体中大量的自由电子不停地做无规则的热运动。自由电子向各个方向运动的机会相等，如图4-3-2所示。从宏观上看，导体中的自由电子没有定向移动，所以没有电流。

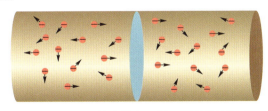

图4-3-2　导体中的电子做无规则的热运动

把金属导体的两端分别接到电源的两极上，两端就有了电压，产生了电场，导体中的自由电子在电场力的作用下发生定

131

向移动，形成电流，如图4-3-3所示。

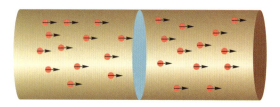

图4-3-3　导体中的电子做定向移动

电流的方向

导体中的电流可以是正电荷的定向移动，也可以是负电荷的定向移动，还可以是正、负电荷沿相反方向的定向移动。习惯上规定：正电荷定向移动的方向为电流的方向。在金属导体中，电流的方向与自由电子定向移动的方向相反；在电解质溶液中，电流的方向与正离子定向移动的方向相同。

电流有强弱之分，电流的强弱用电流强度来表示。通过导体横截面的电荷量q与通过这些电荷量所用的时间t的比值称为电流强度（简称电流）。电流用I表示，即

$$I = \frac{q}{t}$$

电流的国际单位制单位为A（安）。

常见用电器正常工作时电流的大小见表4-3-1。

表4-3-1　常见用电器正常工作时电流的大小

用电器	电流/A
智能手机	0.01 ~ 0.4
笔记本计算机	0.1 ~ 4
液晶电视机	0.2 ~ 1.4
电冰箱	0.4 ~ 1
滚筒洗衣机	1 ~ 12
空调	3 ~ 16

电阻

只有在导体的两端加上电压，导体中才会有电流。那么，导体中的电流跟导体两端的电压有什么数量关系呢？

德国物理学家欧姆通过实验归纳出：导体中的电流I跟导体

两端的电压U成正比。对于同一个导体，不管电压和电流的大小怎样变化，其比值都是恒定的。而对于不同的导体，电压和电流的比值一般是不同的。比值越大，表明导体在同一电压下通过的电流越小。这个比值反映了导体对电流的阻碍作用，称为导体的**电阻**，用R表示，则

$$R = \frac{U}{I}$$

电阻的国际单位制单位为Ω（欧）。根据上式可知

$$I = \frac{U}{R}$$

即导体中的电流I与导体两端的电压U成正比，与导体的电阻R成反比。这就是**部分电路欧姆定律**。

实验表明，除金属外，部分电路欧姆定律对电解质溶液也适用，但对气态导体（如荧光灯管中的气体）、某些导电器件（如晶体管）和某些用电器（如电动机、电解槽）等并不适用。

🔍 活动与探究——探究影响导体电阻大小的因素

提出问题：导体电阻的大小与哪些因素有关？有什么关系？

猜想假设：导体电阻的大小可能与导体的长度、横截面积和材料等因素有关。

设计方案：由于导体的电阻受多种因素的影响，因此可采用控制变量法来研究电阻与每一种因素的关系。将金属导体接入电路，用电压表和电流表分别测出电阻的阻值，与其他金属导体的电阻值进行比较，归纳出规律。

收集证据：准备a、b、c、d四根金属导体（a与b的横截面积和材料相同，a的长度为b的1/2；b与c的长度和材料相同，b的横截面积为c的1/2；c与d的长度和横截面积相同，材料不同）。

按照图4-3-4所示连接电路，在图中的A、B之间分别接入a、b、c、d。调节滑动变阻器，保持导线两端的电压相同，分别测出相应的电流。

利用$R = \dfrac{U}{I}$计算出各导体的电阻值为：

$R_a=$_____Ω，$R_b=$_____Ω，$R_c=$_____Ω，$R_d=$_____Ω。

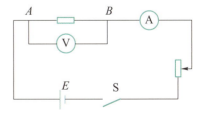

图4-3-4 探究影响导体电阻的因素

分析归纳：

（1）比较导体a、b的电阻之比与长度之比，可归纳出导体电阻的大小与其长度成_____比（填"正"或"反"）。

（2）比较导体 b、c 的电阻之比与横截面积之比，可归纳出导体电阻的大小与其横截面积成＿＿＿比（填"正"或"反"）。

（3）比较导体 c、d 的电阻，可归纳出导体的电阻与导体材料＿＿＿关（填"有"或"无"）。

交流反思：与同学讨论，尝试从微观角度解释导体的电阻为什么与以上因素存在相应的关系。与同学交流，导体的电阻还可能与其他哪些因素有关？如何设计实验验证你的假设？

电阻定律

电阻是导体本身的一种性质，与外加电压或内部电流的大小没有关系。那么，电阻的大小与哪些因素有关？有什么关系？

人们通过大量实验归纳出：同种材料的导体，其电阻 R 与它的长度 l 成正比，与它的横截面积 S 成反比；导体的电阻还与构成它的材料有关。这就是电阻定律。用公式表达为

$$R = \rho \frac{l}{S}$$

式中 ρ 为比例常量，与导体的材料有关。ρ 是一个反映材料导电性能的物理量，称为材料的电阻率，国际单位制单位为 $\Omega \cdot m$（欧·米）。常用材料在 20 ℃时的电阻率见表 4-3-2。

表4-3-2 常用材料在20℃时的电阻率

材料	$\rho/(\Omega \cdot m)$	材料	$\rho/(\Omega \cdot m)$
银	1.6×10^{-8}	锰铜合金	4.4×10^{-7}
铜	1.7×10^{-8}	康铜合金	5.0×10^{-7}
铝	2.9×10^{-8}	镍铬合金	1.0×10^{-6}
钨	5.3×10^{-8}	电木	$10^{10} \sim 10^{14}$
铁	1.0×10^{-7}	橡胶	$10^{13} \sim 10^{16}$

从表 4-3-2 可以看出，金属和合金的电阻率都很小；而电木、橡胶的电阻率都很大。使用时，可以根据需要，参照电阻率表选取合适的材料。例如，为了减小电阻，一般选用铜、铝等材料做导线；而用电器和电工工具的绝缘部分，一般选用电木、橡胶等材料制作。

电路中载流情况不同，就要选取不同粗细的导线，图4-3-1

中的导线就是平时生活中常用的导线规格。例如，在家庭电路中，功率较大的家用电器要选用较粗的导线。这是由于用电器的功率大，工作电流也大，如果导线横截面积过小，则电阻会增大，由焦耳定律可知，电阻越大，产生的热量就会越多，越容易引发火灾等安全事故，因此大功率的用电器应选择横截面积较大的粗导线。

● 示例

图4-3-5所示为电力输电线路安装现场。假设从三峡水电站到某地的距离为1 500 km，用横截面积为100 mm²的铝绞线输电，则每根铝绞线的电阻为多少？

解 查电阻率表可知，铝导线的电阻率$\rho=2.9\times10^{-8}\ \Omega\cdot m$，长度$l=1\ 500\ km=1.5\times10^{6}\ m$，横截面积$S=100\ mm^{2}=1\times10^{-4}\ m^{2}$。

图4-3-5 电力输电线路安装现场

根据电阻定律，可得每根铝绞线的电阻

$$R=\rho\frac{l}{S}=2.9\times10^{-8}\times\frac{1.5\times10^{6}}{1\times10^{-4}}\Omega=435\ \Omega$$

在高速铁路的上方能看到很多电线，那是高速铁路接触网 [图4-3-6（a）]，这是供列车受电弓取流的高压输电线。在冬天，接触网很容易被冰雪覆盖。冰的电阻率比一般金属要大，当接触网覆冰后，其与受电弓之间的导电性能将下降，阻碍受电弓取流，造成列车降速运行甚至停驶。为了保障铁路安全畅通，铁路工人须及时清除覆冰 [图4-3-6（b）]。

(a)   (b)

图4-3-6 高速铁路接触网

在表4-3-2中列出常用材料的电阻率时，为什么要标注出温度是20℃呢？

图4-3-7　电阻温度计

图4-3-8　热敏电阻

电阻率与温度的关系

有些合金，如锰铜合金和康铜合金，电阻率几乎不受温度变化的影响，常用来制作标准电阻。但很多材料的电阻率往往都受温度变化的影响。纯金属（如铂、金、铜、镍）的电阻率随温度的升高而增大，利用这种特性可制成电阻温度计（图4-3-7），即利用已知金属的电阻随温度的变化情况，测出金属的电阻就可以知道温度。电阻温度计测量范围广，测量精度高。目前最精密的电阻温度计是用铂制作的。

各种材料的电阻率都随温度的变化而变化。图4-3-8所示的热敏电阻，是一种阻值对温度变化非常敏感的半导体电阻，它具有许多独特的优点和用途，在自动控制、无线电技术、遥控技术及测温技术等方面有着广泛的应用。

超导现象

当温度降低时，导体的电阻率将会减小。1911年，荷兰科学家昂内斯用液氦冷却水银，当温度下降到4.2 K时发现水银的电阻完全消失，这种现象称为超导现象。在一定条件下具有超导电性的材料称为超导材料。超导材料电阻为零时的温度称为临界温度。

自1911年以来，许多科学家一直致力于寻找临界温度更高、更适于应用的超导体。1987年，我国科学家在钡-钇-铜-氧中发现了临界温度为93 K的液氮温区超导材料，从而在全球刮起了液氮温区超导材料的旋风。

 应用与拓展——超导技术的应用

高温超导材料的不断问世，为超导材料从实验室走向实际应用铺平了道路。高温超导材料的用途非常广阔，一是大电流应用，即超导发电、输电和储能等，这是利用超导材料电阻为零的特性，它输送电流时，不会造成电力损耗；二是超导电子学，主要包括超导计算机、超导天线、超导微波器件等；三是超导抗磁性应用，主要应用于磁悬浮列车和热核聚变反应堆等。

1. 如果人体电阻是1 000 Ω，人体允许通过的最大电流为0.03 A，在这种情况下，人体的安全电压为多少？

2. 与同学讨论，一根导线原来的电阻是4 Ω，把它对折起来使用，它的电阻变为多少？如果把它均匀拉长到原来的2倍，电阻又变为多少？

3. 有一卷铜导线，需要确定它的长度，但不能把铜导线全部拉开。能否应用本主题所学知识，设计一个测量方案？写出具体的测量步骤及所测量的物理量，并用所测量的物理量写出长度的数学表达式。

4. 有人说计算机、手机等精密电子产品中的某些部件是用金材料制作的，调查一下这种说法是否正确，写一篇调查报告，与同学交流。

5. 搜集资料，了解目前世界上超导研究的最新进展，写一篇研究小报告，与同学交流。

6. 家用电吹风的工作电压是220 V，正常工作时的电流是0.5 A，则其电阻为多少？

第四节　学生实验：多用表的使用

任务与目标

（1）学会使用多用表测量电阻、直流电流、直流电压、交流电压的方法。

（2）了解多用表的设计思想。

（3）进一步养成细心观察、规范操作、主动探索的习惯，提高实验操作技能。

（4）巩固精益求精和合作交流的科学品质。

仪器与材料

多用表、直流电源、电阻箱、开关、导线、小灯等。

原理与方法

多用表（也称万用表）是一种可以测量电流、电压以及电阻等物理量的多功能仪表。它携带方便，是判断电路故障、检测电路元器件的重要工具。常用的多用表有指针式和数字式两种。

（1）指针式多用表

指针式多用表如图4-4-1所示。表的上半部分有表盘、指针和机械调零旋钮等，表盘上有电流、电压和电阻等各种量程的刻度。下半部分有选择开关和电阻挡的电阻调零旋钮，选择开关可以转动，它的周围标有测量项目和不同的量程，其中电压挡还分直流（以"−"号表示）和交流（以"∼"号表示）两种。

将多用表的选择开关旋转到

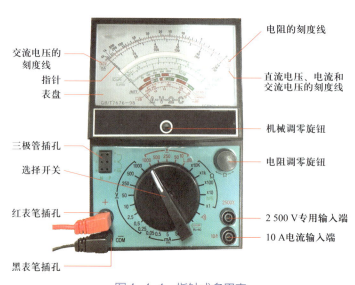

图4-4-1　指针式多用表

138

电流挡，表内的电流表电路就被接通；选择开关旋转到电压挡或电阻挡，表内的电压表电路或电阻表电路就被接通。在不使用的时候，应把选择开关旋转到"OFF"挡，没有"OFF"挡时应把选择开关旋转到交流电压最大挡。

图4-4-2　数字式多用表

（2）数字式多用表

图4-4-2所示为数字式多用表，数字式多用表利用了数字电子电路技术，使测量值以数字形式直接显示，使用方便。它除了可以测量电压、电流和电阻外，还可以测量其他多种物理量。

收集与整理

（1）观察多用表的测量项目、量程和对应的表盘刻度线的分布特点

观察指针式多用表的表头，了解表盘上各种量程的刻度及机械调零旋钮，了解选择开关及其四周的各种测量项目和量程，找到电阻挡的电阻调零旋钮和表笔插孔。

测量前，应先检查指针是否指向零位。如果没有，则要用螺丝刀轻轻地转动机械调零旋钮，使指针准确正对零位。将红表笔和黑表笔分别插入正（＋）、负（－）表笔插孔。

（2）电阻的测量

当把选择开关转到电阻挡的某一量程后，要先把两根表笔接触短路。观察指针位置，调整电阻调零旋钮，使指针准确地指在电阻刻度的零位，如图4-4-3所示。然后，把两表笔分别与待测电阻的两端相接，进行测量，如图4-4-4所示。

图4-4-3　电阻挡的指针调零　　　　图4-4-4　测量电阻的接法

注意：测量时待测电阻应跟别的元件和电源断开，手不要碰到表笔的金属触针，以保证人身安全和测量准确。

读出指针在电阻刻度线上的读数。将读数乘以该挡的倍率，得到被测电阻的阻值。

每个学习小组选择3位同学，每人各测量一次。将数据记录到表4-4-1中。

（3）直流电流的测量

将直流电源（电压6 V）、小灯（6.3 V、0.2 A）、滑动变阻器和开关用导线连接成一个电路。先闭合开关，调节滑动变阻器，让小灯正常发光。再将电路断开，将多用表的选择开关置于直流电流500 mA挡（选择的挡位要大于电流估测值），串联接入电路进行测量，如图4-4-5所示。

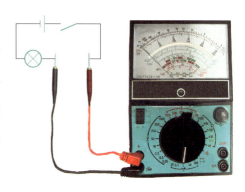

图4-4-5　测量直流电流的接法

注意：必须使红表笔接电源正极的一端，黑表笔接到另一端。

为了保证不损坏多用表，在闭合开关时，应先"试触"，在确认指针的摆向正确且摆幅不超过最大刻度后，才能将开关闭合，读取数据。

每个学习小组选择3位同学，每人各测量一次，将数据记录到表4-4-2中。

（4）直流电压的测量

继续使用上面的闭合电路，先让小灯正常发光。再将多用表的选择开关旋转至直流电压10 V挡（选择的挡位一定要大于电源的电压值），与小灯并联接入电路进行测量，如图4-4-6所示。

每个学习小组选择3位同学，每人各测量一次，将数据记录到表4-4-3中。

图4-4-6　测量直流电压的接法

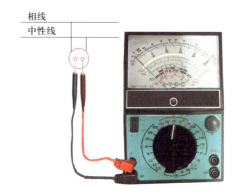

图4-4-7　测量交流市电电压的接法

（5）交流电压的测量

由于交流电没有固定的正、负极，所以表笔不需要分正、负。将多用表的选择开关置于交流电压250 V挡，在老师的监督下，分别将两表笔插入电源插座的两个插孔，测量市电的交流电压，如图4-4-7所示。

注意：我国市电电压约为220 V，远远超出安全电压的范围，因此在测量时一定要拿稳表笔的塑料绝缘部分，不能触碰表笔的金属触针，确保人身安全。

每个学习小组选择3位同学，每人各测量一次，将数据记录到表4-4-4中。

使用后，应从表笔插孔中拔出表笔，并且将选择开关置于"OFF"挡或交流电压最大挡。长期不使用时，应将多用表中的电池取出，以防电池漏电。

（6）整理实验仪器，将其恢复到初始位置，摆放整齐，整理卫生。

▶ 分析与处理

整理本学习小组的测量数据，计算所测各物理量的平均值，完成以下各实验表。

表4-4-1 定值电阻的测量

实验序次	R / Ω
1	
2	
3	
平均值	

表4-4-2 直流电流的测量

实验序次	I / A
1	
2	
3	
平均值	

表4-4-3 直流电压的测量

实验序次	U / V
1	
2	
3	
平均值	

表4-4-4 交流电压的测量

实验序次	U / V
1	
2	
3	
平均值	

▶ 思考与讨论

与本学习小组的同学一起观察表盘和挡位标识或查阅多用表的使用说明书，讨论本实验所用多用表还具有的其他功能有 _____。

▶ 总结与交流

通过本次实验，是否掌握了使用多用表测量电阻、直流电流、直流电压、交流电压的技能？如果还有疑问，与同学交流，向老师询问。

▶ 反思与提升

（1）与同学讨论，用多用表测量电流和电压时，为什么要选择大于估测值的挡位？

如果不小心选择了较小的挡位，会有什么后果？怎样操作才能避免该后果的发生？

（2）与同学讨论，用多用表测量电流和电压时，为什么要将红表笔接到电源正极的一端，黑表笔接到电源负极的一端？如果分不清哪端是正极，该如何操作？

（3）查阅资料，了解一项自己感兴趣的多用表的其他功能，写一篇研究小报告，说明该项功能及使用方法，课堂上与同学交流。

第五节　全电路欧姆定律及应用

情境与问题

电给人们的生活带来了极大便利。随着科技的发展，人们甚至利用电来表达自己对美好生活的向往和祝愿。图4-5-1是在某城市灯光节中的无人机表演，人们利用千架无人机的灯光在空中显示出"山河无恙"的字样，表达了对祖国的祝福。

无人机上的灯在空中是怎么保持持续发光的呢？

图4-5-1　灯光节的无人机表演

电动势

在初中学过，灯能发光是因为有电流流过，若要让电路中有电流，它的两端就要有电压。给电路提供电压的装置称为电源。电源能将其他形式的能量转换为电能。电流总是从电源的正极流出，经过用电器消耗电能，流回电源的负极。那么，怎么描述电源的特性呢？

观察与体验——测量不同型号电池两端的电压

干电池是一种把化学能转换为电能的装置，如图 4-5-2 所示是不同型号的干电池，用多用表的电压挡测量各干电池两端的电压，并记录读数。观察干电池两端的电压是否相同。

图4-5-2　不同型号的干电池

测量结果表明，不同类型的干电池两极间的电压是不同的，说明它们把化学能转换为电能的本领大小不同，为了表示电源的这种本领的大小，需要引入电动势的概念。

电动势是反映电源把其他形式的能量转换为电能本领的物理

143

量。在数值上等于不连接用电器时，电源两极间的电压。电源的电动势用 E 表示，国际单位制单位为 V（伏）。

电动势由电源本身的性质决定，干电池的电动势为 1.5 V，铅蓄电池的电动势为 2 V，大型发电机的电动势可达几十千伏。目前常用的电池有干电池、纽扣电池、铅蓄电池、锂电池、太阳能电池等。

应用与拓展——氢燃料电池

氢燃料电池是将氢气和氧气的化学能直接转换成电能的发电装置，具有无噪声、无污染、效率高等特点。其应用领域十分广泛，包括航天、航空、交通、物流和船舶等。2022 年，北京冬奥会共计投入了 816 辆氢燃料电池汽车用于运营服务，也创下有史以来服务国际级运动赛事氢燃料电池大型客车（图 4-5-3）数量最多的纪录。

图 4-5-3　氢燃料电池汽车

氢燃料电池的广泛使用将在碳中和的推进过程中发挥重要作用。

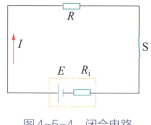

图 4-5-4　闭合电路

全电路欧姆定律

用导线把电源、用电器连成一个闭合电路（图 4-5-4），电路中就有电流。电源外部的电路称为**外电路**（点画线框以外部分），外电路上的电阻称为**外电阻**，用 R 表示；电源内部的电路称为**内电路**（点画线框以内部分），通常电源内部也存在电阻，电源内部的电阻称为**内电阻**，简称内阻，用 R_i 表示。

全电路是指包括电源在内的闭合电路。在一般的电路图中，往往不画出电源的内阻，但是在研究全电路规律时应考虑这一因素。

在外电路中，电流由电势高处向电势低处流动，在外电阻上沿电流方向有电势降落 $U_{外}$；在内电路中，电流在内阻上也有电势降落 $U_{内}$。在电源内部，由负极到正极电势升高，升高的数值等于电源的电动势 E。理论分析表明，在闭合电路中，电源内部电势升高的数值 E 等于电路中电势降落的数值，即电源的电动势 E 等于 $U_{外}$ 和 $U_{内}$ 之和，即

144

$$E=U_外+U_内$$

设闭合电路中的电流为I，外电阻为R，内阻为R_i，由部分电路的欧姆定律可知，$U_外=IR$，$U_内=IR_i$。因此

$$E=IR+IR_i$$

所以

$$I=\frac{E}{R+R_i}$$

这表明，全电路中的电流与电源的电动势成正比，与内、外电路的电阻之和成反比，这就是**全电路欧姆定律**。

● 示例1

蓝牙技术是一种短距离无线通信技术，已知无线蓝牙鼠标（图4-5-5）在正常工作时，电源的电动势$E=3.0\ \text{V}$，内阻$R_i=0.40\ \Omega$，外电阻$R=5.60\ \Omega$。求该电子设备工作时电路中的电流大小以及外电路电压大小。

图4-5-5　无线蓝牙鼠标

解　根据全电路欧姆定律，电路中的电流为

$$I=\frac{E}{R+R_i}=\frac{3.0}{5.60+0.40}\ \text{A}=0.50\ \text{A}$$

外电路电压大小

$$U=E-IR_i=（3.0-0.50\times0.40）\ \text{V}=2.8\ \text{V}$$

路端电压与外电阻　外电路两端的电压$U_外$也称为**路端电压**，简称**端压**。它是电源加在外电阻（也称为用电器或负载）上的实际电压，也称为**输出电压**。电路中，用电器（负载）两端的电压并不等于电源的电动势，路端电压才是用电器的工作电压。路端电压与用电器有什么关系呢？

👥 **观察与体验**——探究路端电压与外电阻的关系

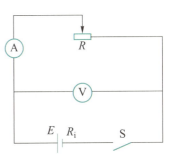

图4-5-6　探究路端电压与外电阻的关系电路图

按图4-5-6所示连接电路。改变外电路电阻R的大小，观察电路中的电流和路端电压怎样变化。

观察发现，当外电阻增大时，电路中的电流_____，路端电压_____；当外电阻减小时，电路中的电流_____，路端电压_____（填"增大"或"减小"）。

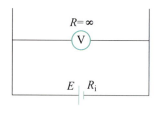

图4-5-7 电路的断路状态

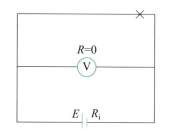

图4-5-8 电路的短路状态

电路中，电源的电动势E和内阻R_i是固定不变的，当外电阻R增大时，电路中的总电阻（$R+R_i$）增大，根据全电路欧姆定律可知，电路中的电流I减小，内阻上的电压IR_i减小，因此路端电压U（$=E-IR_i$）增大。

当外电路断路时，如图4-5-7所示，外电阻R变为无限大，电路中的电流I为0，内阻上的电压IR_i也为0，路端电压U就等于电源的电动势E。

当外电路短路时，如图4-5-8所示，外电阻等于零，电路中的电流很大，$I_{短}=\dfrac{E}{R_i}$，路端电压U等于零。一般情况下，电源的内阻都很小，因此短路时电流很大，不但会烧坏电源，还可能引起火灾。因而平时绝不允许将一根导线或电流表直接接在电源两极上。为防止这类事故，应在电路中安装保护装置（如熔断器）。

📦 应用与拓展——汽车的启动电路

汽车的车灯是由汽车蓄电池供电的，其电路如图4-5-9所示。只打开车灯时（S_1断开，S_2闭合），车灯正常发光。当汽车启动时（S_1、S_2均闭合），启动电动机的电路接通，此时启动电动机和车灯并联，电路外阻减小，使得外电路的端电压减小，车灯的工作功率降低，导致车灯变暗。汽车启动以后，启动电动机停止工作，外电阻恢复原大小，路端电压回升，车灯便恢复正常亮度。

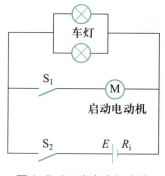

图4-5-9 汽车车灯电路

在无人机灯光秀中，由于无人机携带的移动电源能为LED提供电源，因此，无人机可在灯光展示中组合出不同的图案。无人机的功能不断被开发，利用它的照明作用，可用于夜间野外事故救援和突发事件处置等。

●示例2

如图4-5-10所示为物理课外活动小组自制的电暖手器的电路图。已知挡位电阻分别为$R_1=9.0\ \Omega$，$R_2=6.0\ \Omega$。当单刀双掷开关S扳到位置1时，测得电流$I_1=0.80\ A$；当S扳到位置2时，测得电流$I_2=0.50\ A$。电源的电动势E和内阻R_i各为多少？

解 根据全电路欧姆定律

$$E = I_1R_1 + I_1R_i$$

$$E = I_2(R_1 + R_2) + I_2R_i$$

代入数据得

$$E = 0.80\,\text{A} \times 9.0\,\Omega + 0.80\,\text{A} \cdot R_i$$

$$E = 0.50\,\text{A} \times (9.0 + 6.0)\,\Omega + 0.50\,\text{A} \cdot R_i$$

解方程得

$$R_i = 1.0\,\Omega, \quad E = 8.0\,\text{V}$$

说明：这也是实验室测量电源电动势和内阻的常用方法。

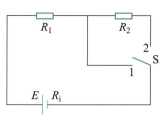

图4-5-10　电暖手器电路图

 行为与责任——安全取暖

　　每年冬季，家家户户都会使用一些取暖设备，如电暖手器、电暖风机、电热毯。在使用这些设备时必须注意安全。要购买质量可靠的产品，避免劣质产品。当人员离开，应断开取暖设备的电源开关，防止长时间使用用电器导致过热引燃周围物品发生意外。

 实践与探索4-5

　　1. 移动电源的铭牌上通常标注的"mA·h"（毫安时）的数值，指的是锂电池充满电后可全部放电的电荷量。机场规定，严禁携带额定能量超过160 W·h（瓦时）的移动电源搭乘飞机。某同学查看了自己的移动电源铭牌，上面写着"20 000 mA·h"和"5 V"，你认为能否把它带上飞机？

　　2. 电动自行车的电池主要有铅蓄电池和锂电池两种。调查一下周围朋友、同学的电动自行车的电池，写一个调查小报告，课堂上展示、交流。

　　3. 扫地机器人在充电（图4-5-11）时，电源电压为20 V，内阻为$R_i = 1\,\Omega$，扫地机器人的电阻$R = 9\,\Omega$，求此时电路中的电流I和机器人两端的电压U各是多少？

　　4. 如图4-5-12所示为电动玩具小汽车的内部电路，已知电动玩具小汽车的电阻$R = 9.0\,\Omega$，当开关S打开时，电压表测得小汽车电源的示数是2.0 V，合上开关S时，电压表

图4-5-11　扫地机器人

的示数是1.8 V，小汽车电源的内阻是多少？

5. 据说有一种"核电池"，可以在用电器中连续工作10年以上。这种说法可能是真实的吗？上网收集资料，进行调查核实，如果这一说法属实，将该装置的主要性能和用途写成一篇科研小论文，与同学交流。

图4-5-12 电动玩具小汽车内部电路

学生实验：探究并测量电源电动势和内阻

任务与目标

（1）学习应用全电路欧姆定律，测量电源电动势和内阻的方法。

（2）增强对假设推理、科学论证等科学思维方法的体会和了解。

（3）进一步培养细心观察、规范操作、主动探索的习惯，增强探究设计能力。

（4）增强合作交流的意识，培育精益求精的工匠精神。

设计与论证

（1）原理与方法提示

要准确测量电源电动势和内阻，就需要进行两次测量，然后根据全电路欧姆定律，列出两个方程式进行求解。

在使用电流表或电压表时，要注意使用正确的连接方式，还要注意测量值不可超过其量程，以保护电表。

（2）仪器与材料提示

干电池、直流电流表、直流电压表、电阻箱、滑动变阻器、单刀开关、单刀双掷开关、导线等。

收集与整理

（1）各学习小组共同设计实验电路，画出电路图。

（2）各学习小组共同设计记录实验数据的表格。

（3）挑选实验仪器和材料等。

（4）设计实验步骤并实验。

① _____

② _____

③ _____

④ _____

（5）将取得的实验数据填入设计好的实验表格。

（6）整理实验仪器，将其恢复到初始位置，摆放整齐，打扫卫生。

分析与处理

对实验数据进行处理，计算结果。

思考与讨论

本组设计的方案是否测量出了干电池的电动势和内阻？是否达到了预期目标？

总结与交流

本学习小组干电池的电动势为____V，内阻为____Ω。

与其他学习小组的同学交流，请老师评价。

反思与提升

（1）与同学讨论，本实验所提供的电阻箱与滑动变阻器有什么不同？用哪一个进行实验更便捷？

（2）与同学和老师交流，统计全班总共设计出多少种实验方案。最简单的方案是怎样的？哪一种实验方案测得的结果更加准确？

（3）通过本实验，你有什么收获？写一个实验小报告。

一、物理观念及应用

电场是一种特殊形态的物质，对放入其中的电荷有电场力的作用。电场强度是反映电场力性质的物理量，其大小反映了电场的强弱；电势反映的是电场能的性质。

导体的电阻与导体的长度成正比，与横截面积成反比，与导体的材料和温度也有关系。

电源是将其他形式的能量转换为电能的装置。全电路中的电流与电源的电动势成正比，与整个电路的总电阻成反比。

以上物理观念能够帮助理解电场、电阻、电源、超导体等概念，进一步认识物质世界的多样性。能解决导线选择、测量电源电动势和内阻等实际问题。

二、科学思维与创新

电场线、匀强电场、检验电荷等物理模型在描述和研究电场中具有重要作用。可以用检验电荷分析电场力的性质，用电场线形象地描绘电场在空间的分布等。定义电流、电阻等物理量时使用了比值定义法，研究电势能的特点时使用了类比法，探究影响导体电阻的因素时使用了控制变量法。

三、科学实践与技能

通过观察"电荷在电场中不同位置的受力""路端电压与外电阻的关系"等演示实验，有助于增强实验观察能力；通过"多用表的使用""测定电源电动势和内阻"学生实验，有助于提高实验操作技能。

通过"电阻定律"探究实验，有助于体验科学探究的过程，增强提出问题、猜想假设、设计方案、收集证据、分析归纳等技术运用和探究设计能力。

四、科学态度与责任

在使用多用表、测定电源电动势和内阻、探究影响导体电阻的因素等实验中，培养合作交流的意识和能力，增强精益求精、一丝不苟的精神。通过对我国超导体研究方面科技成果的了解，增强民族自豪感和为中华民族伟大复兴而奋斗的使命感和责任感。

评价与发展

　　结合老师、同学的评价及自己在学习过程中的表现，总结自己在本主题学习后的主要收获与不足，进行星级评定（评价表见附录）。

主题五 ⑤
静电场的应用

据统计，截至2022年底，我国的高速铁路运营总里程达到4.2万千米，我国建成了世界最大的高速铁路网。我国高铁动车组列车运行速度已达 350 km/h，达到世界领先水平。高速动车组旅客列车在每一次进站制动时，需要消耗很多能量。为了减少能源的消耗，利用超级电容器把这些能量收集起来，并应用到列车的启动上，从而实现能量的高效与循环利用。你知道超级电容器的原理吗？

在前面学习了电场的相关知识，本主题将进一步学习静电场的应用，主要内容包括电容器和电容、静电感应和静电屏蔽、静电的利用和危害防护以及带电粒子在匀强电场中的运动等。

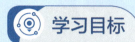 学习目标

　　了解电容、静电感应、静电屏蔽等概念，以及带电粒子在匀强电场中的运动规律，进一步发展物质观念、相互作用观念和能量观念等素养；了解静电感应现象和静电屏蔽现象及其在人工智能、大数据等领域的应用。

　　建构平行板电容器等物理模型，运用控制变量法探究影响平行板电容器电容的因素，发展模型建构、科学论证等素养。

　　通过观察电容器的充电、放电现象等演示实验，探究影响平行板电容器电容的因素的实验，了解静电除尘等技术，进一步提升实验观察、操作技能、技术运用等素养。

　　通过电容器的相关实验操作，进一步增强工匠精神，提升合作交流的能力。进一步了解静电感应等在生产生活中的应用实例，关注科技进步与社会发展的关系，增强社会责任意识。了解我国世界最强流深地核天体物理加速器等的先进性及对科技发展的重大意义，增强民族自豪感和爱国情怀。

第一节 # 电容器　电容

图5-1-1　菜品图像自动
识别系统

情境与问题

人工智能技术在2022年北京冬奥会得到了全方位的应用，例如，在智慧餐厅点餐下单之后，机器人做菜、"空中"传菜等全流程自动化运行。如图5-1-1所示是智能化餐厅的菜品图像自动识别系统，能实现自动识别菜品和自动结算等功能。系统配备触摸屏能实现多点触控等功能，这与电容器的原理有关，你了解电容器吗？

随着电子信息技术的快速发展，小到计算机、监控探头、家用电器，大到高铁、卫星导航、载人航天等的控制系统，都离不开各种各样的电子电路。在这些电子电路中，电容器是最常见、最重要的元器件之一。

观察与体验——认识电容器

图5-1-2所示是某品牌快速充电器的内部线路板，其中就有多个电容器。你能认出哪些元器件是电容器吗？

图5-1-2　快速充电器的
内部线路板

电容器

电容器的种类有很多，见表5-1-1。

表5-1-1　电容器的种类

| 按结构分 | 固定电容器 | 可变电容器 | 微调电容器 |

155

| 按介质分 | 涤纶电容器 | 云母电容器 | 钽电容器 | 聚丙烯电容器 |
| 按功能用途分 | 高频旁路电容器 | 低频旁路电容器 | 滤波电容器 | 调谐电容器 |

各种不同类型的电容器，其外观虽有一定差异，但它们都有一个共同的特点，即都有两个金属"小脚"，称其为电容器的两个极，用于接入电路。

电容器的内部结构是什么样的呢？

👥 **观察与体验**——纸介质电容器的内部结构

纸介质电容器如图5-1-3（a）所示。将纸介质电容器进行拆解，发现其内部结构如图5-1-3（b）所示。

通过观察纸介质电容器的内部结构发现，纸介质电容器是用绝缘薄纸把两层锡箔分隔，并卷绕成圆柱形，然后接出两根引线，再用外壳进行封装而成。那么中间的薄纸起什么作用？

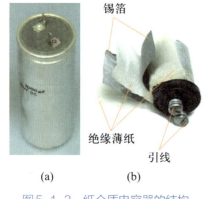

(a)　　　(b)

图5-1-3　纸介质电容器的结构

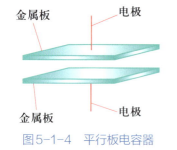

图5-1-4　平行板电容器

任意两个相互靠近且彼此绝缘的导体，就构成一个**电容器**，两个导体称为电容器的两个**极板**，两个极板间的绝缘物质称为**电介质**。如果两个导体是由两块平行金属板构成，这样的电容器就称为**平行板电容器**，如图5-1-4所示。平行板电容器是最简单也是最基本的电容器，几乎所有电容器都是平行板电容器的变形。

电容器在电子电路中的图形符号为⊣⊢，用字母C表示。

电容器是如何工作的？它在电路中究竟起什么作用？

156

生活中，很多比较暗的楼道中安装了电容式声控延时灯，当有人经过时，只要拍拍手或发出比较大的声响，楼道的灯就会亮起来，过一会儿灯就会自动熄灭。你知道其中的原理吗？

电容器的充电、放电

电容器是一种能储存电荷的元件。把电容器的两个极板与电源的两极相连，两个极板就分别带上等量的异种电荷，如图5-1-5所示，这个过程称为**电容器的充电**。电容器任一极板所带电荷量的绝对值称为**电容器的电荷量**。充电时，从检流计可以观察到指针发生瞬间偏转，说明电路中有充电电流。

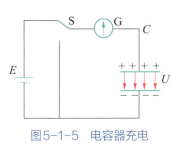

图5-1-5 电容器充电

如图5-1-6所示，如果用导线把充电后的电容器的两极板相连，两极板上的电荷中和，电容器就不带电，这个过程称为**电容器的放电**。同样，电容器放电时，电路中也有瞬间的放电电流。

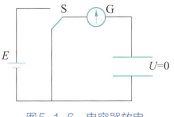

图5-1-6 电容器放电

应用与拓展——声控延时开关

声控延时开关就是运用电容器的充、放电原理制成的。如图5-1-7（a）所示，当有拍手声或其他声响时，声控开关闭合，LED被点亮，同时电容器的两个极板分别与电源的正、负极相连，对电容器进行充电，如图5-1-7（b）所示。电容器充电后，电荷就储存在极板上。当楼道声响消失后，声控开关断开，此时电容器放电，在电路中形成放电电流，使LED继续保持点亮状态，如图5-1-7（c）所示。放电结束后，LED熄灭。

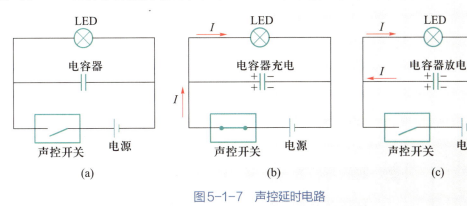

图5-1-7 声控延时电路

电容器储能

在电容器充电过程中，两极板上所带电荷量q逐渐增加，两极板间的电势差U和电场强度E也不断增大，这样，两极板间电场所具有的能量也随之增大。显然，该能量是由其他形式的能量转换而来的。也就是说，电容器充电的过程，实际上就是其他形式的能量转换为电场能的过程，并将该能量储存在电容器中。因此，电容器是一个储存电场能量的元件。当电容器放电时，两极板上所带电荷量q、两极板间的电势差U和电场强度E不断减小，电容器中储存的电场能也随之减小，直至消失，电场能转换为其他形式的能量。

电容

实验表明，电容器两极板所带的电荷量随极板间的电势差增大而增大，而且电荷量与电势差成正比，它们的比值是一个常量。不同的电容器，这个比值一般不同。比值越大，表示这个电容器储存电荷的能力越大。可见，这个比值表征了电容器储存电荷的本领。

人们把电容器所带的电荷量q与电容器两极板间的电势差U的比值，称为电容器的电容，用C表示，即

$$C = \frac{q}{U}$$

在国际单位制中，电容的单位是F（法）。F这个单位较大，生活中常用的电容单位还有μF（微法）和pF（皮法），它们的换算关系为

$$1\ F = 1 \times 10^6\ \mu F = 1 \times 10^{12}\ pF$$

定义电容这个物理量用的是_____法。

影响平行板电容器电容的因素

观察以下演示实验，说出平行板电容器的电容与哪些因素有关。

158

将平行板电容器的金属板 A、B 分别与静电计的金属球和外壳相连，如图 5-1-8 所示。使电容器带电，这时静电计的指针偏转一定角度，指示出电容器两极板间电势差的大小。

（1）保持极板上电荷量 q 不变，两极板间的距离 d 不变，向上平移金属板 B，如图 5-1-9（a）所示，静电计指针偏转角变_____。

（2）保持 q 不变，两极板的正对面积 S 不变，向左平移金属板 B，如图 5-1-9（b）所示，静电计指针偏转角变_____。

（3）保持 q、S、d 都不变，在两极板间插入有机玻璃板，如图 5-1-9（c）所示，静电计指针偏转角变_____。

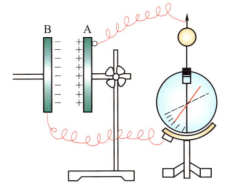

图 5-1-8　使平行金属板带电

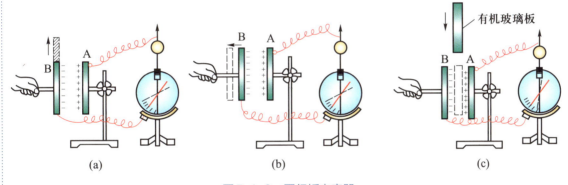

(a)   (b)   (c)

图 5-1-9　平行板电容器

观察发现，影响平行板电容器电容的因素有_____。此实验运用的研究方法是_____法。

平行板电容器的电容

电容器的电容 C 与极板上电荷量 q 和两极板的电势差 U 的大小无关，它取决于电容器本身的结构。好比盛水的容器，它的容量与它是否盛水及盛水的多少无关，而是由容器本身的结构决定的。实验表明，对于极板间是真空的平行板电容器，如果两极板正对面积为 S，两极板间的距离是 d，则电容

$$C = \varepsilon_0 \frac{S}{d}$$

式中，ε_0 称为**真空介电常数**，$\varepsilon_0 = 8.85 \times 10^{-12}$ F/m。

当平行板电容器两极板间充满某种电介质时，电容就会增大，此时，平行板电容器的电容

$$C = \varepsilon_0 \varepsilon_r \frac{S}{d}$$

式中，ε_r 称为电介质的**相对介电常数**，其大小与电介质的性质有关。由上式可知，当电容器两极板间充满相对介电常数为 ε_r 的电介质时，电容 C 将增加为真空时电容的 ε_r 倍。

表5-1-2列出了几种常用电介质的相对介电常数。由表可以看出，空气的相对介电常数非常接近1，可以近似认为空气与真空的相对介电常数相等。其他电介质的相对介电常数都大于1。

表5-1-2　几种常用电介质的相对介电常数

电介质	真空	空气（0℃）	水（20℃）	矿物油	蜡纸	玻璃	陶瓷
ε_r	1	1.000 59	80.2	2.2	4.3	5.5~8	6

在电路图中，各种不同的电容器有专用的图形符号，见表5-1-3。

表5-1-3　常用电容器的图形符号

图形符号	名称与说明	图形符号	名称与说明
⊥⊤	无极性电容器	+⊥⊤	有极性电容器
⊥⊤	可变电容器或可调电容器	⊥⊤ ⊥⊤	双联同调可变电容器

图5-1-10　电解电容器

在使用有极性的电解电容器时，要注意正负极之分，不可将极性接反，否则会使电解电容器损坏。一般情况下，电解电容器正极的引线长一些（图5-1-10）。电容器的外壳上一般都标有额定工作电压值，通常指的是直流工作电压值。使用时，电容器两端的实际电压不应超过电容器的额定工作电压值，若超过电容器的额定工作电压值，就会破坏电容器中电介质的绝缘性能，极板间会有漏电流,甚至直接导电，这就是常说的电容器被**击穿**（短路）。需要指出的是，如果电容器用在交流电路中，应使交流电压的最大值不超过它的额定工作电压值。

电容器广泛应用于电路中，起隔断直流、连通交流，以及耦

合、旁路、滤波、调谐、控制、能量转换等作用。

 应用与拓展——电容器的应用

超级电容器 超级电容器（图5-1-11）与一般的电容器相比，电容很大，具有超大电能量存储能力，是一种新型储能元件。超级电容器瞬间放电能力很强，可用于无人机电磁弹射系统、警用手电筒等；利用超级电容器具有高效储能及充放电速度极快的特性，可用于油电混合动力汽车和高铁动车组列车中，实现对制动能量的回收和有效利用，提高能源的使用效率。

图5-1-11 超级电容器

电容式触摸屏 电容式触摸屏的屏幕玻璃下面有一层导电材料，如图5-1-12所示，当手指碰触到玻璃表面时，手指就会和下层导电材料形成电容。通过对四周电极的瞬间电流进行计算和比较，即可得出触摸点的位置。

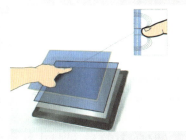

图5-1-12 电容式触摸屏

电容式传感器 电容式传感器是将被测物体的非电学量变化转换成电容变化的传感器。由电容的变化就可知道非电学量的变化。根据影响平行板电容器电容变化的因素，电容式传感器可分为变化面积式电容传感器［图5-1-13（a）］、变化极距式电容传感器［图5-1-13（b）］、变化介电常数式电容传感器［图5-1-13（c）］。

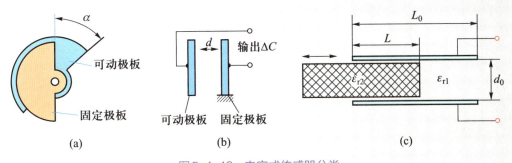

图5-1-13 电容式传感器分类

电容器是电子设备中不可缺少的重要元件，它和电阻、电感、晶体管等常用元件可组成集成电路（图5-1-14）。集成电路是一种能实现特定功能的微型电子器件或部件。近年来，我国集成电路产业规模不断增长，技术创新不断取得突破，"十三五"期间，中国集成电路产业年均增速为全球同期增速的4倍。

图5-1-14 集成电路

1. 若某电路中一电容器所带电荷量为 6×10^{-2} C，两极板间的电势差为 300 V，求该电容器的电容。

2. 若有一电容为 9 μF 的电容器，加在电容器两端的电压是 3 V，求这个电容器每个极板上所带的电荷量。

3. 图 5-1-15 所示的电容式位移传感器是实现"触觉"功能的器件之一，其原理是：被测物体和平行金属板组成了一个平行板电容器，当被测物体发生振动时，相当于被测物体与平行金属板间的距离发生了变化，从而引起电容的变化。电容式传感器广泛应用于压力、位移、加速度、厚度、振动、液体等测量中。

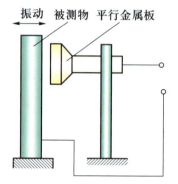

图 5-1-15　电容式位移传感器

收集资料，了解并分析电容式传感器的应用实例，并与同学交流。

4. 超级电容器是一种先进的绿色电能储存装置，可应用在高铁、航空等领域，助力节能减排。查阅资料，了解更多有关电容器的应用实例，并与同学交流。

学生实验：探究影响平行板电容器电容的因素

任务与目标

（1）探究影响平行板电容器电容的因素。

（2）加深对控制变量实验法的应用和理解，进一步增强科学探究能力。

（3）体验科学探究的过程，增强对假设推理、科学论证等方法的应用和理解。

（4）进一步提升实验观察和操作技能，增强合作交流的意识和能力，养成严谨的科学态度和精益求精的工匠精神。

设计与论证

● 仪器与材料提示

平行板电容器、静电计、导线、玻璃棒、丝绸、有机玻璃板（电介质）等，如图5-2-1所示。

● 原理与方法提示

在两个相距很近的平行金属板中间插入一层绝缘物质（电介质），组成一个最简单的电容器——平行板电容器，其电容可能会与两极板的距离、两极板正对面积、两极板间的绝缘物质等因素有关。为了探究这3个量与平行板电容器电容的关系，在制订探究方案时，

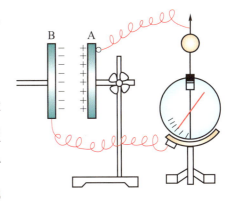

图5-2-1 实验参考装置

要将其中的两个量用人为的方法控制起来，使它们保持不变，然后比较第三个量与电容器电容之间的关系，利用此法，对3个变量分别进行研究，直至将所有可能影响平行板电容器电容的因素全部探究完毕。这就是我们常用的控制变量法。

收集与整理

（1）各学习小组合作设计实验方案，写出实验步骤。

（2）小组成员共同设计记录表格。相互交流讨论，使设计的表格更合理。表5-2-1可供同学们参考。

（3）小组成员合作将两个平行金属板与静电计相连，相互检查提醒，防止漏接或错接，确保连接正确。

（4）设法让其中一块金属板带电。相互讨论交流：怎样判断平行板电容器是否已带电？如何判断电容器带电量的多少？如果电容器没有带电，可能是什么原因？改正后重做，看看谁能使电容器带上更多电量。

（5）小组成员共同对影响平行板电容器电容的因素进行有依据的猜想假设，并应用控制变量法，逐一探究可能影响平行板电容器电容的因素。

（6）将实验结果（静电计指针偏转角 θ 的变化情况）依次填入设计的表格中。

表5-2-1　探究平行板电容器电容的影响因素

保持电荷量 q 不变					
保持不变量	改变量		静电计指针偏转角 θ 变化	两极板间的电势差 U 的变化	电容 C 的变化
两极板间的距离 d	两极板的正对面积 S	S 增大			
		S 减小			
两极板的正对面积 S	两极板间的距离 d	d 增大			
		d 减小			
两极板的正对面积 S 和极板间的距离 d	未插入有机玻璃				
	插入有机玻璃				

分析与处理

根据表中记录的实验信息，将两极板间的电势差 U 的变化情况、平行板电容器电容 C 的变化情况填入表5-2-1中。

思考与讨论

（1）静电计的外壳是否一定要接地？为什么？做一做，验证你的分析。

（2）"正对面积"是指什么？是否等于极板的全部面积？

（3）改变两极板间的距离时，为什么要平移？如果不是平移，将会对实验结果有什么影响？

（4）判断两极板间电势差 U 的变化，你的依据是什么？

（5）判断平行板电容器电容 C 的变化，你的依据是什么？

164

（6）能否用其他的绝缘介质代替有机玻璃？若能，可能会发生哪些现象？对实验结果是否有影响？做一做，验证你的分析。

总结与交流

实验发现，影响平行板电容器电容的因素有_____。电容 C 与这些因素之间的关系是：

（1）_____。

（2）_____。

（3）_____。

与小组内同学交流你的实验结论，并对你自己的结论做出评价。

反思与提升

（1）根据实验结果，写出平行板电容器的电容公式。

（2）实验过程中，你的成功之处在哪里？存在哪些问题？问题形成的原因是什么？

（3）你从其他同学身上学到哪些好的品质？

（4）若请你设计制作一个电容为 1×10^3 pF 的平行板电容器，两极板间的距离只能为 1 cm，介质为空气，则该平行板电容器的金属板正对面积应为多大？这样的电容器能否应用于实际的电子设备？

第三节　静电感应　静电屏蔽

情境与问题

特高压一般是指±800 kV及以上直流电和1 000 kV及以上交流电的电压等级。我国在特高压输电技术领域处于全球领先地位，制定的多项特高压输电标准，目前正在全世界范围使用。图5-3-1所示是电工检修电路。图中的电工为什么能在特高压环境下正常工作？

图5-3-1　电工检修电路

摩擦能使物体带电，还有其他的方法能使物体带电吗？

观察与体验——观察静电感应现象

如图5-3-2所示，两个带有绝缘支架的枕形导体彼此接触，它们的一端各有一对金属箔，将一个球形导体与起电机连接，摇动起电机，使金属球带正电，将金属球靠近枕形导体。

可以看到枕形导体两端的金属箔张开了。说明枕形导体带电了，那么，这里的电是从哪里来的呢？

图5-3-2　静电感应现象

静电感应

如图5-3-2所示，当带正电的金属球靠近枕形导体时，枕形导体就处在带电金属球的电场中，其内部的自由电荷受电场力的作用，向与电场相反的方向定向移动。这样，枕形导体在靠近金属球的一端带负电荷，在远离金属球的一端带正电荷，因此两端的金属箔张开（图5-3-3）。

166

放入电场中的导体，导体内的自由电荷在外电场的作用下重新分布，使得导体两端出现等量异种电荷，这种现象称为**静电感应**。利用静电感应使金属导体带电的过程称为**感应起电**。由于静电感应而使导体所带的电荷称为**感应电荷**。

图5-3-3 枕形导体的金属箔张开

当枕形导体上产生感应电荷后，若把枕形导体分开，移走金属球，集中在枕形导体两端的正、负电荷将重新平均分布，因此两端的金属箔张开的角度会变小；当枕形导体重新连接相互接触后，由于两端的正、负电荷相互中和，因此两个枕形导体将不带电，两端的金属箔闭合。

需要指出的是，使物体带电的过程就是使物体中的正、负电荷分离而重新分布的过程。而电荷既不能创造，也不能消灭，它们只能从一个物体转移到另一个物体，或者从物体的一个部分转移到另一部分，在转移过程中，电荷的代数和保持不变，这就是我们学过的**电荷守恒定律**。

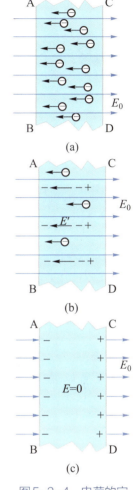

图5-3-4 电荷的定向移动

静电平衡

把导体放在电场强度为 E_0 的外电场中，由于静电感应，导体内的电荷将在电场力的作用下做定向移动 [图5-3-4（a）]，从而在导体的AB侧出现了负电荷，在CD侧出现了等量的正电荷，这些正、负电荷在导体内部产生了与外电场 E_0 方向相反的电场 E' [图5-3-4（b）]。这两个电场叠加，使导体内部的电场减弱。当导体内部各点的合电场强度减小到零时，导体内的自由电荷不再发生定向移动 [图5-3-4（c）]，我们把这种状态称为**静电平衡**。由于静电平衡时，导体内已经没有可以自由移动的电荷，因此，**处于静电平衡的导体，导体内部的电场强度处处为零，电荷只分布在导体的外表面**。

理论和实验证明，处于静电平衡的导体，外表面曲率大的地方，电荷分布得密，电场强；外表面曲率小的地方，电荷分布得稀，电场弱。如果导体表面上有尖端，则尖端处的电荷密度特别大，电场特别强（图5-3-5）。

处于静电平衡的导体，如果所带的电荷量越多，尖端越尖，

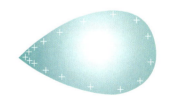

图5-3-5 静电平衡电荷分布

图 5-3-6 避雷针

图 5-3-7 飞机放电刷

其尖端附近的电场也就越强。当电场强大到一定程度时，会使周围空气分子中的正、负电荷分离，这个现象称为空气的**电离**。空气被电离后，与尖端所带电荷电性相同的离子将背离尖端运动，而与尖端所带电荷电性相反的离子则急速趋向尖端，与尖端上的电荷中和，这种现象称为**尖端放电**。

尖端放电会导致高压设备中电能的损耗，因此，高压设备的金属元件会尽量设计成球形，并使其表面尽量光滑。

避雷针是一种针形接闪器，它应用的就是尖端放电的原理。在被保护物的顶端安装一根尖锐的金属棒（图5-3-6），用符合规格的导线与埋在地下的泄流地网连接起来，当带电云层接近地面时，在避雷针的顶端，形成局部强电场，引导雷电向避雷针放电，再通过接地装置（泄流地网）将雷电流引入大地，从而使被保护物体免遭雷击。

在生产生活中，也有很多地方需要利用尖端放电。飞机在空中高速飞行时，由于飞机的机壳与空气不断摩擦或飞机穿过带电云层等原因而使飞机产生静电，如果不及时释放，会对飞机通信甚至飞行安全造成影响。放电刷（图5-3-7）利用尖端放电的原理，将电荷集中于机体外侧的尖端，使其不断与空气发生小的放电过程，减少机身电荷累积，以保证飞机的飞行安全。

静电平衡时，导体内部没有电荷，电荷分布在导体的外表面。这个特点能否在技术上被利用呢？

🔬 **观察与体验**——观察带电体对金属空腔内导体的影响

把带电体 B 放在验电器 A 的附近时，验电器因为静电感应使金属箔带电，金属箔张开，如图 5-3-8（a）所示。若用金属网罩将验电器 A 罩住，再将带电体 B 靠近 A，观察发现金属箔没有张开，如图 5-3-8（b）所示。

说明此时金属网罩内部空间的电场强度为＿＿＿＿＿＿。

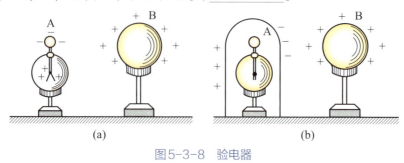

(a)　　　　　　　　　(b)

图 5-3-8 验电器

168

静电屏蔽

可以通过一个空腔导体来分析这个实验，如图5-3-9所示，当空腔导体壳在外加电场作用下，达到静电平衡时，导体内部合电场强度为零，空腔导体内部也就没有了电场。这样，空腔导体就隔离了外电场，使空腔导体内部不受外加电场的影响，这种现象称为静电屏蔽。

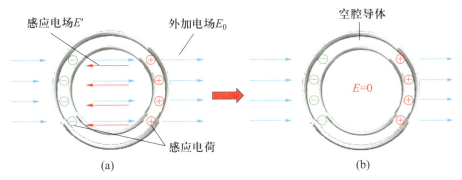

图5-3-9　空腔导体内部不受外电场影响

图5-3-8（b）中的金属网罩正是对验电器起到了静电屏蔽的作用，因此验电器才没有受到外电场的影响。事实上，不仅是密闭的空腔导体，一些金属丝网也能起到良好的静电屏蔽作用。

如果空腔导体内有带电体，如图5-3-10（a）所示，由于静电感应，腔体内表面会产生与腔内带电体等量异号的感应电荷，而腔体外表面将产生等量同号的感应电荷。如果将外壳接地，腔体外表面产生的感应电荷将经由接地导线而流入大地，如图5-3-10（b）所示，腔体内表面感应电荷与带电体所带电荷的代数和为零，此时，腔体内部带电体对外不产生影响。可见，接地的空腔导体可以隔断内电场的影响。

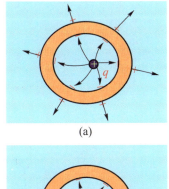

(a)

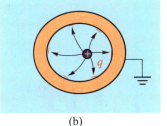

(b)

图5-3-10　接地的空腔导体

在静电平衡状态下，空腔导体外面的带电体不会影响空腔内部的电场分布；接地的导体内的带电体对腔外的物体不会产生影响。

静电屏蔽的应用

生活中经常会遇到静电屏蔽的现象。如人们在高层建筑里使用移动电话或者半导体收音机等无线接收设备时，总感觉收听效果较差。其实就是因为高层建筑的混凝土墙体和楼板里有钢筋网，这个看似不太密的钢筋网，对整个楼宇起到了一个类似于屏蔽罩的作用，一定程度上屏蔽了在空中传播的各种电磁信号，出现信号盲区，导致手机及半导体收音机等接收设备效果比较差。

在电子技术中，为了防止外界电场对电子设备、元器件的影响，常用金属外壳把它们罩起来。例如，为了使电路中传输的信号不受外界电磁场的干扰，常常使用屏蔽线（图5-3-11）来传输信号。屏蔽线是使用金属网状编织层把信号线包裹起来的传输线，使用时需要将外层的金属编织网接地。这样就可以有效防止外界电磁场对内部信号的干扰。

图5-3-11　屏蔽线　　图5-3-12　静电屏蔽服

在现代社会中，特高压输电以其输送容量大、送电距离远、线路损耗低等特点受到广泛应用。特高压输电线路的电压高达1 000 kV，其周围存在着强电场，技术人员在特高压输电线路上带电作业时，人体会与输电线路发生静电感应，如果不加防范，会导致严重的电击现象。因此，带电作业的技术人员需穿戴专用屏蔽服以屏蔽外电场的影响（图5-3-12）。不仅如此，在与地面工作人员传递工具时，要确保工具干燥，并使用绝缘绳。

电源变压器（图5-3-13）在工作时，内部会产生强大的电场，这对周围的人和其他带电体或金属会产生影响。因此，应在变压器上加上金属外壳，并让外壳接地。根据接地导体静电平衡的原理，变压器的内部电场被阻隔在金属壳内，这样就不会对附近的人造成危险，也不会影响周围的电子设备。

图5-3-13　电源变压器

广州塔（图5-3-14）作为世界著名的高塔形建筑之一，其防雷设计超过了当时的建筑防雷技术标准。

广州塔的塔身由一圈金属钢外筒组成，它的钢外筒结构可以直接利用塔体达到良好的防雷效果。塔体顶部利用金属天线桅杆作为避雷针，并在塔身顶部设计了避雷网格，由它和塔身的金属钢外筒、塔底的接地网格共同组成传导线路，将电流导入地下。

图5-3-14　广州塔

除了塔顶外，还要防止侧面遭到雷击。为此，塔身的各楼层金属栏杆、金属门窗、玻璃幕墙等都直接跟塔身的防雷装置连接，确保侧面遭遇雷击时能将强大的电流引入地下。

 实践与探索5-3

1. 我国很多古代建筑物都采用了防雷措施，以学习小组为单位，收集资料，分析我国古代建筑物防雷措施的原理。

2. 收集资料，列举静电感应和静电屏蔽在电子技术中的应用实例。

3. 收集有关通信电缆、电子仪器、高压设备等电气设备进行静电屏蔽的方法，并撰写调查小报告，在课堂上与同学进行交流。

4. 参观当地的科技馆，了解静电感应和静电屏蔽在科学技术上的应用。

5. 2022年2月14日，我国企业中标德国海上风电柔性直流输电工程，标志着我国高端输电技术首次进入欧洲。查阅资料，谈谈在高压输电施工中，应采取哪些安全防护措施？

第四节　静电的利用和危害防护

第四节

图5-4-1　复印机

情境与问题

现代办公设备打印机、复印机（图5-4-1）已经成为人们工作生活中离不开的设备之一。

复印机为什么能复印？它是采用什么工作原理呢？

静电在生活中无处不在，随着科学技术的发展，人们对静电有了更深的认识，并根据静电的特性，将其广泛应用于生产生活中。

观察与体验——丝绸写字

如图 5-4-2（a）所示，用多层丝绸包裹住铅笔的笔头，然后在干净的有机玻璃板上写字，写好字后，用少量的面粉均匀地撒在刚才写的字上，将有机玻璃板竖起，观察产生的现象。

有机玻璃板上，用丝绸写过字的地方，面粉被吸附在有机玻璃板上，没有写字的地方，面粉无法被吸附［如图 5-4-2（b）］。为什么会产生这一现象呢？

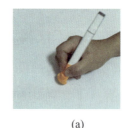

(a)　　　　　　　　(b)

图5-4-2　静电写字

在上一节学习了静电感应，知道了使物体带电的方法，即除了摩擦起电、接触起电外，还有感应起电。

在干燥的冬天，经常能感受到静电的存在，如用塑料梳子梳头发时，头发越梳越乱，甚至会立起来；手在触摸金属制品时有时会有触电刺手的感觉（图5-4-3），在黑暗的房间脱毛衣，也能看到电火花，有时还发出"啪啪"的响声，同时有电击的刺痛感等。

图5-4-3　静电现象

这种现象，我国古人也早有发现。西晋学者张华撰写的《博物志》中有这样的记载："今人梳头、脱着衣时，有随梳、解结有光者，亦有咤声。"意思是说，人们梳头、穿脱衣服时，会看到小火星和听到微弱的响声。

以上现象的出现，主要是由于摩擦产生了静电。冬季空气比较干燥，身上穿的毛衣与人体间摩擦，或衣物与衣服间摩擦都很容易产生静电。若人体上积累了一定的静电无处释放，当手触摸金属门把手时，静电就通过人手对金属门把手放电，让人有了触电的感觉。

静电在现代生产生活中有哪些具体的应用呢？

静电的利用

静电在生产生活中的应用很多，合理利用静电能给人们的生产生活提供帮助，带来便利。下面具体讨论静电在除尘、复印及喷涂技术中的应用。

（1）静电除尘　过去，在一些以煤为燃料的工厂、发电厂，每天都排出大量含有粉尘的黑烟，对环境造成严重污染，利用静电除尘可消除烟中的粉尘。

静电除尘器由高压电源、金属线、金属圆筒组成，其结构如图5-4-4所示。金属圆筒又称为集电极，与高压电源的正极相连；悬挂在管心的金属线又称为电晕线，与高压电源的负极相连。它们之间有很强的非均匀电场，离电晕线越近，电场强度越大，因此，电晕线附近的气体分子被电离成负离子和正离子。在电场作用下，负离子向正极漂移，漂移时和尘埃中的粉尘颗粒发生碰撞，使粉尘颗粒带上负电并被吸附到接在正极的集电极上。尘埃积累到一定程度，在重力作用下落入下面的漏斗中，达到清洁环境的目的。

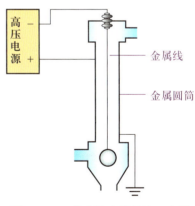

图5-4-4　静电除尘器结构示意图

静电除尘在冶金、化工、火力发电等行业有着广泛的应用。静电除尘原理不仅可以用来除尘，还可以回收尘埃中的有用物质。

（2）静电复印　静电复印机是一种常用的办公设备，采用的

173

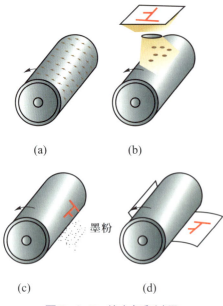

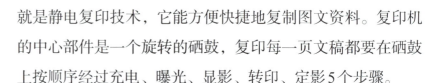

图5-4-5 静电复印过程

就是静电复印技术，它能方便快捷地复制图文资料。复印机的中心部件是一个旋转的硒鼓，复印每一页文稿都要在硒鼓上按顺序经过充电、曝光、显影、转印、定影5个步骤。

① 充电：电源使硒鼓表面带正电荷，如图5-4-5（a）所示。

② 曝光：利用光学系统将原稿的图文成像在硒鼓上。硒有特殊的光电性质，没有光照射时是绝缘体，能保持所带的电荷，当有光照射时立刻转变成导体，使原来所带的正电荷被导走。硒鼓上有图文成像的地方没有被光照射，保持着正电荷；其他没有成像的地方受到光线照射，正电荷被导走，这样硒鼓上保留了图文的静电潜像，由于这个像我们看不到，所以称为潜像，如图5-4-5（b）所示。

③ 显影：使硒鼓上带正电荷的静电潜像吸引带负电荷的墨粉，墨粉就显示出了被复印的图文，如图5-4-5（c）所示。

④ 转印：由输纸机构将带正电荷的白纸跟硒鼓上带负电荷的墨粉接触，使墨粉被吸到白纸上，如图5-4-5（d）所示。

⑤ 定影：带有墨粉的白纸进入定影区，墨粉在高温下熔化浸入白纸中成为牢固的图文印迹。

激光打印的原理和静电复印一样，只是需要先把计算机中存放的页面、文档等转换成打印机能用的数据，再完成静电复印的5个步骤。

（3）**静电喷涂** 在油漆、喷塑等生产过程中，要将液体或粉末均匀涂盖在某个物体的表面，如果用人工涂抹或喷洒，既不均匀又危害操作员的健康，还存在飞溅和滴漏的浪费现象。静电喷涂是利用高压静电电场使带负电的涂料微粒在电场力的作用下定向运动，并吸附在工件表面的一种喷涂方法。如图5-4-6所示，静电喷塑机使涂料微粒带电，电场力驱使涂料微粒飞向作为电极的工件，使工件表面涂上一层均匀、光滑而绝缘的涂层。静电喷涂与传统喷漆工艺相比，涂层质量高，操作简单，因此大型客车、家用电器、玩具等大大小小的物体都可以采用静电喷涂技术。

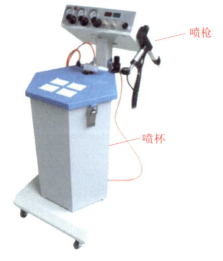

喷枪

喷杯

图5-4-6 静电喷塑机

应用与拓展——植保无人机静电喷雾器

植保无人机静电喷雾器（图5-4-7）是一种安装在无人机上的通过高压静电使药液雾滴带上电荷后进行静电喷雾的机器。它主要由静电喷嘴和静电发生器两部分组成，其原理类似于静电喷涂。利用高压静电在喷头与作物之间形成一个高压静电场，当药液经过喷头时产生了高压静电，从喷头喷出后变成带有静电荷的雾滴，在

图5-4-7　植保无人机静电喷雾器

电场力和其他外力的联合作用下，雾滴做定向运动而吸附在喷雾目标的各个部位，达到雾滴漂移散失少和减少药液对环境污染等良好效果。

静电的危害与防护

虽然静电给生产生活带来许多便利，但有时也会带来很多麻烦，甚至危害，严重时可造成重大事故。为此，必须要做好静电防护。静电防护的一个有效办法，就是把产生的静电尽快导走，避免静电荷的积累。通过接地来消除静电积累是最为有效且经济的方法。

图5-4-8　油罐车的防静电带

例如，油罐车在运输过程中，由于罐体的振动，液体与罐壁不断摩擦，从而产生大量的静电，若不及时消除，将会引起爆炸。在油罐车尾部装上防静电带（图5-4-8）可以及时导走静电。我国大数据中心机房（图5-4-9）为避免受到静电的影响，在机房内采取了铺设防静电地板、进行防雷接地、维持正常温、湿度等防静电措施。在需要防止静电的作业环境中，为提醒人们做好静电防范，粘贴有防静电标识。图5-4-10（a）所示为静电敏感警示标识，用于识别静电敏感器件，图5-4-10（b）所示为静电防护标识，用于标记防静电包装、防静电设备器材等。

图5-4-9　我国大数据中心机房

(a)　　　　　　(b)

图5-4-10　防静电标识

静电释放器也是利用接地消除静电的方法。加油站空气中汽油浓度较高，静电可能会产生电火花导致事故发生。加油前触摸静电释放器的目的，是将人体静电通过接地释放，消除隐患。除了加油站外，很多场合都需要对静电进行防护，避免危害的发生。

静电防护除了通过接地将静电导走外，还有一种基本的防护

图5-4-11 防静电包装

图5-4-12 防静电加湿器

措施，就是使用抗静电材料。

防静电袋是一种采用防静电物质制作而成的袋子，专门用于装敏感器件。许多精密的电子器件，例如计算机主板、IC板等器件在保存、运输过程中，容易受到周围物体的静电作用而损坏。因此，在运输过程中必须采用防静电包装（图5-4-11），防止运输过程中因经受振动、包装材料间的摩擦、包装材料与元器件间的摩擦产生静电，以及外电场（如经过高压设备附近）可能造成的静电影响。

做好静电防护，除了以上方法，还可以通过增加空气的湿度来抑制静电的产生。如纺织厂中的纺织机器与纱线间的摩擦很容易产生静电，为此，纺织厂往往会装有防静电加湿器（图5-4-12）用以抑制静电的产生。

应用与拓展——电子产品生产车间的静电危害及防护

在电子产品工厂，人体产生的静电往往是静电放电事故发生的主要原因。当人与带有集成电路的电子产品接触时，不仅会影响电子产品的内部结构，严重的还会导致其功能失效。因此，工作人员必须穿戴人体静电防护用品才能进入电子产品生产车间工作。如防静电工作服、防静电工作鞋［图5-4-13（a）］、防静电手腕带［图5-4-13（b）］、工作帽、手套［图5-4-13（c）］等。

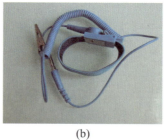
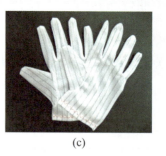

(a)　　　　　　　　(b)　　　　　　　　(c)

图5-4-13 人体静电防护品

电子产品生产车间还需铺设防静电地板［图5-4-14（a）］及配备防静电周转箱［图5-4-14（b）］、防静电包装袋等。其中，防静电地板与防静电服、鞋等人体静电防护用品配合使用，使人体已经产生的静电通过防静电地板迅速释放，同时，也为其他设备、器件上静电的释放提供通路。此外，还可以采用保持生产车间空气湿度以减少静电。

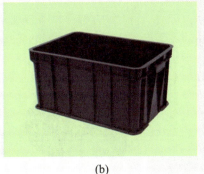

(a)　　　　　　　　　　(b)

图5-4-14　防静电用品

 实践与探索5-4

1. 日常生活中，我们经常被静电困扰，列举生活中常见的静电现象和防止静电的小妙招，课堂上与同学们交流。

2. 电视机屏幕、计算机显示器特别容易吸灰尘，用静电知识解释其中原因。

3. 在日常生活中有很多应用静电的产品，例如静电贴（图5-4-15）可以反复使用，避免了胶水不易清洁的麻烦及对环境的污染。列举生活中常见的静电利用实例，和同学们交流分享。试着思考一个可以利用静电的创意。

4. 静电电量虽然不大，但电压很高，容易产生火花放电，引起火灾、爆炸或电击。细心观察会发现建筑物中都安装了等电位联结端子箱（图5-4-16），等电位联结可以起到静电防护作用。查阅资料，分析等电位联结防护的原理。

5. 静电是引起火灾爆炸事故的一个重要原因。在有可燃气体、粉尘的环境中特别需要做好安全防护措施，避免发生爆炸事故。分组讨论防护静电的方法。

图5-4-15　静电贴　　　　图5-4-16　等电位联结端子箱

第五节 带电粒子在匀强电场中的运动

图5-5-1 医用直线加速器

情境与问题

放射治疗是一种常用的肿瘤治疗方法。图5-5-1所示的医用直线加速器是一种用于放射治疗的设备，其原理是利用直线加速器将产生的电子束作用于肿瘤，达到清除肿瘤细胞的目的。

医用直线加速器如何产生电子束呢？

前面我们学过，带电粒子在电场中会受到电场力的作用。在牛顿运动定律中，知道了力是改变物体运动状态的原因。那么带电粒子在电场作用下做什么运动呢？

观察与体验——阴极射线管

图 5-5-2 所示是一个阴极射线管，在真空玻璃管内安装有一个阴极、一个阳极，阴极接电源的负极，阳极接电源的正极。当在阴极射线管两端施加高电压时，阴极能发射电子形成电子束，电子束在两极之间电场力的作用下从阴极飞向阳极。为了显示电子束运动的情况，管内装有长条形的荧光屏，

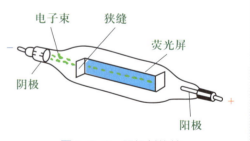

图5-5-2 阴极射线管

屏上的荧光粉受到电子束的撞击后发光。接通电源，观察阴极射线管中电子束的运动轨迹。

观察发现，电子束的运动轨迹是_____线，运动轨迹和电子所受电场力的方向_____（填"垂直"或"平行"）。

带电粒子的加速

实验表明，带电粒子在平行于电场方向进入电场时做直线运动。

如图5-5-3所示，在真空中有一对平行金属板，在两板间施加电压U，两板间便产生一个匀强电场E。设一个电荷量为q的

带正电粒子，在电场力F的作用下，由静止开始从正极板向负极板运动，那么，它到达负极板时的速度是多大？

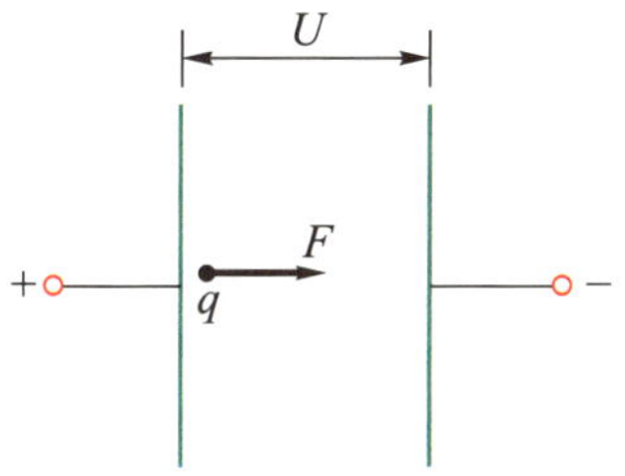

带电粒子在匀强电场中，受到的电场力$F=qE$，当带电粒子在电场力作用下由静止开始从正极板运动到负极板时，如果两极板间的距离为d，则电场力做的功

$$W = Fd = qEd = qU$$

图5-5-3　带电粒子受电场力示意图

在带电粒子的运动过程中，电场力对它做正功，使其动能增加。若带电粒子的质量为m，到达负极板时的速度是v，则动能

$$E_\text{k} = \frac{1}{2}mv^2$$

根据动能定理有

$$W = E_\text{k} - 0$$

则

$$qU = \frac{1}{2}mv^2$$

可得带电粒子到达负极板时的速度为

$$v = \sqrt{\frac{2qU}{m}}$$

可见，带电粒子在电场力作用下做匀加速直线运动，速度越来越大，动能也越来越大。电场力做功越多，带电粒子增加的动能就越大。

应用与拓展——电子束焊接

电子束焊接是利用电子枪中阴极所产生的电子，在两极间高压加速电场的作用下向阳极运动，当被加速到极高的速度，形成高速电子束，撞击在位于焊接室内的焊件接缝处（图5-5-4）时，其动能转换为热力学能，使材料迅速熔化而达到焊接的目的。电子束焊接具有材料不易被氧化、焊接速度快、焊缝化学成分纯净稳定、工艺重复性好、工件变形小、焊接效率高等特点，因此广泛应用于现代高

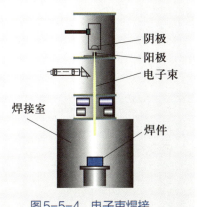

图5-5-4　电子束焊接

科技工业，如能源和电子工业、航空航天工业、铁路运输工业等方面。

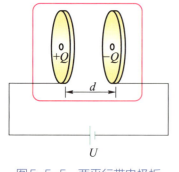

图 5-5-5　两平行带电极板

● 示例

图 5-5-5 所示为某电子加速器的两平行带电极板, 两极板上各有一个小孔, 彼此正对。如果在正极板左侧分布质量为 1×10^{-30} kg、电荷量为 2×10^{-19} C 的带电粒子, 其中有一部分能以很小的速度 (计算时可忽略) 从左孔进入电场, 当极板间电压为 4 000 V 时, 带电粒子被加速后从右孔射出时速度是多少? 如果电压增加到 100 000 V, 带电粒子射出时速度又是多少?

解 带电粒子由正极板运动到负极板, 极板间电势差为 U, 因此电场力对带电粒子做的功为 qU, 带电粒子的动能增加, 电势能转化为动能, 根据动能定理可以计算出带电粒子射出时的速度 v。

由动能定理

$$qU = \frac{1}{2}mv^2$$

可知, 当极板间电压 U 为 4 000 V 时,

$$v_1 = \sqrt{\frac{2qU_1}{m}} = \sqrt{\frac{2 \times 2 \times 10^{-19} \times 4\,000}{1.0 \times 10^{-30}}}\ \text{m/s} = 4 \times 10^7\ \text{m/s}$$

当极板间电压 U 增加到 100 000 V 时,

$$v_2 = \sqrt{\frac{2qU_2}{m}} = \sqrt{\frac{2 \times 2 \times 10^{-19} \times 100\,000}{1.0 \times 10^{-30}}}\ \text{m/s} = 2 \times 10^8\ \text{m/s}$$

通过计算可见, 提高极板间的电压, 就能产生高速粒子。

医用直线加速器就是通过加速电场使带电粒子加速, 产生高能 X 射线或电子束。根据患者病变部位治疗深度的要求, 能够提供不同能量的 X 射线或电子束, 以达到治愈疾病的目的。

带电粒子在匀强电场中的偏转

若带电粒子进入电场时的速度方向与所受电场力的方向不平行, 它就会受到侧向的作用力, 带电粒子就会发生偏转。下面来研究一种特殊情况——带电粒子的初速度方向与电场方向垂直。

如图 5-5-6 所示, 在真空中水平放置一对金属板, 板

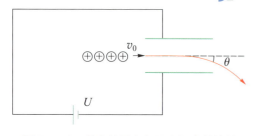

图 5-5-6　带电粒子在匀强电场中的偏转

间距离为d。接上电压为U的电源后，在板间就形成了匀强电场，电场强度

$$E = \frac{U}{d}$$

当速度为v_0、质量为m、电荷量为q的带正电粒子沿水平方向进入这个匀强电场时，它在竖直方向上就会受到电场力的作用（与电场力相比，电荷受的重力可忽略），电场力的大小

$$F = qE$$

带电粒子在电场力作用下做初速度为零的匀加速直线运动，加速度

$$a = \frac{F}{m} = \frac{qE}{m} = \frac{qU}{md}$$

而带电粒子在水平方向因为不受力，则水平方向保持匀速直线运动。

这样，与平抛运动相类似，我们可以将带电粒子的运动看成由水平方向的匀速直线运动和竖直向下的初速度为零的匀加速直线运动的合运动，如图5-5-7所示，水平方向速度v_x和竖直方向速度v_y分别为

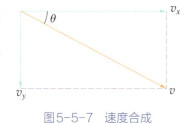

图5-5-7 速度合成

$$v_x = v_0$$

$$v_y = at = \frac{qU}{md}t$$

运用已学习过的平抛运动知识，可以计算出带电粒子的偏转情况。

通过类比平抛运动研究带电粒子在匀强电场中的运动，应用的是_____法。

观察与体验——示波器

在电子技术中，示波器（图5-5-8）的使用非常广泛，它能把肉眼看不见的电信号变换成看得见的图像，便于人们研究各种电现象的变化过程。例如，人体的脑电、心电、肌电等生物电信号，人们通过传感器技术采集到这些微弱的电信号，放大后借助示波器把这些电信号显示出来，便于人们观察和研究。

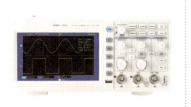

图5-5-8 示波器

示波器的核心部件是示波管。如图5-5-9所示为示波管结构示意图，它是由电子枪、阴极、阳极、竖直偏转电极、水平偏转电极和荧光屏等部分组成，它们均被封闭在真空的玻璃管内。从阴极炽热金属丝发射出来的电子被加速，并从阳极板中心的孔穿出，沿直线前进最后打在荧光屏中心，在那里产生一个亮点。

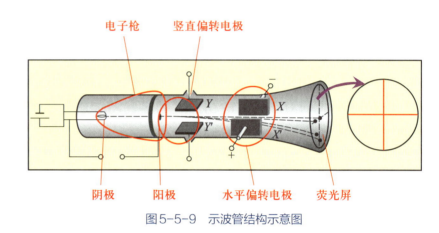

图 5-5-9　示波管结构示意图

电子枪前面的一对水平放置的偏转电极 Y、Y' 称为竖直偏转电极。竖直放置的偏转电极 X、X' 称为水平偏转电极。

在被测信号的作用下，电子束就好像一支笔的笔尖，可以在屏面上描绘出被测信号瞬时值的变化曲线。因此，示波器可以观察各种不同信号幅度随时间变化的波形曲线，还可以用它测试各种不同的电学量，如电压、电流、频率、相位差、调幅度。

技术·中国——世界最强流深地核天体物理加速器成功出束

2020 年 12 月 26 日，由我国科学家研制的锦屏深地核天体物理加速器（图 5-5-10）成功出束，这是世界上束流强度最高的深地加速器装置。

为了研究元素起源及星体演化，需要有能屏蔽宇宙射线的实验室。科学家在四川锦屏山 2 400 m 深的地下，建设了目前世界上岩石覆盖最深的地下实验室，该实验室可

图 5-5-10　深地核天体物理加速器

以将宇宙射线通量降到地面的千万分之一至亿分之一，保证了各种精密实验不受宇宙射线的干扰，从而提供了良好的实验环境。已建成的世界上束流强度最高的深地实验设施，为研究大质量恒星的演化和元素起源提供了新的数据。

1. 示波器是电子技术中不可缺少的测量仪器。查阅资料，了解示波器的使用。

2. 电子束焊接通常采用25 ~ 300 kV高压电场对电子进行加速，被加速的电子撞击在焊件的接缝处，如果采用120 kV高压，电子撞击在焊件接缝处时速度是多少？（电子的质量为0.9×10^{-30} kg，电荷量为1.6×10^{-19} C。）

3. 带电粒子沿垂直于电场方向进入匀强电场中会发生偏转，试用阴极射线管、平行板电容器、电源等设计一个实验装置，观察带电粒子偏转现象。

4. 工业上经常用电子感应加速器（图5-5-11）产生的γ射线检查金属内部可能产生的气孔、针孔、裂缝等。查阅资料，了解电子感应加速器原理及其应用，撰写调查报告，与同学交流。

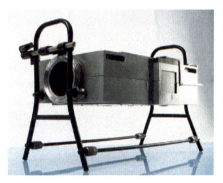

图5-5-11　电子感应加速器

5. 电子显微镜用电子束代替了光学显微镜的可见光，由于电子流的波长远远短于光波波长，所以电子显微镜的放大倍数和分辨率都有了显著提高，这对医学、生物学、物理学等许多学科的发展都起到了巨大的推动作用。查阅资料，了解电子显微镜基本结构及其在各个学科中的应用，与同学交流，体会我国科学技术的发展成就。

一、物理观念及应用

（1）电容器是一种能储存电荷的元件，电容器的充电、放电过程，实际上就是其他形式的能量与电场能之间的相互转变过程。电容的大小取决于电容器本身的结构。

（2）导体在电场中会发生静电感应现象。处于静电平衡的导体内部的电场强度处处为零。空腔导体可以屏蔽外部电场，接地空腔导体可以屏蔽内部电场。

（3）带电粒子在匀强电场中可以被加速和偏转。

应用以上物理观念，可以解释电容式传感器、静电屏蔽服、电子束焊接等的工作原理，拓展静电技术应用，防范静电危害。

二、科学思维与创新

（1）平行板电容器是一种物理模型。对带电粒子在匀强电场中的运动，可以运用类比法进行分析。

（2）运用控制变量法可以科学论证影响平行板电容器电容的因素。

（3）运用比值定义法可以定义电容。

三、科学实践与技能

（1）观察"电容器的充电、放电""静电感应"等实验，提高实验观察的能力。

（2）通过探究影响平行板电容器电容因素的实验和实践活动，提升规范操作的技能，增强探究设计和解决实际问题的能力。

（3）了解静电屏蔽的应用、静电的利用等内容，增强技术运用的意识。

四、科学态度与责任

（1）在探究实验和学生实验中，加强小组合作，培养团队意识和精益求精的工匠精神。

（2）了解科学防雷、静电危害防范等知识，增强安全意识与自我保护能力。

（3）了解我国在深地加速器装置等科学技术方面取得的伟大成就，增强爱国情怀，树立为中华民族伟大复兴而奋斗的信念。

评价与发展

结合老师、同学的评价及自己在学习过程中的表现，总结自己在本主题学习后的主要收获与不足，进行星级评定（评价表见附录）。

主题六
6
磁场及其应用

2017年6月，我国发射了第一颗X射线天文卫星"慧眼"。与国外X射线卫星相比，我国的"慧眼"卫星具有覆盖能段宽、有效面积大、时间分辨率高等突出优点，具有探测高能量回旋吸收线的独特能力。

2020年，科学家利用"慧眼"通过对X射线吸积脉冲星的详细观测，采用直接测量的方法测得其表面磁场强度约为10亿特斯拉。这是迄今为止人类测量到的宇宙中最强磁场。

那么什么是磁场，都具有哪些特点？磁场在实际应用中的情况又是怎样的？

在初中物理我们已经了解了磁场的基本性质，本主题将进一步了解磁场的性质、磁感应强度、磁通量、洛伦兹力以及磁介质、铁磁材料等方面的内容，学习制作简易直流电动机。

了解磁场，加深对物质世界的认识。理解磁通量、安培力等概念，通过对运动电荷在磁场中的受力等内容的学习，加深对物质运动与相互作用的认识和理解。通过电动机、回旋加速器等工作原理的学习，知道磁场在电气设备中的应用以及其中的能量转换关系，进一步加强对能量的理解。

构建磁感线、匀强磁场等物理模型，了解磁感应强度、磁通量等物理量的定义方法，通过探究影响安培力大小的因素等实验，进一步增强科学论证能力，提升质疑创新的意识。

通过观察磁体周围的磁场等演示实验和磁电式电流表等仪器设备的构造，增强实验观察能力，通过设计制作简易直流电动机等学生实验和探究实验，增强操作技能和探究设计能力。了解电动机、变压器、CT中X射线管等的应用原理，加深对物理原理在工程技术上应用的认识和理解。

设计制作简易直流电动机等动手实践活动。了解我国对磁现象认识和应用的发展历程以及我国质子回旋加速器的发展现状，树立为中华民族伟大复兴而不懈奋斗的信念。

第一节　磁场　磁感应强度

 情境与问题

在钢铁制品的搬运过程中，会用到这样一种机器，它运行到钢铁制品上方，不用捆扎，也不用挂钩，直接就可以将数吨的钢铁制品提起运走，运到目的地后，又可以轻松地放下，十分快捷方便，如图 6-1-1 所示。

这种机器是怎么工作的呢？

图 6-1-1　搬运钢铁
制品的机器

磁场

在初中物理学习过，磁体有两个磁极：北（N）极和南（S）极。两磁极间会产生相互作用：同名磁极相互排斥，异名磁极相互吸引。图 6-1-2 所示为用铁屑显示出的磁极间的相互作用。与电荷周围存在电场相似，磁体周围也存在一种看不见、摸不着但可测量的特殊形态的物质，这种物质称为**磁场**。磁极间的相互作用是通过磁场发生的。

图 6-1-2　用铁屑显示出的磁极间的
相互作用

磁感线

磁体周围的磁场到底是什么样的呢？

 观察与体验——观察磁体周围的模拟磁场

将一块玻璃板水平地放在条形磁铁或 U 形磁铁上，在板面上均匀地撒一些细铁屑，然后轻敲玻璃板，细铁屑会由于震动而移动，最终呈现出一定的形状，如图 6-1-3 所示。

观察发现，当细铁屑基本不再移动时，细铁屑呈现出_____的曲线形状。

与同学讨论，本实验中，聚集细铁屑最密的是在什么位置？_____

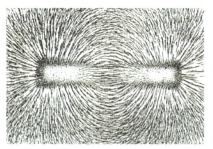

图6-1-3 磁铁上面玻璃板上细铁屑的排列形状

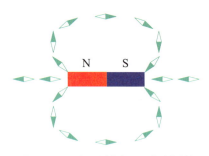

图6-1-4 条形磁铁周围小磁针的偏转情况

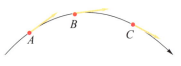

图6-1-5 磁感线的描绘方法

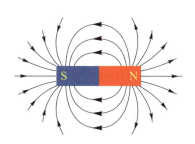

(a) 条形磁铁

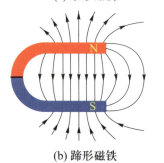

(b) 蹄形磁铁

图6-1-6 磁体周围的磁感线分布示意图

把一些可以自由转动的小磁针放在条形磁铁的周围，在磁场的作用下，小磁针将发生偏转，静止时，小磁针的指向如图6-1-4所示。

磁铁周围不同位置的小磁针，N极所指的方向是不同的。物理学中规定，在磁场中的任何一点，可以自由转动的小磁针静止时N极所指的方向，就是该点的磁场方向。

为了形象直观地描述磁体周围的磁场，法拉第提出了与电场线类似的方法，即用磁感线来描述磁场。

在磁场中画出一系列带箭头的曲线，使曲线上每一点的切线方向都和该点的磁场方向相同，如图6-1-5所示，这些曲线就称为磁感线。

磁感线是用来描述磁场分布情况的带箭头的假想曲线，实际是_____（填"存在"或"不存在"）的，这里应用了模型建构的科学方法。

图6-1-6为条形磁铁和蹄形磁铁周围的磁感线分布示意图。

磁铁外部的磁感线都是从N极出发，进入S极，在空间不相交。

我国早在公元前3世纪的战国时期就已认识到磁石的指极性。《韩非子》中提到"先王立司南以端朝夕"。公元1世纪初，东汉王充在《论衡》中记载"司南之杓，投之于地，其柢指南"。这些文献表明司南是最早的指南针。

公元1044年的北宋时期，我国已发明了人工磁化方法，并造出了可以浮在水面上自由转动的指南鱼。我国著名科学家沈括在《梦溪笔谈》中描述了指南装置的4种基本方法：水浮、置指爪、置碗唇、缕悬，其中以缕悬法的指向效果最好。沈括在研究指南工具过程中还发现了地磁偏角，他指出，磁针"常微偏东，不全南也"。这是磁学史上一个极其重要的发现，领先欧洲约400年。

磁感应强度

磁场的强弱如何描述呢？法国物理学家安培最早发现，磁场对电流有力的作用。为了纪念他，人们把磁场对电流的作用力称为安培力。

人们通过大量实验发现，在磁场中的某一点，当一小段通电导线与磁场方向垂直时（图6-1-7），安培力F与电流I和通电导线的长度l的乘积成正比，而比值$\dfrac{F}{Il}$恒定不变。在磁场中的不同点，这个比值一般不同。这表明，比值$\dfrac{F}{Il}$是一个与磁场中的位置有关的物理量，它反映了磁场的一种力的性质。

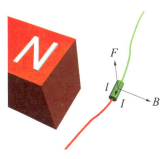

图6-1-7　通电导线垂直于磁场时受到的安培力

实际上，这一小段通电导线也是一种物理模型。

在物理学中，把磁场中垂直于磁场方向的通电导线所受的安培力F与电流I和导线长度l乘积的比值，称为通电导线所在处的磁感应强度。用B表示磁感应强度，则

$$B = \frac{F}{Il}$$

磁感应强度的国际单位制单位是T（特）。

磁感应强度B的大小反映了磁场的强弱程度。现今生活中常见的磁性最强的永久磁铁是钕铁硼磁铁，主要应用在电机和变压器的铁心中，其磁极附近磁感应强度可达1.38 T。医院使用的核磁共振仪中，磁感应强度可达3T。2022年，我国科学家利用国家稳态强磁场实验装置（图6-1-8），获得了45.22 T世界最强的稳态磁场。地面附近地磁场的磁感应强度大约只有5×10^{-5} T。人的心脏工作时产生的磁场约为5×10^{-10} T，人脑神经活动产生的磁场更微弱。

图 6-1-8　国家稳态强磁场实验装置

磁感应强度是矢量，它的方向就是该点的磁场方向。

匀强磁场

与电场线类似，磁感线的疏密程度可以反映磁感应强度的相对大小。磁感应强度大的地方，磁感线就密集；磁感应强度小的地方，磁感线就稀疏。如果在磁场的某一区域内，各点的磁感应强度的大小和方向都相同，那么就把这个区域内的磁场称为**匀强磁场**。匀强磁场的磁感线是一些疏密均匀、互相平行的直线。

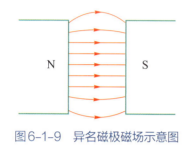

图6-1-9　异名磁极磁场示意图

匀强磁场在现实生活中是不存在的，它是一种物理模型。距离很近的两个异名磁极间的磁场，除边缘部分外，可近似认为是匀强磁场，如图6-1-9所示。匀强磁场在生产与科研中有着广泛且重要的应用。

思考与讨论

为了形象地描述电场和磁场，科学家系统地提出了电场线和磁场线的概念，电场线的疏密可以描述电场的强弱。那么，磁感线的疏密可以描述_____强弱。与同学讨论，如何用物理量描述磁感线的疏密程度？

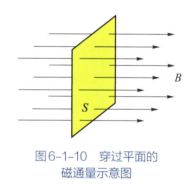

图6-1-10　穿过平面的
磁通量示意图

磁通量

在电磁学中，经常要讨论某一区域内的磁场和它的变化情况，为此引入一个新的物理量——磁通量。设在磁感应强度为B的匀强磁场中，有一个与磁场方向垂直且面积为S的平面，把B与S的乘积称为穿过该平面的**磁通量**，如图6-1-10所示。磁通量简称磁通，用符号Φ表示。

磁通量用公式表示为

$$\Phi = BS$$

磁通量是标量，其国际单位制单位是Wb（韦）。

当一个平面与磁场的方向垂直时，穿过它的磁通量最大；当该平面与磁场方向平行时，穿过它的磁通量最小，且为零。

由$\Phi = BS$可以得出

$$B = \frac{\Phi}{S}$$

这表明，磁感应强度在数值上等于单位面积上的磁通量，因此，工程技术人员常把磁感应强度称为**磁通密度**。

● 示例

扬声器带有磁铁，若磁铁产生磁感应强度为 0.5 T 的匀强磁场，在磁场中有一个面积为 0.02 m² 的矩形线圈。当线圈的平面分别转到与磁场方向垂直和平行时，穿过该线圈的磁通量各是多少？

解　当线圈平面与磁场方向垂直时，穿过线圈的磁通量

$$\Phi = BS = 0.5 \times 0.02 \text{ Wb} = 0.01 \text{ Wb}$$

当线圈平面与磁场方向平行时，穿过线圈的磁通量为零。

电流的磁场

虽然人类很早以前就认识了电现象和磁现象，但很长一段时间却把它们看成两种彼此独立的自然现象。直到奥斯特发现了电流的磁效应后，人们才认识到电和磁之间的内在联系。

1820 年，丹麦物理学家奥斯特偶然把导线放置在小磁针的上方，小磁针与导线平行，如图 6-1-11（a）所示。接通电源后，发现小磁针发生转动并转向垂直于导线方向，如图 6-1-11（b）所示。

这一实验被称为奥斯特实验，它使人们认识到了电和磁之间的内在联系。

随后，法国物理学家安培对电流的磁场进行了更深入的研究。

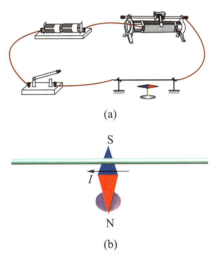

图 6-1-11　通电导线使下方的小磁针发生偏转

观察与体验——观察通电直导线周围的磁场方向

按照图 6-1-12 所示的装置进行实验，将一根直导线竖直穿过水平放置的硬纸板，在纸板上放置几个小磁针，观察通电后小磁针 N 极所指的方向；改变导线中电流的方向，观察小磁针 N 极指向的变化。

观察发现，当给导线通以向上的电流时，小磁针的 N 极都围绕导线指向_____方向；当给导线通以向下的电流时，小磁针的 N 极都围绕导线指向_____方向（填"逆时针"或"顺时针"）。

与同学讨论，小磁针 N 极的指向与电流方向之间有什么关系？

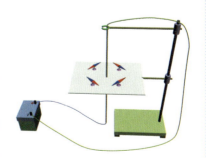

图 6-1-12　通电直导线周围小磁针的指向

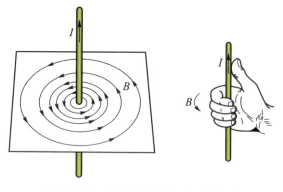

图6-1-13 安培定则（右手螺旋定则）

安培通过实验归纳出，直线电流的磁感线是一系列与导线垂直且以导线上的各点为圆心的同心圆。磁感线的方向与电流方向的关系可以这样来判定：用右手握住导线，使大拇指沿着电流的方向伸直，四指自然弯曲，则四指所指的方向就是磁感线的绕行方向。这就是**安培定则**，也称**右手螺旋定则**，如图6-1-13所示。

观察与体验——观察环形电流中心的磁场方向

按图6-1-14所示的装置进行实验，将一根导线弯成圆环，并竖直穿过水平放置的硬纸板，使圆环的上半部分在纸板上方。在环形电流中心轴线处的纸板上放置一个小磁针，观察通电后小磁针 N 极所指的方向；改变导线中电流的方向，观察小磁针 N 极指向的变化。

观察发现，当给导线通电后，小磁针的 N 极指向_____；当改变导线中电流的方向后，小磁针的 N 极指向_____。

与同学讨论，环形电流在中心轴线上产生的磁场方向是：_____。

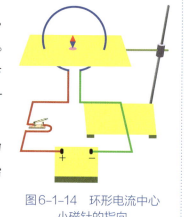

图6-1-14 环形电流中心小磁针的指向

安培通过实验归纳出，环形电流中心轴线上的磁场方向还可以这样判定：使右手弯曲的四指和环形电流的方向一致，那么伸直的大拇指所指的方向就是环形导线中心轴线上磁场的方向，如图6-1-15所示。

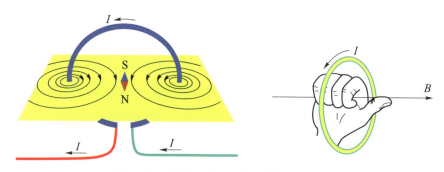

图6-1-15 判断环形电流中心轴线上磁场方向

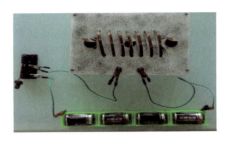

观察与体验——观察通电螺线管内外的磁场方向

按图 6-1-16 所示的装置进行实验，将一根导线弯成螺旋状，竖直穿过水平放置的硬纸板，使其一半在纸板上，一半在纸板下。在纸板上螺线管内外放置几个小磁针，观察通电后小磁针 N 极所指的方向；改变通过螺线管中的电流方向，观察小磁针 N 极指向的变化。

观察发现，通电后，螺线管内部小磁针 N 极指向_____，外部小磁针 N 极指向_____；改变通过螺线管中的电流方向，螺线管内部小磁针 N 极指向_____，外部小磁针 N 极指向_____。

与同学讨论，判定螺线管内部磁场方向的方法是：_____。

图6-1-16 通电螺线管内外小磁针的指向

安培通过实验归纳出，通电螺线管产生的磁场方向可以这样判定：握住螺线管，让右手弯曲的四指沿着电流方向，那么伸直的大拇指所指的一端就是通电螺线管的 N 极。通电螺线管外的磁感线是由 N 极指向 S 极，在管内则是由 S 极指向 N 极，形成闭合曲线，如图6-1-17所示。

图6-1-17 判断通电螺线管磁场方向

安培为了解释磁铁为什么具有磁性的问题，根据环形电流及通电螺线管与条形磁铁的磁场相似这一特点，提出了分子电流的假说，即在铁分子内部存在一种环形电流——分子电流。分子电流使分子成为一个小磁体，分子两侧相当于两个磁极。

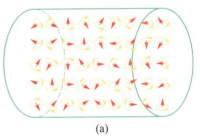

(a)

分子电流假说可以解释一些磁现象。例如，当一根铁棒未被磁化时，内部小磁体的取向是杂乱无章的，它们的磁场互相抵消，对外界不显磁性，如图6-1-18（a）所示；当铁棒受到外界磁场作用时，小磁体的取向变得跟外界磁场基本相同，使铁棒显示出磁性，即被磁化了，如图6-1-18（b）所示；当铁棒受到高温或者猛烈敲击时，剧烈的热运动或机械振动使分子的磁性紊乱，磁场互相抵消，铁棒磁性消失。

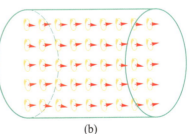

(b)

图6-1-18 用分子电流假说解释磁现象

思维与方法——假说法

假说法就是在观察和实验的基础上，根据科学原理和事实进行理性思维，对未知的自然现象和规律所作的假定性解释和说明的方法。所假说的内容是否正确，还要通过实验或推理去验证。

在安培所处的年代，人们还不了解原子的结构，因而不能解释物质微粒内部为什么会有电流，直到20世纪初人们才知道，物质的磁性是由原子内部电子的运动产生的。

在钢铁生产车间或废钢铁回收仓库，有一种常见的机器——电磁起重机。它接通电路时，产生强大磁场，可将钢铁吸起；断开电路时，磁场消失，可将吸附的钢铁释放。通过电路的通断来实现钢铁的运放，如图6-1-1所示。

 应用与拓展——电磁铁与电磁继电器

内部带有铁心的通电螺线管称为电磁铁。当在通电螺线管内部插入铁心后，铁心被通电螺线管的磁场磁化。磁化后的铁心也变成了一个磁体，这样由于两个磁场互相叠加，从而使螺线管的磁性大大增强。铁心通常用容易被磁化、又容易失去磁性的软铁或硅钢来制作。这样电磁铁在通电时有磁性，断电后磁性随之消失。电磁铁有许多优点：磁性的有无，可以用通、断电流控制；磁性的大小可以用电流的强弱或线圈的匝数来控制。电磁铁在生产和生活中有极其广泛的应用，如电报、电话、电磁继电器、电磁起重机、磁悬浮列车等。

为了避免直接操作高压电路的开关所造成的危险，可以用电磁铁制成的电磁继电器来实现低压弱电流控制高压强电流。电磁继电器是一种电子控制器件，如图6-1-19（a）

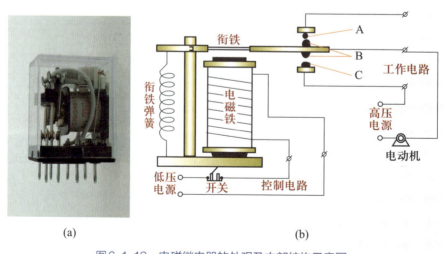

(a)　　　　　　　　　　　　　　(b)

图6-1-19　电磁继电器的外观及内部结构示意图

所示，通常应用于自动控制电路中，实现"自动开关"功能。电磁继电器主要由电磁铁、衔铁、弹簧和动触点 B、静触点 A、静触点 C 组成，如图 6-1-19（b）所示。当闭合低压控制电路中的开关时，电流通过电磁铁的线圈产生磁场，从而对衔铁产生引力，衔铁向下运动同时带动触点 B，使其与触点 C 接触，使工作电路闭合，电动机工作；当断开低压开关时，线圈中的电流消失，衔铁在弹簧的作用下向上带动触点 B，使触点 B、C 分开，工作电路断开，电动机停止工作。

实践与探索6-1

1. 在大海中航行时，海员用指南针确定方向，如图 6-1-20 所示为指南针静止时的指向，请在图中圆圈内填写出"东""南""西""北"表示地理方位。

2. 当开关 S 闭合时，小磁针的指向如图 6-1-21 所示，试问 C、D 两端中，哪一端是电源的正极？

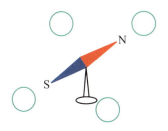

图6-1-20 判断指南针指向

3. 图 6-1-22 所示为某电磁继电器控制电路，用于电动机的自动控制，试说出其自动控制原理。

4. 以学习小组为单位，收集材料，制作一个能在 2 m 以外方便地搬运铁质物品的电磁起重机。在课堂上与其他学习小组比赛，看哪一组制作的起重机吊起物品的质量大、搬送距离远、搬运速度快。请优胜小组的代表展示制作方法，介绍经验。

5. 查阅资料，阐述中国"慧眼"卫星团队测量到宇宙磁场的历程，并谈谈中国"慧眼"卫星在人类研究磁场进程中所发挥的积极作用。

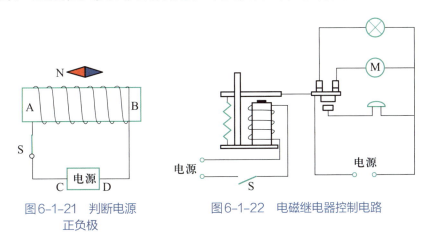

图6-1-21 判断电源正负极

图6-1-22 电磁继电器控制电路

第二节 磁场对电流的作用

 情境与问题

电磁弹射器是航空母舰上的一种舰载机起飞装置（图6-2-1）。它的弹射车与舰载机的前轮连接，并处于强磁场中。当弹射车内的导体通入强电流时，立即产生强大的推力，使舰载机快速起飞。

电磁弹射器中的这个强大的推力是如何产生的？

图6-2-1　电磁弹射器作用下的舰载机起飞

◗ 左手定则

我们已经知道了磁场对电流有安培力的作用，那么安培力的方向是由哪些因素决定的呢？

观察与体验——观察磁场对通电直导线的作用

将一根导体棒（铝管或铜管）AB 放在如图 6-2-2 所示的实验装置上，调整实验装置的位置，分别将电源、开关、滑动变阻器与导体棒连接组成电路，并闭合开关，让电路通电。按照表 6-2-1 中的顺序，分别改变电流和磁场的方向，观察导体棒的运动情况，将观察到的现象记录在表 6-2-1 中。

综合以上 4 种实验结果，与同学交流，尝试归纳安培力的方向、磁场方向和电流方向三者之间的关系。最后的结论是：_____。

表6-2-1　研究安培力与电流、磁场三者方向之间的关系

磁场的方向	电流的方向	安培力的方向
由上向下	由B向A	
	由A向B	
由下向上	由B向A	
	由A向B	

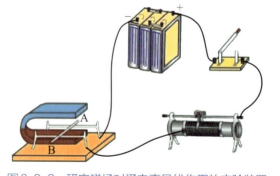

图6-2-2　研究磁场对通电直导线作用的实验装置

人们通过大量实验概括出，通电直导线所受安培力的方向与磁场方向、电流方向的关系可以用**左手定则**来判定（如图6-2-3所示）：伸开左手，使大拇指跟其余4个手指垂直，并且都跟手掌在同一个平面内，让磁感线垂直穿入掌心，并使伸开的四指指向电流的方向，那么大拇指所指的方向就是通电导线在磁场中所受安培力的方向。

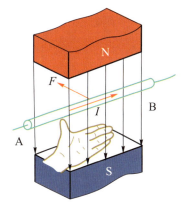

图6-2-3　用左手定则判定安培力

安培定律

安培力的大小受哪些因素影响呢?

实验表明，当通电直导线方向与磁场方向垂直时，导线所受的安培力最大；当通电直导线方向与磁场方向平行时，导线所受安培力最小，且为零；当通电直导线方向与磁场方向斜交时，所受安培力介于最大值和0之间。为简便起见，下面只讨论通电直导线方向与磁场方向垂直时的情况。

观察与体验——研究影响安培力大小的因素

将3块相同的铁氧体蹄形磁铁并列放置，用4根导线分别与铜质导体棒相连，将导体棒悬挂在磁铁的两极之间，如图6-2-4所示。

（1）先用1.0 A的电流通过导线1、4给导体棒通电，观察导体棒的偏转情况；将3块铁氧体蹄形磁铁全部换成磁性弱一些的旧蹄形磁铁，再用1.0 A的电流通过导线1、4给导体棒通电，观察导体棒的偏转情况。判断安培力大小与磁感应强度大小的关系。

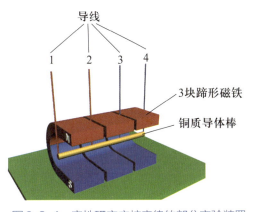

图6-2-4　定性研究安培定律的部分实验装置

观察发现，安培力的大小与磁感应强度的大小_____（填"有关"或"无关"）。

（2）保持蹄形磁铁不变，改变电路中电流的大小，用2.0 A的电流通过导线1、4给导体棒通电，观察导体棒的偏转情况，判断安培力大小与电流大小的关系。

观察发现，安培力的大小与电流的大小_____（填"有关"或"无关"）。

（3）保持蹄形磁铁和电流的大小不变，改用导线2、3给导体棒通电，观察导体棒的偏转情况，判断安培力大小与导体棒长度的关系。

观察发现，安培力的大小与导体棒长度的大小_____（填"有关"或"无关"）。

人们通过大量实验归纳出，当把一段长度为l、电流为I的通电直导线垂直于磁场方向放入磁感应强度为B的磁场时，通电导线所受到的安培力的大小与磁感应强度B、电流I、导线长度l都成正比。这个规律最初是由安培发现的，所以把它称为**安培定律**。用公式表示为

$$F = BIl$$

式中，F、B、I、l的国际单位制单位分别为N、T、A、m。

本节提到的电磁弹射器，它的推力与磁场对通电直导线的作用原理有关，根据安培定律可知，若导线长度不变，磁感应强度B和电流I越大，产生的安培力就越大。

●示例

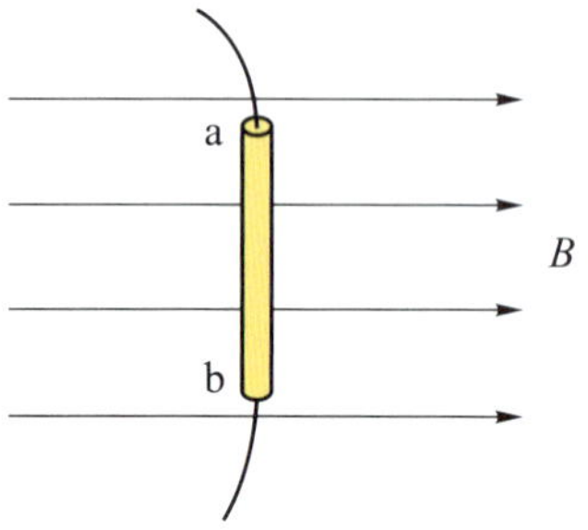

图6-2-5　磁场中的通电导线

在一个磁感应强度为0.5 T的匀强磁场中，有一根与磁场方向垂直、长0.3 m的通电导线ab，如图6-2-5所示。若导线中通以0.6 A由a到b的电流，求导线所受安培力的大小和方向。

解　根据安培定律，安培力的大小为

$$F = BIl = 0.5×0.6×0.3 \text{ N} = 0.09 \text{ N}$$

运用左手定则可判断出安培力的方向为垂直于纸面向外。

实践与探索6-2

1. 在研究安培力大小和方向的实验中，将长度为20 cm、通有0.1 A电流的直导线放入一匀强磁场中，电流与磁场的方向如图6-2-6所示。已知磁感应强度为1 T，试分别求出图6-2-6（a）（b）（c）3种情况下导线所受安培力的大小，并在图中标明方向。

2. 在一个简易的电磁装置中，有一个磁感应强度为0.2 T的匀强磁场和一根与磁场方向垂直且长0.5 m的通电直导线，如图6-2-7所示。当直导线中有3 A电流通过时，直导线所受的安培力有多大？方向如何？如果通电直导线与磁场方向平行，直导线所受的安培力有多大？

198

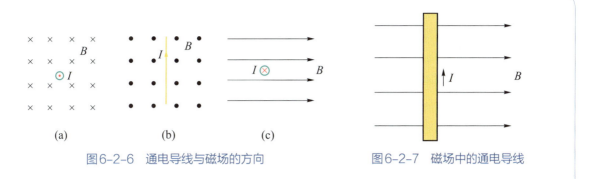

图6-2-6　通电导线与磁场的方向　　　　　图6-2-7　磁场中的通电导线

3. 把长 10 cm 的导线垂直放入匀强磁场中，导线中的电流是 2 A，受到的安培力是 1.5×10^{-2} N。求该处的磁感应强度大小。

4. 在我国民用建筑建设标准中明确规定，民用建筑所处位置的磁感应强度要小于 1×10^{-4} T。某同学家距离高压线很近，他想尝试测量自己家庭居所的磁感应强度是否符合标准，请问他需要准备哪些实验器材进行测量？为什么？

第三节 磁场对通电矩形线圈的作用

 情境与问题

传统的燃油汽车给环境造成了污染，新能源汽车的发展部分解决了环境污染问题，在各类新能源汽车中，纯电动汽车的技术日趋成熟。纯电动汽车的电动机为什么能持续转动呢？

磁场对通电直导线有安培力作用，如果放置在磁场中的是通电矩形线圈，它的受力情况是怎样的呢？本节将学习磁场对通电矩形线圈的作用。

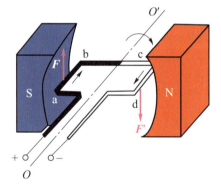

图6-3-1 磁场对通电矩形线圈的作用

观察与体验——磁场对通电矩形线圈的作用

如图6-3-1所示，将线圈放在磁体两极之间，线圈可以绕轴OO'自由转动。当电流通过线圈时，线圈将受到磁场的安培力的作用。观察线圈的转动情况。

图6-3-1所示线圈左右两边受到的安培力的方向是否相同？线圈在这些力的作用下将如何转动？

磁场对通电矩形线圈的作用

如图6-3-1所示，电流通过水平放置的线圈abcd。由于线圈所处的磁场水平向左，由左手定则可以判定，导线ab受到竖直向上的安培力F，而导线cd受到竖直向下的安培力F'，ad边与bc边则不受安培力的作用。在安培力F与F'的共同作用下，线圈abcd会绕轴OO'转动。这就是磁场对通电矩形线圈的作用。

直流电压表、直流电流表、多用表和电动机都是应用这一原理制成的。

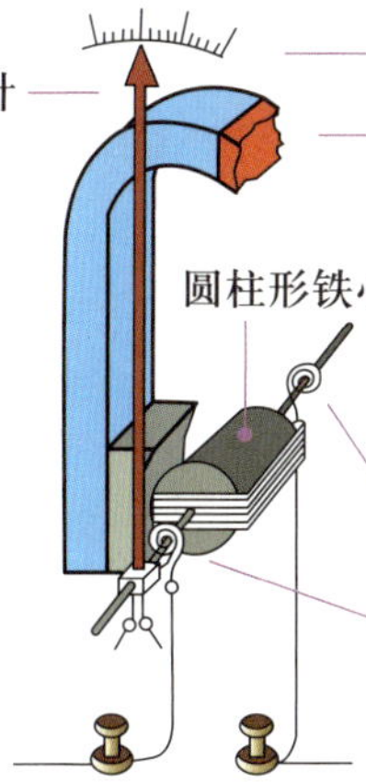

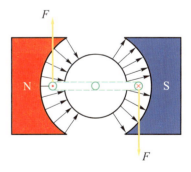

图6-3-2　磁电式电流表内部结构

观察与体验——观察磁电式电流表结构

　　磁电式电流表内部结构如图 6-3-2 所示，在蹄形磁铁两极中间有一个固定的圆柱形铁心，铁心外套一个可以绕轴转动的矩形铝框，框上绕有线圈，线圈的两端分别接在两个螺旋形弹簧上，指针和铝框连在一起。

　　对照图 6-3-2，观察电流表内部构造，思考当将其接入电路后，它的指针为什么能偏转？

● 磁电式电流表

　　磁电式电流表的基本组成部分是磁体和置于磁场中的线圈，它的工作原理就是利用磁场对通电矩形线圈的作用。线圈中无电流时，线圈和铝框静止在平衡位置，指针停在零点。通电时，由于线圈左右两侧的导线中电流方向相反，所受安培力的方向相反，线圈会绕轴转动。线圈的转动将使固定在轴上的螺旋形弹簧扭紧，产生抵抗线圈的转动效果。

　　已经知道，垂直于磁场放置的一段导线，它所受的安培力大小与通过的电流成正比。因此线圈中通过的电流越大，线圈所受安培力就越大，要达到新的平衡，螺旋形弹簧的形变只有越大，才能抵抗安培力产生的转动效果。因此通过平衡时指针偏转的角度就能判断通过电流的大小。

　　在蹄形磁铁两极之间装有极靴，极靴中间是一个用软铁制成的圆柱形铁心。这样的构造一方面可以增加磁极与铁心间空隙处的磁场，另一方面可以使空隙处的磁场都沿半径方向，如图 6-3-3 所示。这样线圈无论转到什么位置，线圈平面都跟磁感线平行，这样的结构可以使电流表刻度盘上表示电流大小的刻度是均匀的。

图6-3-3　极靴的作用

　　线圈中的电流方向改变时，由左手定则可知，安培力的方向反向，线圈的转动方向也随着改变。因此根据指针的转动方向，还可以知道被测电流的方向。

　　磁电式电流表的优点是灵敏度高，能测量很弱的电流，可供实验室精密测量直流电流、电压（需转换），可做生产线或计量室的标准表使用。灵敏电流表主要应用于测量微弱电流，如用于医学上测量心电和脑电、半导体生产、绝缘材料和微弱探测等领域。但是，磁电式电流表中绕制线圈的漆包铜导线很细，所以允许通过的最大电流很小，这是它的缺点。

由于磁电式电流表只能测量很弱的电流，而实际应用中常常需要测量较大电流和电压。常用的电压表和电流表都是由小量程的电流表表头（G）改装而成的。从电路的角度看，表头就是一个电阻，所以遵从欧姆定律。与其他电阻不同的是，通过表头的电流是可以从刻度盘上读出来的。使用时，如果指针指着某一电流刻度，表示通过表头的电流为某一数值，此时表头的两接线柱间则具有一定的电压。由欧姆定律可以计算出此时表头两接线柱间电压的大小。

电流表表头 G 的电阻 R_g 称为电流表的内阻，刻度盘上最大刻度的电流值 I_g 称为**满偏电流**。表头 G 通过满偏电流时，加在它两端的电压 U_g 称为**满偏电压**。图6-3-4所示为一电流表表头 G 的刻度盘。

思考与讨论

如何将小量程的电流表表头改装成为常用的电流表和电压表呢？

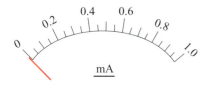

图6-3-4　电流表表头 G 的刻度盘

● **示例1**

图6-3-5所示是一个内阻 R_g=30 Ω，满偏电流 I_g=1 mA 的小量程表头 G，如果给表头并联一个 R=0.05 Ω 的电阻，并联后的电流表总内阻是多少？可测的最大电流是多少？

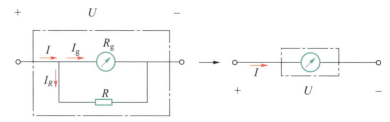

图6-3-5　把电流表表头 G 改装成电流表原理图

解　给表头并联一个电阻 R 后，电流表的总内阻 R_A 是 R 与 R_g 的并联值。由

$$\frac{1}{R_A} = \frac{1}{R} + \frac{1}{R_g}$$

得

$$R_A = \frac{RR_g}{R + R_g} = \frac{30 \times 0.05}{30 + 0.05} \, \Omega \approx 0.05 \, \Omega$$

由于并联了电阻R起到分流作用，当满偏电流I_g=1 mA流过R_g时，由欧姆定律可求出流过电阻R的电流

$$I_R = \frac{I_g R_g}{R} = \frac{1 \times 10^{-3} \times 30}{0.05} \, A = 0.6 \, A$$

则可测最大电流

$$I = I_R + I_g = (0.6 + 0.001) \, A = 0.601 A$$

通过示例1发现，如果给小量程的表头并联一个较小的电阻R，就可以测量较大的电流，增加了量程，从而改装成了电流表。

● 示例2

图6-3-6所示是一个内阻R_g=30 Ω，满偏电流I_g=1 mA的小量程表头G，要把它改装成量程为0 ~ 3 V的电压表，需要串联多大的电阻R？改装后电压表的内阻是多少？

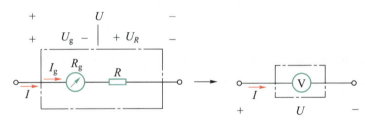

图6-3-6　把电流表表头G改装成电压表原理图

解　当表头指针指到最大量程3 V时，流过表头G的电流是满偏电流I_g，此时表头G的满偏电压

$$U_g = I_g R_g = 0.001 \times 30 \, V = 0.03 \, V$$

串联电阻R有分压作用，可计算出电阻R的电压

$$U_R = U - U_g = (3 - 0.03) \, V = 2.97 \, V$$

由欧姆定律可求出电阻

$$R = \frac{U_g}{I_g} = \frac{2.97}{0.001} \, \Omega = 2.97 \times 10^3 \, \Omega$$

给表头G串联一个电阻R后，总内阻R_V是R与R_g的串联值，得

$$R_V = R + R_g = (2.97 \times 10^3 + 30) \, \Omega = 3 \, 000 \, \Omega$$

图6-3-7 配电柜

通过示例2发现，如果给小量程的表头串联一个较大的电阻R，可以改装为电压表。

与磁电式电流表的工作原理相同，直流电动机也是应用了磁场对通电矩形线圈的作用，将电源的电能转换为线圈的机械能。

如图6-3-7所示的配电柜是配电系统常用设备，配电柜一般会安装电流表和电压表，用来观察电流值和电压值，方便工作人员监控电力系统的运行状态。

思考与讨论

图6-3-8所示为最简单的单匝线圈直流电动机的工作原理，线圈abcd置于磁场中，磁场由一对磁极提供。A、B是固定电刷，E、F是一对相互绝缘的半圆形导体构成的换向器，它们通过电刷A、B与直流电源相接。分析讨论图6-3-8（a）中的线圈为什么能转动？

直流电动机

直流电动机是一种使用直流电源的动力装置，它是根据通电矩形线圈在磁场中受力转动的原理制成的。如图6-3-8（a）所示，通电后线圈中电流的方向沿abcd，磁场对线圈ab段导线产生向上的安培力，对cd段导线产生向下的安培力，从而使线圈能绕着中轴开始转动。当线圈转到图6-3-8（b）所示的位置时，虽然此时瞬间没有电流，但由于惯性，线圈将冲过该位置继续转动。

如图6-3-8（c）所示，由于换向器的存在，线圈中的电流方向变为dcba，ab段导线与cd段导线中的电流反向，它们所受的安培力可以使其按原方向继续旋转到图6-3-8（d）的位置。换向器的作用就是使线圈中的电流每转半圈改变一次方向，这样线圈就可以朝着同一个方向持续转动下去。

实际使用的直流电动机结构要复杂得多，主要是由定子（固定部分）和转子（旋转部分）两大部分构成，如图6-3-9所示。定子的作用是产生磁场，由磁场绕组、磁极铁心、电刷和刷架等

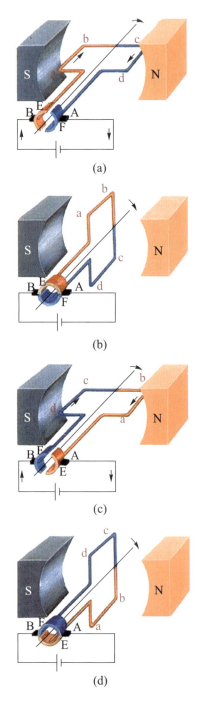

(a)

(b)

(c)

(d)

图6-3-8 直流电动机的工作原理

部件组成；转子的作用是产生电磁转矩和感应电动势，是直流电动机进行能量转换的枢纽，又称为电枢，此外还有端盖和外壳等组成部分。

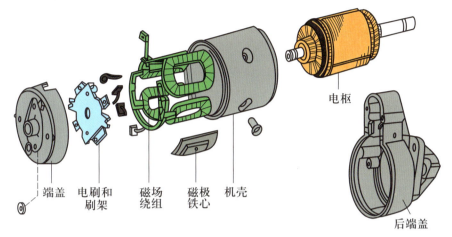

端盖　电刷和　磁场　磁极　机壳
　　　刷架　绕组　铁心

电枢

后端盖

图6-3-9　直流电动机的组成

 应用与拓展——直流电动机的应用

　　直流电动机因其良好的调速性能和起动性能，在生产生活中得到了广泛的应用。尤其是对调速和起动有较高要求的地方，如日常生活中常见的儿童电动玩具、吸尘器，生产用的大型精密机床、矿井卷扬机、地铁列车、船舶机械、大型起重机，机器人、无人机等。图 6-3-10 所示的"千巡警用巡逻机器人"是我国第一款用于巡逻测体温的机器人，在新冠肺炎疫情期间可做到无接触测体温，避免人员交叉感染。

图6-3-10　巡逻机器人

　　新能源汽车是一种节能环保的交通工具，使用越来越广泛。其中纯电动汽车是新能源汽车中的一种典型代表，采用车载蓄电池为汽车提供动力，用电动机驱动车轮行驶。图6-3-11所示为一台正在充电的纯电动汽车。

图6-3-11　纯电动汽车

　　电力驱动及控制系统是纯电动汽车的核心，也是纯电动汽车与内燃机汽车的最主要的区别。电力驱动及控制系统由驱动电动机、电源和电动机的调速控制装置等组成。与内燃机汽车相比，纯电动汽车具有明显的优点：一是纯电动汽车工作时不产生废气，无空气污染，对环境的保护十分有益；二是纯电动汽车结构简单，运转、传动部件少，维修保养工作量小；三是纯电动汽车的能源利用率已超过燃油汽车。

1. 在一个简易的直流电动机模型中，把通电矩形线圈放入永久性磁铁的匀强磁场中，如图6-3-12所示，试分析：

（1）图6-3-12（a）中线圈怎样转动？

（2）图6-3-12（b）中，线圈左侧的导线垂直于纸面向里转动，磁铁的哪一边是N极？

（3）图6-3-12（c）中，线圈右侧的导线垂直于纸面向里转动，画出线圈中电流的方向。

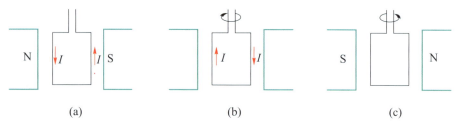

图6-3-12　匀强磁场中的通电线圈

2. 电流表通以相同的电流时，指针偏转角度越大，表示电流表的灵敏度越高。试分析有哪些因素会影响磁电式电流表的灵敏度。如果想提高电流表的灵敏度，可以采取的方法有哪些？

3. 如果误用电压表测量电流，试想一想会产生什么后果。

4. 直流电动机具有优良的启动和调速性能，受电磁干扰影响小，节能环保，使用非常广泛。如电动自行车［图6-3-13（a）］、电动牙刷［图6-3-13（b）］。以学习小组为单位查找资料，撰写调查报告，说明直流电动机在智能家居领域的应用情况，与同学分享交流。

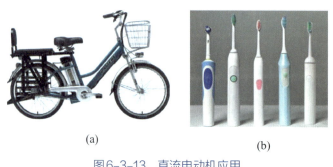

图6-3-13　直流电动机应用

第四节　磁场对运动电荷的作用

　情境与问题

极光（图6-4-1）是一种美丽的自然现象，多出现在靠近南北极的地方。我国最北端的漠河、挪威北部的特罗姆瑟、加拿大北部哈德逊湾等地都可以看到极光。极光是怎么形成的？为什么多出现在靠近南北极的地方？

图6-4-1　极光

通电导线在磁场中要受到安培力的作用，也就是说，磁场对电流有力的作用。而电流是由电荷的定向运动形成的，那么磁场对运动电荷是不是也有力的作用呢？

　观察与体验——电子束在磁场中的偏转

将阴极射线管的两端与高压电源相连后，电子将从阴极射出并加速飞向阳极。其运动的径迹可以通过激发的荧光来显示，如图 6-4-2 所示。

接通电源，在不加外磁场的情况下，观察电子束的径迹。

用条形磁铁的 N 极靠近玻璃管，如图 6-4-2 所示，在与电子束速度方向垂直的方向上增加一个外磁场，再次观察电子束的径迹。

图6-4-2　阴极射线管电子束在磁场中的偏转

在没有外加磁场时电子束的径迹呈现什么形状？增加磁场后电子束的径迹发生什么变化？为什么会发生这样的变化呢？

磁场对运动电荷的作用

在阴极射线管中，当电子束从负极向正极运动时，若没有外磁场，电子束在荧光板上显示的径迹是一条直线，当外加磁场后，电子束的径迹发生了弯曲，在荧光板上显示出一条曲线，表明电子束受到了磁场力的作用。如果运动电荷不是电子（例如离子），用其他的实验装置仍可以发现磁场对运动电荷有力的作用。理论和实验表明，**磁场对运动电荷有力的作用**，这个力称为**洛伦兹力**，是由荷兰物理学家洛伦兹首先提出的。

将一段通电导线置于磁场中，导线中每一个做定向移动的自由电荷都会受到洛伦兹力的作用。这些洛伦兹力的矢量和，在宏观上就表现为导线所受的安培力（图6-4-3）。即磁场中通电导线受到的安培力是洛伦兹力的宏观表现，洛伦兹力是安培力的微观本质。那么，洛伦兹力的方向如何判定呢？

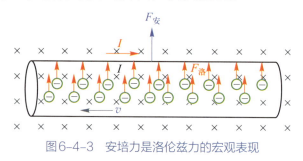

图6-4-3　安培力是洛伦兹力的宏观表现

观察与体验——洛伦兹力的方向

如图6-4-2所示，保持阴极射线管的位置不变，改变磁场的方向，如用条形磁铁的S极靠近玻璃管，观察电子束的偏转方向。

保持磁场方向不变，调换阴极射线管左右位置，即让电子束自右向左运动，再次观察电子束的偏转方向。

上述实验表明，磁场力的方向可能与_____有关。考虑到通电导线所受的安培力是洛伦兹力的宏观表现，你能尝试用判断安培力的方法，来判断电子束的偏转方向吗？

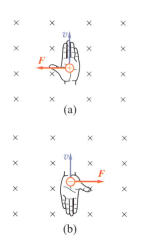

图6-4-4　用左手定则判断洛伦兹力的方向

洛伦兹力的方向

与判断安培力的方向一样，洛伦兹力的方向也可以用**左手定则**来判定：伸开左手，使大拇指和其余4个手指垂直，且处于同一平面内，把手放入磁场中，让磁感线垂直穿过掌心，四指指向正电荷运动的方向[图6-4-4（a）]或负电荷运动的反方向［图6-4-4（b）]，则大拇指所指的方向就是正电荷所受洛伦兹力的方向。

为什么左手定则要求四指的指向与负电荷的运动方向相反？因为电流的方向规定为正电荷定向移动的方向，负电荷的运动方向与电流的方向是相反的。

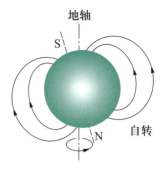

图6-4-5 地球磁场磁感线分布

思考与讨论

中国人很早就发现了磁针能够指向南北，也就是发现了地球具有磁场。地球磁场的N极在地理南极附近，S极在地理北极附近，其磁感线分布大致如图6-4-5所示。根据左手定则判断，当带正电的宇宙微粒垂直于地球表面射向赤道时，会向什么方向偏转？

地球具有磁场。沿着各个方向射向地球的宇宙高能微粒，大部分在地球磁场的作用（即洛伦兹力的作用）下轨迹会发生偏转，绕过地球，使地球上的生命免受来自这些微粒的伤害；但仍有一小部分带电微粒，例如平行于磁场方向入射的微粒，会沿着磁感线向南、北两极运动，这部分微粒进入极地大气层时，与大气中的原子、分子发生碰撞，从而发射出不同波长的辐射，这就是美丽的极光。

洛伦兹力的方向可以用左手定则判定，那么它的大小与什么因素有关呢？

观察与体验——洛伦兹力的大小

如图6-4-2所示，保持其他条件不变，改变磁铁到阴极射线管的距离，观察电子束径迹的变化。

可以观察到，磁铁离阴极射线管越近，电子束偏转的角度越_____。这说明洛伦兹力的大小可能与_____有关。

洛伦兹力的大小

大量精确的实验和理论均表明，当电荷的运动方向与磁感线垂直（图6-4-6）时，运动电荷受到的洛伦兹力最大，洛伦兹力 F 与运动电荷所带的电荷量 q、运动速度 v 以及磁感应强度 B 的大小成正比，即

$$F=qvB$$

式中：F、q、v、B 的国际单位制单位分别为N、C、m/s、T。

电荷的运动方向与磁感线平行（图6-4-7）时，不受洛伦兹

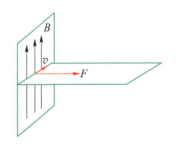

图6-4-6 v 与 B 垂直

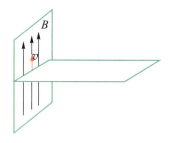

图6-4-7 v与B平行

力作用。

● 示例1

一个电荷量$q=1.6\times10^{-19}$ C的带电粒子以$v=1.0\times10^{6}$ m/s的速度，沿垂直于磁场的方向射入磁感应强度$B=0.1$ T的匀强磁场中，求它受到的洛伦兹力大小；若该粒子沿着磁场的方向射入，它受到的洛伦兹力又是多大？

解 根据洛伦兹力的特点，当带电粒子垂直射入磁场时，它受到的洛伦兹力大小为

$$F=qvB=1.6\times10^{-19}\times1.0\times10^{6}\times0.1\ \mathrm{N}=1.6\times10^{-14}\ \mathrm{N}$$

当带电粒子沿着磁场方向射入时，不受洛伦兹力，即

$$F=0$$

牛顿运动定律告诉我们，力是改变物体运动状态的原因。那么洛伦兹力是如何改变物体运动状态的？带电粒子在匀强磁场中的运动又有什么特点？

带电粒子在匀强磁场中的运动

要分析带电粒子在匀强磁场中的运动，就要先分析粒子的受力。当带电粒子沿着与磁场垂直的方向进入匀强磁场时，将受到洛伦兹力的作用，洛伦兹力的方向不仅与速度的方向垂直，还与磁场的方向垂直，如图6-4-6所示。这样，洛伦兹力的方向与初速度的方向都在与磁场垂直的一个平面内，粒子只能在这个平面内运动。

进一步分析发现，在粒子运动的全过程中，由于洛伦兹力的方向总是与运动方向垂直，因此它只能改变粒子速度的方向，不能改变速度的大小。而由于速度的大小不变，洛伦兹力的大小也不变，于是洛伦兹力起到了向心力的作用，即大小不变，方向始终指向圆心。带电粒子做匀速圆周运动，如图6-4-8所示。

设粒子所带的电荷量为q，在磁场中的运动速度为v，匀强磁场的磁感应强度为B，由洛伦兹力提供向心力，则有

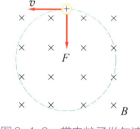

图6-4-8 带电粒子做匀速圆周运动

$$qvB = m\frac{v^2}{r}$$

可得粒子做匀速圆周运动的半径为

$$r = \frac{mv}{qB}$$

可以看出，粒子做匀速圆周运动的半径r与粒子的质量m、速度v成正比，与电荷量q、磁感应强度B成反比，与实验结果一致。

利用匀速圆周运动的规律，还可以知道带电粒子做匀速圆周运动的周期。

根据匀速圆周运动的规律$T = \frac{2\pi r}{v}$，将$r = \frac{mv}{qB}$代入，可得

$$T = \frac{2\pi m}{qB}$$

可以看出，带电粒子在匀强磁场中做匀速圆周运动的周期与速度和半径无关。

 思考与讨论

能量是一切物体所具有的特性。带电粒子在匀强磁场中做匀速圆周运动时，具有哪些形式的能量？这些形式的能量是否发生变化？

在不计重力的情况下，带电粒子在磁场中运动时所具有的能量表现为动能。由于带电粒子在匀强磁场中做匀速圆周运动时，受到的洛伦兹力始终与速度方向垂直，对粒子不做功，粒子的动能将保持不变。因此，洛伦兹力是不能用于加速带电粒子的，而往往使用加速电场，通过电场力做功来实现对带电粒子的加速。

● **示例2**

在洛伦兹力演示仪中，一电子以$v = 2.0 \times 10^6$ m/s的速度从电子枪中射出，沿垂直于磁场的方向射入磁感应强度$B = 3.0 \times 10^{-4}$ T的匀强磁场中。求：

（1）电子在磁场中做匀速圆周运动的半径和周期。已知电子所带电荷量$q = 1.6 \times 10^{-19}$ C，质量$m = 9.1 \times 10^{-31}$ kg。

（2）若要使电子做圆周运动的半径增大，可以采用哪些方法？

解 （1）由洛伦兹力提供向心力，有

$$qvB = m\frac{v^2}{r}$$

可得，粒子做匀速圆周运动的半径

$$r = \frac{mv}{qB} = \frac{9.1 \times 10^{-31} \times 2.0 \times 10^6}{1.6 \times 10^{-19} \times 3 \times 10^{-4}} \text{ m} \approx 0.038 \text{ m}$$

粒子做匀速圆周运动的周期

$$T = \frac{2\pi r}{v} = \frac{2\pi m}{qB} \approx \frac{2 \times 3.14 \times 9.1 \times 10^{-31}}{1.6 \times 10^{-19} \times 3 \times 10^{-4}} \text{ s} \approx 1.2 \times 10^{-7} \text{ s}$$

（2）由$r = \frac{mv}{qB}$可以看出，要使电子做圆周运动的半径增大，可以增加电子的速度或者减小磁感应强度。其中，增大电子速度可以通过增大电子枪内加速电场的电压实现；减小磁感应强度可以通过减小励磁线圈的电流实现。

🔵 磁偏转

虽然洛伦兹力不能改变带电粒子的动能，但因为洛伦兹力的方向总是与运动方向垂直，当带电粒子在磁场中运动时，会受到洛伦兹力的作用而发生偏转，这种磁偏转在速度选择器、磁流体发电机、电磁流量计等仪器中有着广泛的应用。

CT是电子计算机断层扫描的简称，它是用X射线束对人体某部位进行一定厚度的层面扫描，由探测器接收透过该层面的X射线，再经转换和计算机处理就可摄下人体被检查部位的断面或立体的图像，发现体内任何部位的细小病变。

在CT的X射线管内包含有阴极和阳极，阴极灯丝加热后产生大量电子，电子经过阴极与阳极之间的高压电场加速，高速运动的电子束轰击阳极靶面，在磁偏转线圈的作用下，电子束轰击的位置不是固定不变的，而是偏移轰击到阳极靶面上的不同位置（图6-4-9），产生不同角度的X射线，探测器接收到X射线后，经计算机处理得到CT影像，帮助医生进行临床诊断。

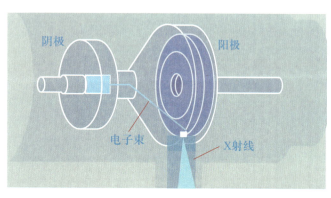

图6-4-9　CT中X射线管内电子束偏转示意图

由我国科学家自主研发的正电子发射计算机断层显像（PET-CT）"探索者"是世界上首款具有 2 m 扫描范围的全身 PET-CT，它首次实现了超高时空分辨率全身动态成像，被称为"超级神探"，可以发现危害身体健康的早期恶性病变。

回旋加速器

回旋加速器是高能物理研究中的重要仪器，它也应用了带电粒子在磁场中的偏转。

为了探索原子核内部的结构，人们往往需要用高能量的粒子作为"炮弹"去轰击原子核。这些产生高能量粒子的装置就称为 <u>加速器</u>。怎样才能得到高能量的粒子呢？人们首先想到的是利用电场力对带电粒子做功来提高粒子的能量。根据 $W=qU$，加速电场的电压越高，粒子获得的能量就越多。但是产生过高的电压在技术上存在一定的困难，所以现代加速器往往采用多次加速的办法。

世界上第一台回旋加速器是美国人劳伦斯发明的，其工作原理如图 6-4-10 所示。D_1 和 D_2 是两个中空的半圆形金属盒（D 形盒），处于与盒面垂直的匀强磁场中，两盒间的缝隙很小，加有电压 U。置于中心 A 处的粒子源产生的带电粒子，在缝隙处被电场加速，随后进入 D 形盒，在匀强磁场中受洛伦兹力的作用做匀速圆周运动。经过半个圆周后，带电粒子再次到达两 D 形盒间的缝隙。若所加电场的方向恰好改变，则带电粒子在缝隙处就会再次被加速。这样，粒子每运动半个圆周被加速一次，根据 $r=\dfrac{mv}{qB}$，圆周运动的半径逐渐增大。经过多次加速后，带电粒子从 D 形盒边缘引出，能量可达几十兆电子伏特。

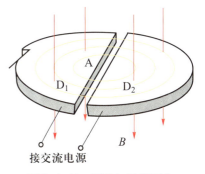

图 6-4-10　回旋加速器工作原理示意图

带电粒子在匀强磁场中做匀速圆周运动的周期 $T=\dfrac{2\pi m}{qB}$，与粒子的速度和圆周运动的半径无关。在磁场一定的条件下，加速器中的粒子虽然速度和半径都在不断增加，但圆周运动的周期始终不变。因此，只要在两盒的缝隙间加一个交变电压，使它的周期与圆周运动的周期相同，就能使粒子每次经过缝隙时电场的方向都恰好发生改变，以实现多次加速。

技术·中国——质子回旋加速器

质子回旋加速器在高能物理、现代医疗等领域的研究中具有重要作用。近年来，我国在质子回旋加速器的研究中取得了引人瞩目的成绩。

2022 年 7 月，我国怀柔（50MeV）质子回旋加速器（图6-4-11）成功将约 30 MeV 的高能量质子引出传输至实验终端处，在直径 15 cm 的荧光靶上获得了强电子束。

图6-4-11　怀柔（50 MeV）质子回旋加速器

2022 年 11 月，我国研制的首台基于强流质子回旋加速器的硼中子俘获治疗装备取得重大突破，在国际上首次实现了强流质子束辐照铍靶产生超热中子。该设备可用于癌症治疗、生产放射性同位素药物以及癌症和心脑血管疾病早期诊断等方面，是核科学技术惠及民众的重要成果。

思考与讨论

我们知道，带电粒子在电场中也能实现偏转，即"电偏转"。那么"磁偏转"和"电偏转"有什么不同？什么时候选择"磁偏转"较好呢？

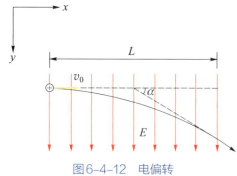

图6-4-12　电偏转

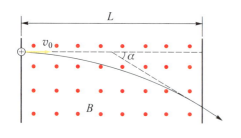

图6-4-13　磁偏转

带电粒子在电场和磁场下的偏转具有不同的特点。如图6-4-12所示，一个带正电的粒子以初速度v_0沿着垂直于电场的方向进入匀强电场。在电场的作用下发生偏转。我们可以用研究平抛运动的方法来研究它的轨迹，即带电粒子在x方向不受力，做匀速直线运动，在y方向受恒力，做匀加速直线运动。整个运动是一个匀变速曲线运动，其轨迹是抛物线。

同样，如图6-4-13所示，当一个相同的带电粒子以相同的速度v_0垂直进入相同宽度L的匀强磁场时，其受到的洛伦兹力是变力，粒子做匀速圆周运动，或圆弧运动。

从能量的变化看，带电粒子在电场中偏转时，电场力做正功，粒子的动能增加；而在磁场中偏转时，洛伦兹力不做功，粒子的动能不变。

从在场区的运动时间看，带电粒子在电场中的运动时间由x方向的运动距离决定，与初速度v_0成反比，数值上等于$\dfrac{L}{v_0}$；而在磁场中的运动时间，等于圆弧的长度与速度的比值，与初速度 v_0 无关。

从偏转效果看，把粒子射出场区时的速度与初速度的夹角称为偏转角，如图 6-4-13 和图 6-4-14 中的 α 所示。在电场中，由于 x 方向的速度始终不变，y 方向的速度再增大，偏转角也不可能大于 90°；而在磁场中，由于粒子做匀速圆周运动，偏转角不受限制，并且带电粒子在相同时间内偏转的角度相同。

 应用与拓展——霍尔效应

1879 年，美国物理学家霍尔观察到，在匀强磁场中放置一个矩形截面的载流导体，当磁场方向与电流方向垂直时，导体在与磁场、电流方向都垂直的方向上出现了电势差。这个现象称为霍尔效应，所产生的电势差称为霍尔电势差或霍尔电压。霍尔效应的产生也与带电粒子受到的洛伦兹力有关。

当通入如图 6-4-14 所示的电流时，导体中带正电的载流子在磁场中会受到向上的洛伦兹力而在上部积聚，从而在 z 方向产生霍尔电压。可以证明，霍尔电压与磁感应强度的大小成正比。

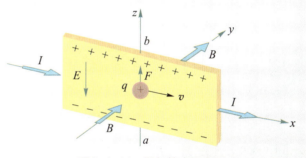

图 6-4-14　霍尔效应示意图

根据霍尔效应制成的霍尔元件通常是用半导体材料制作的。它体积小、质量小、功耗小，被广泛地用于生产生活中。例如，在印染厂可以利用它测量布的长度，在油田可以测量石油的流量，在洗衣机中可以检测电动机的转速，在电表中可以监测用电的度数，在汽车中可以用于点火装置和 ABS 防抱死制动系统等。

 实践与探索 6-4

1. 根据左手定则，试分别判断图 6-4-15（a）（b）（c）（d）中正电荷受到的洛伦兹力的方向是否正确。

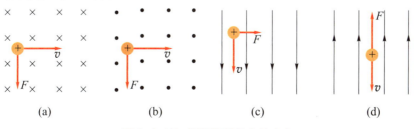

(a)　　　　(b)　　　　(c)　　　　(d)

图 6-4-15　判断洛伦兹力的方向

2. 超导回旋加速器是利用超导线圈中的强电流产生强磁场的回旋加速器，其D形盒中磁感应强度可高达4~5 T。当一个质子加速后以$v=1.0 \times 10^3$ m/s的速率垂直进入D形盒，它受到的洛伦兹力是多大？

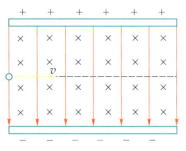

图6-4-16　速度选择器

3. 图6-4-16所示的装置称为速度选择器，它能把具有某一特定速度的粒子选择出来。在平行板器件中，存在互相垂直的电场和磁场，带电粒子（不计重力）必须以特定的速度进入才能沿直线通过速度选择器，否则将发生偏转。若电场强度为E，磁感应强度为B，求这一特定速度的大小。

4. 霍尔传感器是根据霍尔效应制作的一种磁传感器，将其应用于人工智能和机器人电路中可实现对电动机等元器件的控制。请查阅资料，列举霍尔传感器在电子技术中的其他应用实例，并与同学交流。

5. 质谱仪是一种常用于研究同位素的仪器，其基本结构如图6-4-17所示。粒子发出的带电粒子经过电场加速后进入磁场发生偏转。电荷量相同而质量不同的粒子在底片上形成不同的线，就像光谱一样，科学家们把它称为"质谱"，所以这个装置称为质谱仪。分组查阅资料，了解质谱仪的工作原理和应用，撰写调查报告，与同学交流分享。

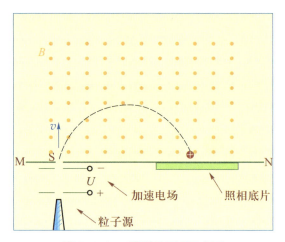

图6-4-17　质谱仪原理示意图

第五节　磁介质　铁磁材料

 情境与问题

　　磁悬浮列车（图6-5-1）是一种新型轨道交通工具，它利用电磁力实现列车和轨道的无接触悬浮行驶。

　　磁悬浮技术中需要大量的磁体，这些磁体都是由什么材料构成的呢？

图6-5-1　磁悬浮列车

　　早在2 000多年前，我们的祖先就发现了天然的磁铁矿石具有磁性。除了天然矿石外，还有什么办法得到磁性材料呢？

观察与体验——螺丝刀的磁化

　　将螺丝刀与磁铁接触，然后再用螺丝刀接触小螺钉，如图6-5-2所示。发现螺丝刀也具有了磁性。

　　螺丝刀为什么会具有磁性呢？

图6-5-2　使螺丝刀具
有磁性

磁化

　　像螺丝刀这样，在外磁场作用下表现出磁性的现象称为**磁化**。将铁棒放在一个永久磁铁的磁极附近，铁棒会显示出磁性，靠近磁极的一端出现异名磁极，远离磁极的一端出现同名磁极。这就是磁化。除永久磁铁外，电流产生的磁场也能使铁块发生磁化。

　　磁化现象在生活中有很多应用。例如一种称为干簧管的磁控开关，它的工作就利用了介质磁化的原理。

图6-5-3　干簧管对电路的控制

观察与体验——干簧管对电路的控制

将干电池、小灯和干簧管按照图 6-5-3 所示的电路连接好。发现不加磁场时小灯不亮；将条形磁铁按图 6-5-3 所示的方式靠近干簧管，发现小灯被点亮。

干簧管是如何控制电路的呢？如图6-5-4所示，干簧管的中间有一对簧片，簧片被密封于玻璃管中，玻璃管中充有惰性气体。两个簧片的触点之间留有微小间隙。不加磁场时，两个触点不接触，处于断开的状态；而当有磁铁或通电线圈靠近干簧管时，两个触点的簧片由于被磁化而相互吸引，电路就闭合了。

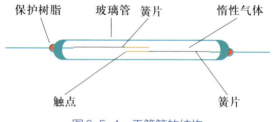

图6-5-4　干簧管的结构

有时，磁化现象也会对生活产生不利的影响。例如，机械手表被磁化后走时会不准，彩色电视机的显像管被磁化后图像会发生失真等，应尽量避免。

磁介质

像螺丝刀那样，在外磁场中被磁化，并反过来影响磁场存在或分布的物质称为**磁介质**。实验表明，任何物质在外磁场中都能够或多或少被磁化，只是磁化的程度不同。也就是说，所有的物质都是磁介质。

根据在外磁场中表现出的特性，可将磁介质大致分为三类：**顺磁性物质**、**抗磁性物质**、**铁磁性物质**。其中，顺磁性物质和抗磁性物质对外磁场的响应较弱，它们被称为**弱磁性物质**。而铁磁性物质在外磁场中会被强烈磁化，从而大大增强空间的磁场，属于强磁性物质。通常所说的磁性材料是指强磁性物质，以铁磁材料为主。

常见的铁磁材料有哪些呢？

铁磁材料

按照化学成分的不同，铁磁材料主要可分为**金属磁性材料**和**铁氧体磁性材料**两大类。金属磁性材料包括金属、合金以及金属间化合物，常见的有硅钢［Si-Fe-C合金，图6-5-5（a）］、坡莫合金（Ni-Fe合金）等。铁氧体磁性材料主要是指以氧化铁为主要成分的磁性氧化物［图6-5-5（b）］，常见的有锰锌铁氧体、镍锌铁氧体等。

不同的铁磁材料在磁化时有什么不同的表现？

(a)

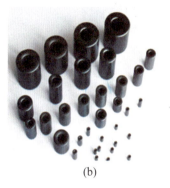

(b)

图6-5-5　金属磁性材料和铁氧体磁性材料

观察与体验——比较铁棒和钢棒的磁化现象

将小铁棒的一端与条形磁铁接触，另一端靠近铁屑，发现铁棒能够吸引铁屑，移走条形磁铁，观察铁屑的变化。把铁棒换成钢棒，重复上面的实验，现象有何不同？

铁棒的一端与条形磁铁接触时，另一端能吸引铁屑，说明铁棒被磁化了。移走磁铁后，铁棒上的铁屑几乎都掉了下来，说明铁棒的磁性基本消失。而用钢棒代替铁棒，发现移走条形磁铁后，钢棒仍然可以吸引一部分铁屑，说明钢棒还可以保持一部分的磁性。按照磁化后去磁的难易程度不同，铁磁材料可大致分为**软磁材料**和**硬磁材料**。

磁化后容易去掉磁性的材料称为**软磁材料**。其特点是剩磁弱，容易被磁化，也容易去磁，适用于需要反复磁化的场合，如干簧管的簧片（图6-5-4）、半导体收音机的天线磁棒、录音机的磁头以及变压器、电磁铁的铁心等都属于软磁材料。

不容易去磁的材料称为**硬磁材料**，其特点是需要较强的外磁场作用才能被磁化，但剩磁强，不易退磁，并能经受一定程度的干扰。由于能较长时间地保留剩磁，硬磁材料也称为永磁材料，适合制作永久磁铁。磁电式仪表、扬声器（图6-5-6）、话筒、电动机等设备中使用的永磁体都属于硬磁材料。

图6-5-6　扬声器

软磁材料和硬磁材料的选择应由实际使用的需求决定。例如，大楼出入门采用的电磁锁（图6-5-7），主要是利用电生磁

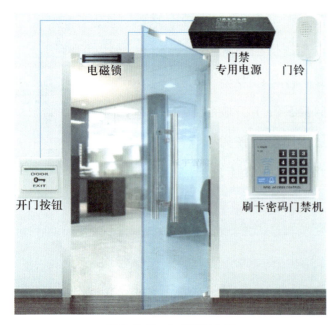

图6-5-7 电磁锁示意图

电磁锁 门禁专用电源 门铃 开门按钮 刷卡密码门禁机

思考与讨论

电磁锁中的磁性材料应采用软磁材料还是硬磁材料？

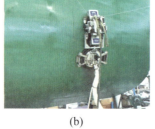

(a)　　　　(b)

图6-5-8 钕铁硼永磁体及船体除漆爬壁机器人

的原理。当电流通过磁性材料时，电流产生的磁场会使材料磁化，产生强大的吸力，吸附铁板，以达到锁门的效果。开门时，正确刷卡后，控制电磁锁电源的系统会立即断电，电磁锁失去吸力，即可开门。

在硬磁材料中，稀土永磁材料是一种重要的功能材料，已被广泛地应用于交通、机械、计算机、家用电器、汽车工业等众多领域。稀土永磁材料是稀土元素（如钐、钕）与过渡金属（如钴、铁）所形成的一类高性能永磁材料，属于金属磁性材料，常见的有钕铁硼（Nd-Fe-B）等永磁体。

钕铁硼永磁体[图6-5-8（a）]是第三代稀土永磁材料，具有优异的磁性能，产生相同的磁场，需要烧结的钕铁硼磁体的体积远小于普通的金属永磁材料，而且力学性能好、价格低，有利于仪器的小型化、薄型化。我国科学家利用了钕铁硼永磁体的特点，创新性地研发出可以紧密吸附在船体表面的除漆爬壁机器人，如图6-5-8（b）所示，帮助船舶进行预除锈、祛疤、除漆等处理。我国在上海投入商业运营的第一条磁悬浮列车，其悬浮系统所用的磁体就是稀土永磁材料。高效节能电机采用的也是稀土永磁材料，相对优质的磁材料能降低电磁能、热能及机械能的损耗，提高输出效率。

技术·中国——我国的磁悬浮技术

我国的磁悬浮技术已广泛应用于交通等领域，处于世界领先地位。其中，磁悬浮列车发展迅速。2006年，国内首条磁悬浮列车示范运营线在上海开通运营。2016年，我国第一条自主设计的中低速磁悬浮线路——长沙磁浮快线正式开通。2019年，我国自主设计、时速600 km/h的高速磁悬浮试验样车在青岛下线，这是我国在高速磁悬浮技术领域取得的重大突破，意味着我国在高速磁悬浮技术上具有完全的自主化和产业化能力。

中国的磁悬浮列车主要采用的是磁吸式技术，即利用磁极异性相吸的原理。如图6-5-9所示，下方是磁悬浮列车的导轨，上面是车身，环抱在导轨上，在车身下方的两侧各有一组电磁铁，当电磁铁通以足够强的电流时，会与上面的F形轨道之间产生强大的吸力，使车身浮起。通过高精度的电子系统可以控制吸力的大小，使车身与轨道之间保持8~10 mm的间隙。由于车身与轨道之间无接触，不存在摩擦，因此磁悬浮列车具有速度快、振动小、乘坐舒适等特点。

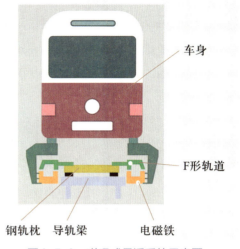

车身

F形轨道

钢轨枕　导轨梁　电磁铁

图6-5-9　磁吸式悬浮系统示意图

磁记录

磁记录在信息存储领域具有非常重要的作用，被广泛应用于生产生活中。计算机硬盘（图6-5-10）、银行卡等都含有磁性材料，这些磁性材料称为磁记录材料。依靠磁记录材料可以在磁带、磁盘等上保存大量的信息，并在需要的时候"读"出这些信息，这就是磁记录。它主要包含了两个步骤："写"信息和"读"信息。这两个步骤是如何实现的呢？

图6-5-10　计算机硬盘

录音技术是磁记录最早应用的领域，它的基本原理如图6-5-11（a）所示。录音时，话筒将接收到的声音转化为随时间强弱变化的电信号，经过放大器，传送到录音磁头端，在磁头上产生强弱变化的磁场。磁头划过磁带时，随着磁带的匀速转动，不同位置的磁记录介质颗粒被不同程度地磁化，这样，声音信号就以一连串随空间变化的磁信号的形式记录了下来。而在放音的时候，如图6-5-11（b）所示，随着磁带的转动，不同磁性的记录颗粒先后经过放音磁头，通过"磁生电"的原理将磁信号转化为电信号，经过适当的电路处理，输送到扬声器中，还原为声音。

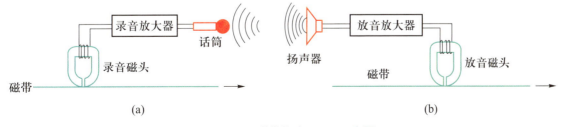

(a)　　　　　　　　　　　　　　(b)

图6-5-11　磁带的读写原理示意图

思考与讨论

　　磁记录中有两部分需要用到磁性材料：一是磁头，它是实现电信号和磁信号相互转换的关键部件；二是记录介质。它们各自应使用软磁材料还是硬磁材料？

　　在磁记录中，磁头由于需要重复读写，多采用软磁材料。在磁记录的发展过程中，磁头经历了从体型磁头—薄膜磁头—磁电阻读出磁头的飞跃。体型磁头和薄膜磁头都是利用"磁生电"的感应原理进行磁电转换的；磁电阻读出磁头是利用磁电阻效应制成的，其灵敏度很高，现已广泛应用于计算机大容量硬盘上。

　　除了磁记录材料外，还有很多新型的功能材料。例如，将磁性材料的尺寸降低到纳米级时，会表现出与块状材料截然不同的性质，这就是磁性纳米材料。例如，磁性高分子微球就是一种由磁性纳米颗粒和有机高分子制备而成的生物医用材料，它可以作为药物载体，被注射到动物体内，在外加磁场下，通过磁性颗粒的导航，直接移向病变区，从而减轻对正常细胞的伤害。

　　将材料的磁性和液体的流动性相结合，就是磁性液体。磁性液体密封是近年来出现的非接触性密封的新技术。它利用磁路使磁性液体被牢牢地吸附在间隙中，起到防尘密封的作用，同时又有润滑的作用，被广泛应用于动态密封的领域。例如计算机中为了防止尘埃进入硬盘损坏磁头，在转轴处多采用磁性液体密封。

　　此外，利用材料在磁化和退磁时吸放热的特性，可以得到磁热效应材料，它可用于磁致冷。如图6-5-12所示，当磁致冷材料被等温磁化时，能够向外界放出热量，使温度升高，而绝热退磁时，又从外界吸收热量，使温度降低，从而达到制冷的目的。这些新型功能材料都在特定的领域发挥着重要的作用，也是磁性材料发展的热点。

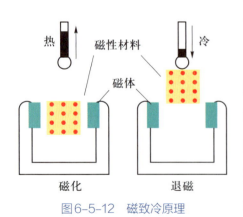

图6-5-12　磁致冷原理

1. 磁吸式手机充电线的一端为常用的USB接口，另一端为特制的转接头，如图6-5-13所示。使用时将磁吸头插在手机充电口，将转接头靠近磁吸头，即可瞬间通过强磁吸附进行充电，免去了插拔对充电口的磨损。查阅资料，分析这种磁吸头采用了哪种磁性材料，并与同学交流。

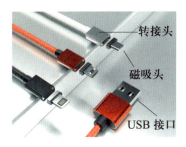

图6-5-13 磁吸式手机充电线

2. 在我国，古人发现自然界有一种天然磁化的石头，并称其为"吸铁石"，这种石头可以吸起铁片。经过几千年发展，现在人们使用的磁铁已经不单纯是天然磁石，通过合成不同材料的合金也能达到"吸铁石"的效果。通过上网、查阅图书等方式调查市场上制作磁铁的材料，撰写调查小报告，并与同学分享。

3. 尝试安装一个简易继电器控制电路，使用的材料有：电磁继电器（J2414型），红、绿小灯各1个，小灯座2个，学生电源或干电池8个，单刀开关，导线若干等，并按图6-5-14连接好电路，图中KA表示继电器的线圈。其中，把电压为6 V的直流电源分别接在A、B间和C、D间，其中A、B间的电源作为电磁继电器的控制电压，C、D间的电源作为指示灯的工作电源。红灯与继电器的动合触点（即线圈通电时处于闭合状态，断电时处于断开状态）相连，绿灯与继电器的动断触点（即线圈断电时处于闭合状态，通电时处于断开状态）相连。

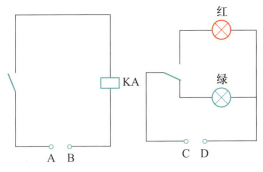

图6-5-14 继电器控制电路

如果用干电池作电源，可将4个干电池串联后分别接在A、B间和C、D间，分别作为电磁继电器的电源和红绿指示灯的电源。

（1）闭合单刀开关，观察继电器衔铁是吸合还是释放，哪两个触点断开，哪两个触点闭合。分析工作电路的电流从电源出来经过怎样的路径使红灯发光，又流回电源，绿灯是怎样断开熄灭的。

（2）断开单刀开关，观察衔铁是吸合还是释放，衔铁使哪两个触点断开，哪两个触点闭合，根据红、绿灯的工作转换情况，分析工作电路中的电流路径。

学生实验: 设计制作简易直流电动机

任务与目标

（1）设计一个可以转动的简易直流电动机。

（2）通过设计、制作简易直流电动机，增强探究设计能力，培养精益求精的工匠精神。

（3）通过动手操作，提升操作技能，增强运用技术的能力。

（4）通过与小组同学合作完成任务，进一步增强合作交流的意识和能力。

设计与论证

（1）原理与方法提示

载流线圈在磁场中因受到安培力的作用而发生转动。要使电动机能持续转动下去，就要设法使线圈在靠近磁铁时受到与运动方向相同的安培力的作用。与本学习小组的同学一起参考图6-6-1所示的一种设计方案，选择或搜集适当的器材，制作一个简易直流电动机。

（2）仪器与材料提示

回形针2个，橡皮2块，长1.2 m左右、芯直径1 mm的漆包线1根，小刀1把，磁铁1块，导线2根，干电池1节。

可将漆包线绕制成直径约2.5 cm、15圈左右的线圈。将线圈一端的绝缘漆全部刮掉，另一端只刮掉半个圆周，如图6-6-2所示。

图6-6-1 直流电动机结构

图6-6-2 线圈两侧接触端漆包线的处理方法

实践与操作

（1）小组合作共同设计方案并制作。

（2）小组合作写出制作步骤，并完成制作。

（3）检查制作出来的直流电动机能否正常运转，若不能，则检查原因并改进。

（4）整理实验仪器和材料，恢复到初始位置，摆放整齐，打扫卫生。

思考与讨论

（1）本学习小组是否成功制作出了直流电动机？有哪些经验或教训？

（2）为什么线圈一端的绝缘漆要全部刮掉，而另一端只刮掉半个圆周？

（3）当接通电源后，如果线圈不转动，这是什么原因？

（4）若改变线圈的匝数，电动机转动快慢是否会有变化，为什么？请用实验验证你的猜想。

总结与交流

与同学交流，统计全班共设计出多少种实验方案。最简单的方案是怎样的？哪组制作的电动机转动得最快？哪组制作的电动机转动状态最稳定？

反思与提升

（1）在本实验中，你在哪些制作细节上提出了创新建议？

（2）与其他组同学交流以后，你认为自己参与制作的电动机有哪些细节可以改进得更好？

（3）你制作的这个电动机可以用在哪些地方？如果需要应用于实际，应该怎么改进？

归纳与提升

一、物理观念及应用

（1）磁场是一种特殊形态的物质。电流的周围存在磁场。磁场与置于其中的电流可发生相互作用，磁场对电流产生的作用力称为安培力。

（2）磁电式电流表的工作原理就是利用磁场对通电矩形线圈的作用。当电子束从负极向正极运动时，外加磁场后，电子束的径迹发生了弯曲，表明电子束受到了磁场力的作用，这个力称为洛伦兹力。

应用以上物理观念可以理解电磁铁与电磁继电器等的原理，能够解释直流电动机、磁电式仪表等基本工作原理，能制作电磁铁和直流电动机等简单的电磁工具。

二、科学思维与创新

（1）磁感线、匀强磁场等是一种物理模型。研究磁感应强度时运用比值定义法。在引入磁通量概念时，使用了乘积定义法。

（2）运用分子电流假说可以解释电流的磁效应。

（3）判断通电直导线周围的磁场方向用安培定则，判断磁场对通电直导线的作用力方向用左手定则。

三、科学实践与技能

（1）观察"磁场对通电矩形线圈的作用""磁电式电流表结构""电子束在磁场中的偏转""比较铁棒和钢棒的磁化现象"等实验，增强实验观察能力和分析能力。

（2）了解"巡逻机器人"等最新技术应用，增强技术运用的能力。

（3）通过完成简易直流电动机的设计与制作，提高操作技能，增强探究设计的能力。

四、科学态度与责任

（1）在制作简易直流电动机等动手实践活动中，提高合作交流能力，培养精益求精的工匠精神。

（2）认识电动机在纯电动汽车等领域应用的意义，倡导绿色出行和节能环保。

（3）感悟我国在质子回旋加速器、磁悬浮技术等领域取得的伟大成就，增强民族自信心和自豪感，树立为中华民族伟大复兴而奋斗的信念。

结合老师、同学的评价及自己在学习过程中的表现，总结自己在本主题学习后的主要收获与不足，并进行星级评定（评价表见附录）。

主题七

7

电磁感应及其应用

我国 500 m 口径球面射电望远镜，因其尺寸为世界之最，探测的距离为世界最远（137亿光年），被人们形象地誉为"中国天眼"。射电望远镜是专门探测来自地球以外天体电磁波的设备，截至2022年7月，已发现660余颗新脉冲星、获得迄今最大快速射电暴样本等多项重要成果，已成为中低频射电天文领域的观天利器，对深化人类对宇宙的认知发挥了重要作用。那么，电磁波是怎么形成的？它是如何发射、传播和接收的？

在学习了电和磁的知识基础上，本主题将学习电磁感应及其应用，主要内容有电磁感应现象、自感和互感及其应用、交流电及安全用电、电磁振荡和电磁波，以及电磁波的发射和接收等内容。

 学习目标

　　了解电磁感应、自感、互感、电磁振荡等现象，理解电磁场、电磁波等概念和电磁感应定律，进一步认识并理解物质观念、相互作用和能量观念等；了解电磁感应在生产生活中的应用。

　　了解麦克斯韦预言电磁波存在的思维过程，了解赫兹发现电磁波的实验方法，进一步体会假设推理、科学论证、质疑创新等在科学发现中的重要作用。

　　通过探究电磁感应现象、通电自感等实验或实践活动，进一步提升实验观察、操作技能、探究设计等能力。

　　了解电磁感应、自感和互感等在生产生活中的应用实例，关注电磁感应在我国高端医疗设备、5G通信技术、智慧交通等方面的应用与社会发展的关系，增强社会责任意识。了解我国射电望远镜的先进性及对科技发展的重大意义，增强民族自豪感和爱国情怀。

第一节 电磁感应现象

 情境与问题

传统的手机充电方式是通过充电线直接连接手机充电，而图7-1-1所示为手机无线充电，手机不需要连接充电线，这种充电方式快捷方便，同时避免了反复插拔对手机充电孔的损坏。

图7-1-1 手机无线充电

手机无线充电的原理是什么呢？

电磁感应现象

在初中我们学过，闭合导体回路的一部分在磁场中做切割磁感线的运动时，导体中会产生电流。这种现象称为**电磁感应现象**，其中产生的电流称为**感应电流**。

还有没有其他产生感应电流的方法？下面通过实验进行探究。

 观察与体验——探究电磁感应现象

1. **条形磁铁的运动产生感应电流**。如图7-1-2所示，用导线将线圈和电流表连接成一个闭合回路，让磁铁在线圈中间和周围以各种方式运动。

观察发现，当条形磁铁在线圈中间插拔时，电流表的指针_____发生偏转；当条形磁铁在线圈外运动时，电流表的指针_____发生偏转（填"有"或"没有"）。

2. **变化的电流产生感应电流**。如图7-1-3所示，把带有铁心的线圈A与电源、滑动变阻器及开关相连，把线圈B与电流表相连，线圈A放置在线圈B中。

观察发现，在开关闭合或打开的瞬间，电流表的指针_____发生偏转；保持开关闭合，当滑动变阻器的滑动触头左右移动时，电流表的指针_____发生偏转（填"有"或"没有"）。

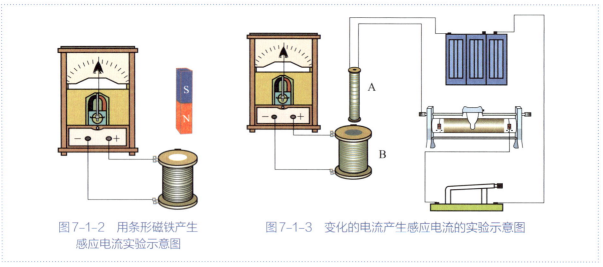

图7-1-2 用条形磁铁产生
感应电流实验示意图

图7-1-3 变化的电流产生感应电流的实验示意图

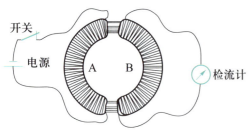

图7-1-4 法拉第发现电磁感应现象时的线圈
及电路示意图

电磁感应现象的产生好像很简单，但是历史上发现电磁感应现象的过程却十分艰难。英国物理学家法拉第做了近十年"磁生电"的实验，直到1831年8月，才在如图7-1-4所示的电路中，发现了电磁感应现象。

后来，法拉第又做了大量的实验，把产生感应电流的情况归纳成5类：变化的电流、变化的磁场、运动的恒定电流、运动的磁场、在磁场中运动的导体。

人们通过大量研究归纳出如下结论，**只要穿过闭合导体回路的磁通量发生变化，回路中就有感应电流产生。**

应用与拓展——手机无线充电技术

手机无线充电的方式有很多种：电磁感应式、电场耦合式、磁共振和无线电波传输等，较为普及的就是电磁感应式无线充电，其原理如图7-1-5所示。在充电底座中有一个发射线圈，手机内置一个接收线圈，当电流流过充电底座中的发射线圈时会产生电磁场，由于电磁感应，当把手机放在充电底座上时，手机中的接收线圈会产生感应电流，从而实现无线充电。

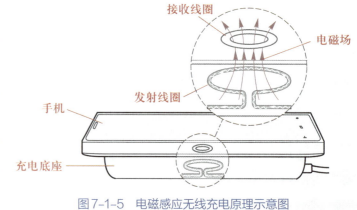

图7-1-5 电磁感应无线充电原理示意图

闭合回路的一部分导体在磁场中做切割磁感线运动时，产生的感应电流的方向有什么规律呢？

右手定则

通过实验人们归纳出，可以用右手定则来判断感应电流的方向：伸开右手，使大拇指跟其余四指垂直，且都跟手掌在同一个平面内，让磁感线垂直穿入掌心，大拇指指向导体运动的方向，其余四指的指向就是感应电流的方向，如图7-1-6所示。

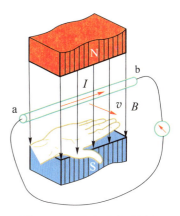

图7-1-6　用右手定则判定感应电流方向

法拉第电磁感应定律

在电磁感应现象中，闭合导体回路中产生了感应电流，说明回路中一定有电动势。电磁感应现象中产生的电动势称为感应电动势。产生感应电动势的那部分导体或线圈就相当于电源。当断开的回路中磁通量变化时，虽然没有感应电流，但是电动势一定存在。

感应电动势的大小与哪些因素有关呢？

1851年，法拉第通过大量实验归纳出，导体回路中感应电动势的大小，与穿过这一回路的磁通量的变化率成正比。这就是法拉第电磁感应定律。

在时间 Δt 内，如果穿过某单匝线圈的磁通量的改变量为 $\Delta \Phi$，则在单匝线圈中产生的感应电动势

$$E = \frac{\Delta \Phi}{\Delta t}$$

式中，E、$\Delta \Phi$、Δt 的国际单位制单位分别是 V、Wb、s。

如果线圈有 n 匝，则整个线圈的感应电动势就是单匝线圈的感应电动势的 n 倍，即

$$E = n\frac{\Delta \Phi}{\Delta t}$$

示例

设有一个200匝的线圈，位于匀强磁场中，且横截面跟磁场方向垂直。如果在0.25 s内线圈横截面上的磁通量从0.2 Wb增加

为 0.6 Wb，求感应电动势的大小。

解 线圈在 0.25 s 内磁通量发生了变化，可以求出线圈磁通量的变化率，利用法拉第电磁感应定律可以求出感应电动势。

在 0.25 s 内穿过线圈磁通量的变化量

$$\Delta \Phi = \Phi_2 - \Phi_1 = (0.6 - 0.2)\ \text{Wb} = 0.4\ \text{Wb}$$

由法拉第电磁感应定律得

$$E = n\frac{\Delta \Phi}{\Delta t} = 200 \times \frac{0.4}{0.25}\ \text{V} = 320\ \text{V}$$

电磁感应现象的发现是 19 世纪最伟大的发现之一。后来，发明家们根据电磁感应原理相继发明了交流发电机、变压器等一大批造福人类的新机器，将人类带入电气化时代，极大地促进了人类社会的发展。

 实践与探索 7-1

1. 生活中有一种手摇式应急手电筒（图 7-1-7），这种手电筒没有内置电池，在家庭、野外等需要照明的环境下，只需摇一摇，其前端的 LED 灯就可以被点亮用来照明。查阅资料，了解这种手电筒的工作原理，调查还有哪些同类产品，撰写调查小报告，课堂上与同学分享。

图 7-1-7 手摇式手电筒

2. 银行卡刷卡机如图 7-1-8 所示，在刷卡位置有一个带线圈的小铁环，当银行卡上的磁条从指定位置刷过时，线圈中就会产生电流，读出银行卡内的相关信息。同学们交流讨论，描述银行卡刷卡机的工作原理。

检测头

图 7-1-8 刷卡机

3. 动圈式话筒的结构如图 7-1-9 所示，查阅资料，了解它是如何将声波转变成电信号的，写一篇研究小报告，课堂上与同学分享。

4. 查阅资料，了解奥斯特电流磁效应和法拉第电磁感应定律对第二次工业革命的贡献，列举电流磁效应和电磁感应定律在现代科学技术中的应用，撰写一篇研究小报告，课堂上与同学分享。

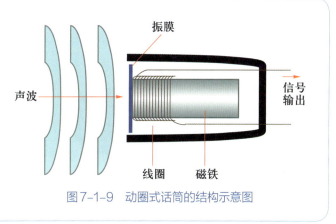

图7-1-9 动圈式话筒的结构示意图

第二节 自感 互感

在郊外经常见到一座座铁塔承载架空线路（图7-2-1），将发电站输出的电能通过高压输电线路输送到各处，到达生活区附近再将电压降低，输送给千家万户。

发电站的电压如何转换为高电压？到达生活区附近又如何降低为生活用电压的？

图7-2-1 高压输电线铁塔

自感现象

我们知道，只要穿过闭合回路的磁通量发生变化，回路中就会产生感应电动势和感应电流。如果闭合回路中的导体或者线圈本身的电流变化导致磁通量变化，又将出现什么现象呢？

观察与体验——通电自感实验

实验电路如图7-2-2所示，A_1、A_2 为同样规格的电灯，A_1 与线圈 L 串联，A_2 与滑动变阻器 R_1 串联。

闭合开关 S，调节滑动变阻器 R_1 的阻值，使同样规格的电灯 A_1、A_2 亮度相同，再调节滑动变阻器 R_2，使得两个电灯正常发光，然后断开开关 S。

请观察，在开关 S 闭合重新接通电路的瞬间，电灯 A_1、A_2 的发光情况。

观察发现，当重新闭合开关 S 的瞬间，电灯 A_2 _____，电灯 A_1 _____，过一段时间后，两电灯的亮度_____。

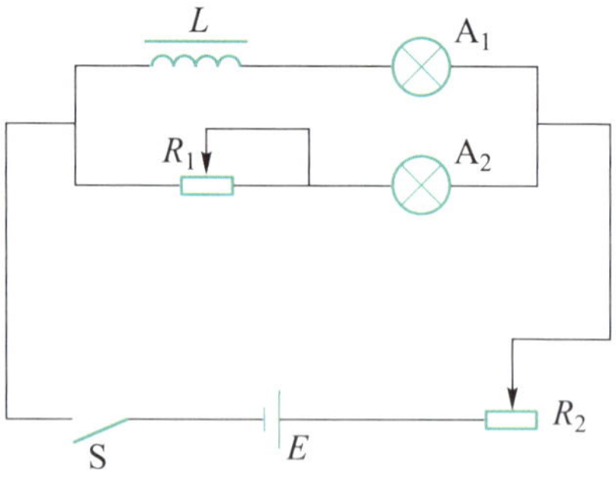

图7-2-2 通电自感实验电路

观察发现，当闭合开关 S 后，A_2 立即达到正常亮度，而 A_1 逐渐变亮。这是因为，闭合开关 S 的瞬间，线圈 L 中的电流从无到有，穿过线圈L的磁通量增加，使线圈本身产生了感应电动势。如图7-2-3所示，这个感应电动势产生的感应电流会阻碍电路中电流的增加，导致通过灯A_1的电流不能立即增大到最大值，A_1的亮度只能慢慢增加。当电流达到稳定以后，线圈L中感应电动势变为零，此时A_1与A_2亮度相同。实验表明，当线圈中电流突然增大或减小时，线圈中会产生一个与原电流方向相反的感应电流，阻碍线圈中原电流的变化。

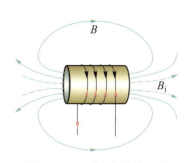

图7-2-3　感应电动势阻碍电流增加

自感电动势　由于线圈本身的电流发生变化而产生的电磁感应现象称为**自感现象**，在自感现象中产生的感应电动势称为**自感电动势**，自感电动势将在闭合回路中产生**自感电流**。

那么线圈中产生的自感电动势与哪些因素有关呢？

🔬 **观察与体验**——铁心对自感电动势的影响

在图7-2-2所示实验中，对比在线圈中插入铁心和未插入铁心两种情况，观察电路接通瞬间，灯亮度的变化情况。

自感系数　观察上面的实验发现，在线圈中插入铁心后电灯的亮度变化更明显，可见自感电动势与线圈本身的特性有关。进一步实验发现，自感电动势的大小还与线圈本身电流变化的快慢有关。用公式可表示为

$$E_L = L\frac{\Delta I}{\Delta t}$$

式中，L为线圈的自感系数，简称为**自感**或**电感**。在国际单位制中，自感系数的单位为H（亨），常用的单位还有mH（毫亨）和μH（微亨），$1\text{ H}=1 \times 10^3 \text{ mH}=1 \times 10^6 \text{ μH}$。

线圈的自感系数跟线圈的长短、形状、匝数以及是否有铁心等因素有关。线圈越长，单位长度上匝数越多，截面积越大，自感系数就越大。此外，有铁心的线圈的自感系数比没有铁心的要大得多。

自感现象在生产生活中有广泛应用，例如，荧光灯、汽车发动机的点火装置、煤气灶电子点火器等都是利用了自感产生高压的原理。

在生产生活中有很多自感现象的应用实例。如在自感系数很大且电流也很大的电路中，当开关断开的瞬间，线圈会产生很大的自感电动势，在开关处产生强大的电火花，形成电弧。电弧有危害，轻则损坏设备，重则造成人身伤害引发爆炸、酿成火灾。但也可以利用电弧产生的高温来冶炼、熔化、焊接和切割熔点高的金属，电焊机就是利用这一原理工作的。

荧光灯工作原理

生活中常用荧光灯来照明，荧光灯的电路由哪些元器件组成？它的工作原理是什么？

荧光灯主要由灯管、镇流器和启辉器组成。图7-2-4（a）所示为荧光灯电路连接示意图。图7-2-4（b）所示为荧光灯的原理图。

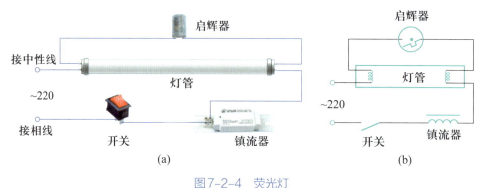

图7-2-4　荧光灯

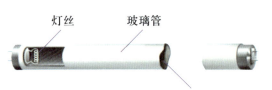

图7-2-5　荧光灯灯管的结构

荧光灯灯管的结构如图7-2-5所示，荧光灯并不是灯丝发光。灯管内充有稀薄的水银蒸气和微量的惰性气体，管壁涂有荧光粉，当水银蒸气导电时发出紫外线，荧光粉受到紫外线照射后发出可见光。由于激发水银蒸气导电需要的电压远高于220 V，而灯管在正常工作时，只需要较低的电压就能维持发光。为了实现这两个不同电压的要求，就需要依靠电路中的镇流器。

镇流器的结构如图7-2-6所示，其关键部分是绕在闭合铁心上的线圈。当开关闭合时，灯管内电阻很大，相当于断路。此时加在启辉器（图7-2-7）两端的电压使其内部的氖气放电并发出辉光。辉光产生的热量使U形动触片受热膨胀而与静触片接触，

图7-2-6　镇流器的结构

电路接通。电路接通后电压降低，启辉器中的氖气停止放电，U形触片逐渐变冷收缩与静触片分离，电路突然断开。在这一瞬间，由于自感现象，镇流器中产生一个很大的感应电动势，它的方向和原电压方向一致，两者叠加起来加在荧光灯灯管两端，使灯管内水银蒸气受激放电，荧光灯开始发光。

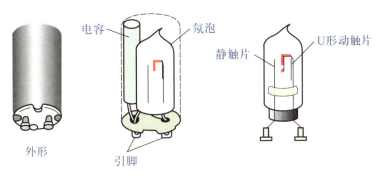

图7-2-7　启辉器

荧光灯正常发光后，灯管内的电阻变小，此时只需较低的电压来维持灯管发光的状态即可。由于电路中通的是交流电，线圈中产生自感电动势，自感电动势总是阻碍线圈中电流的变化，这时镇流器就起到降压和限流的作用，确保荧光灯正常发光。

荧光灯具有寿命长、光效高、光线柔和等优点，随着现代技术的发展，传统的荧光灯逐渐被新型节能灯替代。节能灯的发光原理与荧光灯相似，但节能灯采用的是电子镇流器，灯管的发光材料涂层采用了三基色稀土材料，发光效率更高，更符合低碳生活的理念。

观察与体验——观察两个线圈的电磁感应现象

如图7-2-8所示，在同一个闭合铁心上分别套A、B两个线圈，两线圈之间没有导线相连。线圈A连接到直流电源的两端，线圈B连接到小灯泡上。闭合开关S后，再断开，观察发现，在开关S断开的瞬间，小灯泡亮了起来，然后再慢慢熄灭。这是什么原因呢？

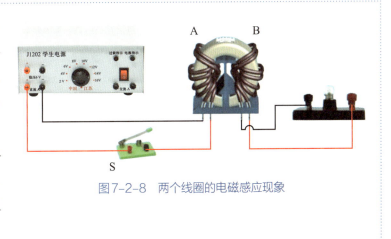

图7-2-8　两个线圈的电磁感应现象

互感现象

图7-2-8所示的原理与法拉第的"磁生电"实验原理是相同的,如图7-2-9所示。当开关S闭合及断开的瞬间,线圈A中的电流发生了变化,变化的电流产生了变化的磁场,这个磁场在线圈B中产生了感应电动势,给小灯泡提供了电流,使小灯泡亮了起来,当线圈A中的电流稳定下来后,线圈B中的感应电动势为零,小灯泡熄灭。像这样,当一个线圈中电流变化时,在另一个线圈中产生感应电动势的电磁感应现象称为**互感现象**,互感现象中产生的感应电动势称为**互感电动势**。

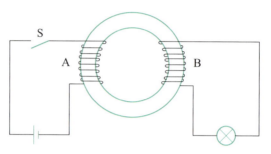

图7-2-9 互感电路

在互感现象中,两个回路并没有直接产生电的联系,而是通过磁的联系把能量从一个线圈传递到另一个线圈。它不仅发生于绕在同一个铁心的两个线圈之间,也可以发生在任何两个相互靠近的电路之间。在图7-2-9中,电能在线圈A中转换为磁能,并传递到线圈B,在线圈B回路中磁能转换为电能,符合能量守恒定律。能量守恒定律是各种自然现象都遵循的普遍规律,在学习的过程中要学会用能量的观念对物理现象进行分析。

互感现象广泛应用于电工和无线电技术中,如变压器、无线充电器,它们都是根据互感原理制成的。

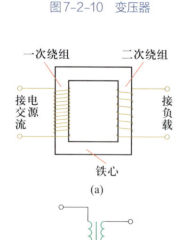

图7-2-10 变压器

一次绕组　二次绕组
接电交流源
接负载
铁心
(a)

(b)

图7-2-11 变压器的示意图

变压器

生产生活中各种用电设备工作时的电压往往是不同的,为了适应各种需求,需要将交变电流的电压升高或降低。怎样实现电压的高低变换呢?

变压器(图7-2-10)就是一种改变交流电压的电气设备。它主要由闭合铁心和绕在铁心上的两个线圈组成,如图7-2-11所示。一个线圈与交流电源连接，称为一次绕组；另一个线圈与负载连接，称为二次绕组。线圈由漆包线绕制而成，铁心由涂有绝缘漆的硅钢片叠压而成。

变压器的工作原理是互感，一次绕组流过交变电流时，由于电流的大小、方向在不断变化，所以电流激发出的磁场也在不断变化，变化的磁场在二次绕组中产生感应电动势。在输入电压一定时，当一次、二次绕组的匝数不同时，二次绕组输出的电压也不同，这就是变压器的工作原理。

电压与匝数的关系　实验表明，在忽略一次、二次绕组的电阻和各种电磁能量损失的情况下，一次、二次绕组的电压之比等于这两个线圈匝数之比，用公式表示为

$$\frac{U_1}{U_2} = \frac{n_1}{n_2}$$

当 $n_2 > n_1$ 时，$U_2 > U_1$，变压器使电压升高，这种变压器称为**升压变压器**；当 $n_2 < n_1$ 时，$U_2 < U_1$，变压器使电压降低，这种变压器称为**降压变压器**。

实际的变压器在工作时，线圈中有电阻，电流通过时会产生焦耳热，损耗一小部分能量，铁心在交变磁场中激发出的感应电流也会产生热量，这些因素都会导致能量的损失。为了研究方便，把忽略一次、二次绕组的电阻和各种电磁能量损失的变压器称为**理想变压器**，它是一个理想化模型。实际使用的变压器的效率都比较高，在满负荷工作时效率可以达到95%以上，能量损失少，所以在实际计算中，往往忽略其能量损耗。

● 示例

中国高端医疗装备发展迅速，图7-2-12所示为我国自主研发的CT设备。高压发生器是CT设备的关键部件之一，通过变压器产生球管所需的高电压。假设该变压器为理想变压器，已知变压器一次、二次绕组的匝数比 $n_1:n_2=1:400$，若输入的端电压 $U_1=380\ \text{V}$，试计算输出端电压 U_2 的大小。

解　根据理想变压器一次、二次电压关系式

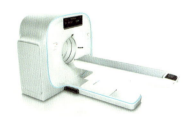

图7-2-12　我国自主研发的CT设备

$$\frac{U_1}{U_2} = \frac{n_1}{n_2}$$

可得变压器输出电压大小为

$$U_2 = U_1 \cdot \frac{n_2}{n_1} = 380 \times 400 \, \text{V} = 1.52 \times 10^5 \, \text{V}$$

变压器在生产生活中的应用很多，而它在远距离输电上更是起到了非常重要的作用。

远距离输电

远距离输电时，由于输电导线有电阻，一部分电能将转换为热能，导致输电导线上有功率损失。根据导线的发热功率 $P = I^2 R$ 可知，减少功率损失的方法有两种。

一是减小输电导线的电阻。一般选用电阻率小的金属材料，如铜或者铝来制造输电导线。

二是减小输电导线中的电流。根据式 $P = UI$，要减小输电电流，就必须提高输电电压。因此，人们设计建造了包括发电、变电、输电、配电和用电等环节的电能输配电网（图7-2-13）。发电站的电压就是通过升压变压器转换为高电压的，并通过远距离输电线路将电能传送到用电区域后，先在"一次高压变电站"通过降压变压器将电压降到110 kV左右，再输送到"二次高压变电站"继续降压到10 kV左右。最后，根据工厂用电要求和一般用户的生活用电要求通过低压变压器将电能配送入户。

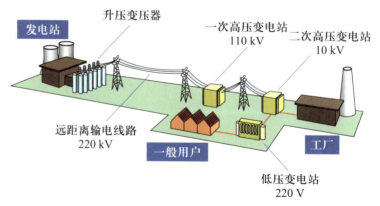

图7-2-13　电能输配电网示意图

242

输电电压分为高压（35 kV~220 kV）、超高压（直流 ±500 kV、±600 kV，交流 330 kV~1 000 kV）和特高压（直流 ±800 kV 及以上、交流 1 000 kV 及以上）。

交变电流在输电导线中传输时，因为电磁感应，导线中会产生自感现象，甚至与附近的导线产生互感现象。因此，在交流输电功率很大时，这些电感引起的电能损失很大，所以大功率输电往往采用高压直流输电技术。

中国特高压输电技术蓬勃发展，2022 年 12 月，世界规模最大、综合技术难度最高的大型水电工程——白鹤滩水电站 16 台机组全部投产发电。白鹤滩水电站 ±800 kV 特高压直流工程创新研制了 20 种新设备、19 项新技术，其中换流变压器、换流阀直流穿墙套管以及直流开关等核心设备均为我国自主研发。

 实践与探索7-2

1. 家庭用电线路有一个总开关，闭合或打开这个开关时，可能会伴有电火花产生。试用学过的物理知识解释这个现象。

2. 如图 7-2-14 所示电路中，灯 A_1、A_2 完全相同，带铁心的线圈 L 的电阻可忽略。（1）S 闭合的瞬间，两灯能否同时发光？（2）S 闭合至稳定后，两灯能否同时发光？（3）S 闭合至稳定后再断开的瞬间，会出现什么现象？

3. 如图 7-2-15 所示，为了安全，有些机床照明用的电压是 24 V，这是把 380 V 的电压降压后得到的。如果某机床变压器的一次绕组是 1 440 匝，则二次绕组应该是多少匝？

4. 拆解废旧家用电器中的小型变压器，观察它的结构，分析它的工作原理。

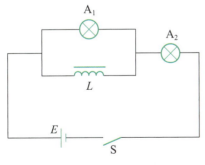
图7-2-14 自感电路

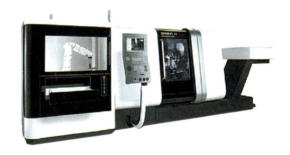
图7-2-15 机床

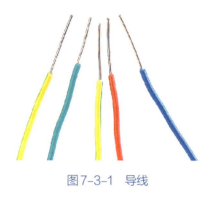

图7-3-1　导线

第三节　交流电及安全用电

情境与问题

在电气产品、家庭用电布线时都要用到导线（图7-3-1），如果使用劣质导线，可能会引起漏电、火灾等事故。

如何鉴别导线质量好坏呢？

交变电流

大小和方向都随时间作周期性变化的电流称为**交流电**，简称为**交流**。交流电可以通过变压器来升高或降低电压，在工农业生产和日常生活中普遍使用。

观察与体验——交流电的产生

如图7-3-2所示，将一矩形线圈放置在匀强磁场中，矩形线圈的 AB 边连在滑环 K 上，CD 边连在滑环 L 上，滑环 K 和 L 与电阻、电流表组成闭合回路。当矩形线圈匀速转动时，观察发现，电流表指针摆动的_____和_____都随矩形线圈的转动做周期性变化。

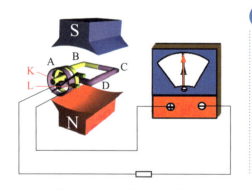

图7-3-2　交流发电机模型

我们已经知道，交流电是由于发电机的线圈与磁极的相对转动产生的，因此其变化规律必然与线圈转动的转速和时间有关。

设线圈产生的最大感应电动势为E_m，线圈平面从图7-3-3所示的OO'位置开始转动，角速度为ω，经过时间t，线圈转过的角度是ωt。此时整个线圈中的感应电动势

$$e = E_m \sin \omega t$$

式中：e为电动势的瞬时值，它随时间按正弦规律变化，不同的时刻有不同的数值。

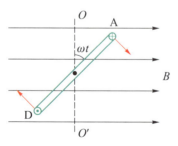

图7-3-3　交流电的
产生原理示意图

244

如果把线圈和电阻组成闭合回路，回路中就有感应电流。设闭合回路的总电阻为R，则电流的瞬时值

$$i = \frac{e}{R} = \frac{E_m}{R} \sin \omega t = I_m \sin \omega t$$

即电流也是按正弦规律变化的。

电路中某一电阻R'两端的电压的瞬时值同样是按照正弦规律变化的，即

$$u = iR' = I_m R' \sin \omega t = U_m \sin \omega t$$

图7-3-4所示为正弦交流电的电流i随时间变化的图像。

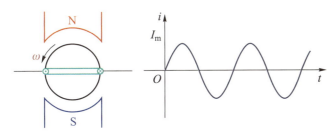

图7-3-4　正弦交流电电流随时间变化的图像

正弦交流电是交流电中最简单的一种形式。

周期和频率　发电机中的线圈匀速转动一周，电动势、电流都按正弦规律变化一次。把交流电完成一次周期性变化所需的时间称为**交流电的周期**，通常用T表示，单位为 s（秒）。交流电在 1 s 内完成周期性变化的次数称为**交流电的频率**，通常用f表示，单位为 Hz（赫）。

根据定义，周期和频率的关系为

$$T = \frac{1}{f}$$

我国工农业生产和生活中常用的交流电的周期是0.02 s，频率是50 Hz。

如何描述交流电的大小呢？让交流电和直流电通过相同阻值的电阻，如果它们在相同的时间内产生的热量相等，就把这一直流电的数值称为这一**交流电的有效值**。通常用I和U分别表示交流电流和交流电压的有效值。

实验表明，正弦交流电的有效值与最大值的关系为

$$I = \frac{I_{\mathrm{m}}}{\sqrt{2}} \approx 0.707 I_{\mathrm{m}}$$

$$U = \frac{U_{\mathrm{m}}}{\sqrt{2}} \approx 0.707 U_{\mathrm{m}}$$

通常说家庭电路的电压是220 V，指的便是有效值。各种使用交流电的电气设备上所标的额定电压和额定电流数值、交流电流表和交流电压表测量的数值也都是有效值。以后提到交流电的数值，凡没有特别说明的，都是指有效值。

 应用与拓展——生产生活中的三相交流电

三相交流电是由三相交流发电机产生的。三相交流发电机的转子由3个线圈AX、BY、CZ组成，首端是A、B、C，末端是X、Y、Z，每两个线圈之间的夹角为120°，如图7-3-5（a）所示。当转子以角速度 ω 匀速转动时，产生的电动势波形如图7-3-5（b）所示。这3个电动势的最大值和频率都相同，但相位不同，相差120°。

三相发电机的每一个线圈都是独立的电源，均可单独给负载供电，但这样供电需要6根导线，如图7-3-6（a）所示。在实际应用中，三相发电机和负载可按照图7-3-6（b）所示的方式进行连接，可减少两根导线。

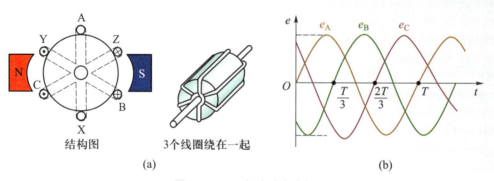

(a)　　　　　　　　　　　(b)

图7-3-5　三相交流发电机

图7-3-6（b）中3个末端相连接的点称为中性点或零点，从中性点引出的线称为中性线或零线。从首端引出的3根线称为相线，俗称火线。

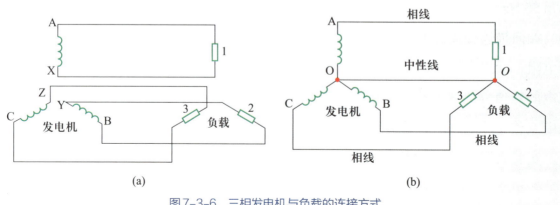

(a)　　　　　　　　　　　(b)

图7-3-6　三相发电机与负载的连接方式

246

在低压配电中常采用由 3 根相线和 1 根中性线所组成的输电方式，称为三相四线制；在高压输电工程中常采用由 3 根相线组成的输电方式，称为三相三线制。两种输电方式如图 7-3-7 所示。

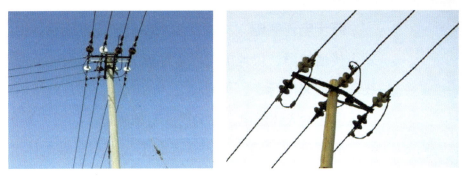

图 7-3-7　两种输电方式

居民生活电路通常采用三相四线制［图 7-3-8（a）］，用电器连在相线和中性线之间。相线和中性线之间的电压称为相电压，其有效值一般为 220 V，常用于生活用电；相线和相线之间的电压称为线电压，其有效值一般为 380 V，常用于工农业生产中动力电，如图 7-3-8（b）所示。我国低压供电标准为 50 Hz、380/220 V，而日本及欧洲一些国家或地区采用 60 Hz、110 V 的供电标准，在使用进口电气设备时要特别注意，电压等级不符，会造成电气设备的损坏。

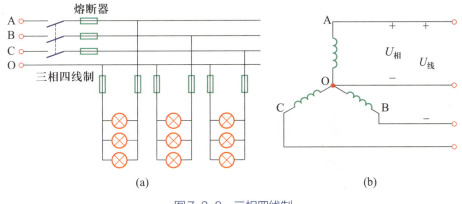

(a)　　　　　　　　　　　(b)

图 7-3-8　三相四线制

当前先进的输电技术是特高压输电技术，我国在这一领域已经领跑世界，攻克了空气间隙与外绝缘配置等多项难题，并走出国门，实现了技术和装备双输出。

人体触电的类型

触电是危及人生命最严重的用电事故，而且在住宅中发生此类事故的概率较大。人体触电主要有以下 4 种类型：

单相触电　人体直接碰触到带电设备中的相线，相线、人体与大地组成回路，电流通过人体，这种触电现象称为单相触电，如图 7-3-9（a）所示。

两相触电　人体不同部位同时接触带电设备或线路中的两根相线，相线、人体及另一根相线构成回路，这种触电方式称为两相触电，如图7-3-9（b）所示。

跨步电压触电　相线发生断线落地或电气设备由于绝缘损坏发生接地故障，接地电流以落地点为中心向大地流散。若人在断线落地点周围行走，其两脚之间的电压，就是跨步电压。由跨步电压引起的人体触电，称为跨步电压触电，如图7-3-9（c）所示。

高压电弧触电　人体靠近高压线（高压带电体），造成弧光放电而触电，称为高压电弧触电，如图7-3-9（d）所示。电压越高，对人身的危险性越大。

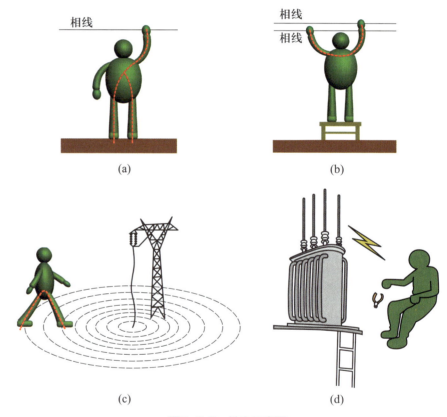

图7-3-9　触电示意图

安全用电

违章用电非常容易造成人身伤亡、火灾、损坏仪器设备等严重事故。我国特低电压限值的等级为42 V、36 V、24 V、12 V和6 V，应根据作业场所、操作员条件、使用方式、供电方式、线路状况等因素选用。日常照明用电为220 V，动力用电为380 V，都远远超过了特低电压限值。在实际工作和生活中，要严格遵守以下安全用电规章制度。

（1）要选择使用合格电器。杜绝使用假冒伪劣和超过安全使用期的电器、电线、线槽（管）、开关、插座等，避免发生失火、漏电等现象。

（2）进行电器、电路安装时一定要在电源线进户处安装漏电保护器（图7-3-10），安装适当的熔断器和空气开关，确保安装好接地线。电线的安全通电量应大于电器的电功率。

图7-3-10　漏电保护器

（3）要规范使用各类电器设备。安装电器时，要严格根据安装说明正确安装。不能私拉乱接导线和擅用大功率电器。插座上的设备量不宜过多，杜绝超负荷用电，避免出现瞬间电流过大而引起火灾。使用完的电器应及时断开电源插头，以避免线路超载、浪费电能及电器老化。不能在充电时继续使用电子产品，不能用湿手接触或湿布擦拭正在使用的电器，更不能用水冲洗，避免出现短路现象。

（4）当电器出现异味、冒烟等异常情况时，或发生人员触电事故，或因电气故障、漏电而引起电气火灾时，应首先迅速切断电源，再规范进行人员和环境的处置。

日常生产生活中，除规范用电外，还应选用合格的导线、电气设备和电子产品，而导线的绝缘性能是衡量导线好坏的重要标准。观察导线的外观是判断导线好坏最直观方便的方法。查看成盘导线的包装以及导线本身的外观标识，检查产品的合格证、3C标志、商标、规格等，判断导线是否符合国家标准、是否为合格品；查看使用时间长的导线安全性，可在导线某个位置反复弯折，优质导线弯折过程中能感觉到其非常柔软；如弯折的位置绝缘层出现发白现象，则为劣质导线。

 行为与责任——节约用电，人人有责

节约不仅是美德，更是品质，是责任，树立节约用电意识，弘扬勤俭节约精神。尽量使用节能电器；养成随手关灯习惯；家用电器使用完要及时断开电源；开启空调时应关闭门窗等。

实践与探索 7–3

1. 查看自己家中所有电器铭牌，记录下电器额定功率，估算家庭电路所需导线、空气断路器的规格，写一篇调查小报告，课堂上与同学分享。

2. 查阅资料或拆解一个废旧的插排，与同学讨论，插排（图7–3–11）中的三根线有什么不同？这三根线是如何连接的？尝试拆卸插排的导线并将其恢复。

3. 某同学家中的总电闸经常跳闸，请查阅资料，了解漏电保护器和空气断路器的工作原理，分析跳闸原因。

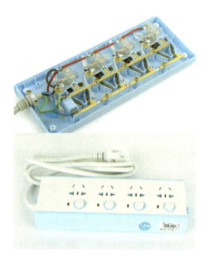

图7–3–11　三孔插排

4. 查看近三个月的家庭用电量，与同学讨论节约用电的方法，采用节约用电方法后把家庭用电量和之前进行比较，看看是否有变化。

5. 调查家庭或宿舍用电情况，检查是否存在用电安全隐患。与同学一起在校园宣传安全用电知识。

第四节 电磁振荡 电磁波

情境与问题

中国空间站在距地面400 km左右的轨道上绕地球运行，当离开我国上空运行到地球的另一面时，空间站与地面通信的信号就会被地球阻挡。但实际上，航天员与地面指挥中心始终保持着实时通信联系，可以在任何时候进行无间断的天地通话、视频连线，甚至直播太空授课（图7-4-1）。

图7-4-1 太空授课

那么，这是如何实现的呢？

观察与体验——观察电路中电流特点

按图7-4-2（a）所示电路，将线圈、电容器、电流传感器、数据采集器等连成电流测量电路，如图7-4-2（b）所示。将开关扳到1处，此时电容器充电，稍后再把开关扳到2处，使电容器通过线圈放电。观察发现，计算机显示屏上显示出了电流随时间变化的 I-t 图。

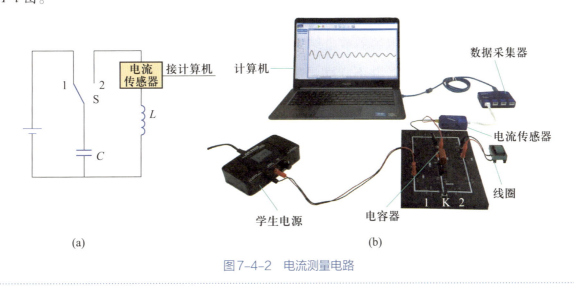

(a)   (b)

图7-4-2 电流测量电路

思考与讨论

当图7-4-2（a）所示电路中的开关扳到2处时，电容器放电完毕，为什么电路中还会有周期性变化的振荡电流？

电磁振荡

在由线圈L、电容器C组成的电路中，产生的大小和方向都呈周期性变化的电流，称为**振荡电流**。产生振荡电流的电路称为**振荡电路**。由线圈和电容器组成的电路称为**LC回路**，它是最简单的振荡电路。

用图7-4-3来分析LC回路中电流的变化情况。为便于理解，我们用弹簧振子的简谐运动来类比电容器的充放电过程。

如图7-4-3（a）所示，开关由1扳到2的瞬间，即电容器放电之前，电路中电流为零，线圈中没有磁场，电容器极板上的电荷量最大，电场也最强，回路的能量全部储存在电容器的电场中。类似于弹簧振子在最大位移处，速度为零，弹性势能最大。

电容器开始放电后，由于线圈的自感作用，电流不能立刻达到最大值，而只能由零逐渐增大。这一过程中，电容器的电场逐渐减弱，线圈的磁场逐渐增强。在电容器放电结束的瞬间，电容器的电场变为零，回路中电流达到最大值，此时电能全部转换为磁能，如图7-4-3（b）所示。

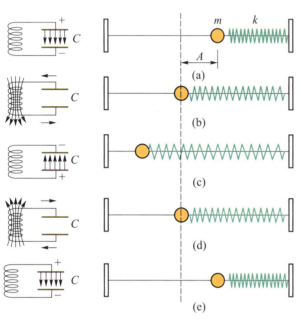

图7-4-3　LC回路振荡与弹簧振子类比

类似于弹簧振子运动到平衡位置处时，位移为零，速度达到最大，弹性势能全部转换为动能。

电容器放电结束后，由于线圈的自感作用，电流在达到最大值后，并不立即消失，而是保持原来的方向并逐渐减小。此时，电容器被反向充电，回路中磁能逐渐转为电能。当电流减小到零瞬间，电容器反向充电结束，磁能全部转换为电能，如图7-4-3（c）所示。类似于弹簧振子运动到负的最大位移处，速度为零。

此后，电容器开始反向放电，回路中的电能又逐渐转换为磁能。在电容器反向放电完毕瞬间，回路中电流达到最大值，电能为零，磁能达到最大值，如图7-4-3（d）所示。类似弹簧振子从负的最大位移处运动到平衡位置。

接着，由于线圈的自感作用，电容器又开始充电，如

图7-4-3（e）所示，电容器充电完毕，恢复到图7-4-3（a）状态，电场能达到最大值，磁场能为零。类似于弹簧振子回到正的最大位移处，完成了一次全振动。

上述过程，循环往复，在LC回路中就出现了周期性变化的振荡电流，线圈中对应的磁场与电容器中的电场也呈周期性变化。LC回路中同时存在的电场和磁场周期性变化的现象称为**电磁振荡**。

思考与讨论

若将图7-4-2所示电路中的电流传感器换成电流表，在给电容器充电后，再将开关扳到2，观察到电流表的指针_____，表明LC回路中的电流具有_____的变化规律。

电磁振荡的周期和频率

在研究简谐运动时，用周期（频率）来描述其振动的快慢程度，且弹簧振子的周期（频率）只取决于弹簧的劲度系数k和弹簧振子的质量m。那么LC回路振荡电流的周期与哪些因素有关呢？

电磁振荡完成一次周期性变化需要的时间称为**周期**，用T表示。实验发现，LC回路的振荡周期T与线圈的自感系数L、电容器的电容C有关，其关系为

$$T = 2\pi\sqrt{LC}$$

单位时间内完成周期性变化的次数称为**频率**，用f表示，频率f与自感系数L、电容器电容C的关系为

$$f = \frac{1}{2\pi\sqrt{LC}}$$

在国际单位制中，T、L、C、f的单位分别为：s（秒）、H（亨）、F（法）、Hz（赫）。

●示例1

某同学打算自己组装一台收音机，买来组装材料，如图7-4-4所示。要求组装好的收音机不仅能接收调频广播，还能

图7-4-4　收音机组装材料

接收校园广播和部分电视台的音频信号。调幅波段的接收频率范围是535 ~ 1 605 kHz。收音机中的LC回路由自感系数固定的线圈和可调电容器组成，试计算他用的可调电容器的最大电容和最小电容之比是多少？

解 当收音机的接收装置中LC回路的频率等于节目信号的频率时，收音机就能接收此频率的信号。

根据LC回路的频率公式$f = \dfrac{1}{2\pi\sqrt{LC}}$，得出最小频率和最大频率之比为

$$\frac{f_1}{f_2} = \frac{2\pi\sqrt{LC_2}}{2\pi\sqrt{LC_1}} = \frac{\sqrt{C_2}}{\sqrt{C_1}}$$

电容器的最大电容和最小电容之比为

$$\frac{C_1}{C_2} = \left(\frac{f_2}{f_1}\right)^2 = \left(\frac{1\,605}{535}\right)^2 = \frac{9}{1}$$

如果没有能量损失，电磁振荡可以永远进行下去，回路中振荡电流永远存在，而且振荡电流的振幅保持不变，电场能量与磁场能量相互转换，系统总能量守恒。这种振荡称为**自由振荡**或**等幅振荡**，这是一种理想模型，振荡电流的I-t图如图7-4-5（a）所示。但实际上，在LC回路中，由于存在电阻以及电场和磁场中能量对外扩散等原因，能量会损失，故在实际LC回路中能量是逐渐减少的。有能量损失的电磁振荡称为**阻尼振荡**。在阻尼振荡中，振荡电流的振幅逐渐减小，如图7-4-5（b）所示。若要实现LC回路中电流无衰减，技术上可以为LC回路补充能量来实现。

电磁场

英国物理学家麦克斯韦在系统总结了库仑、安培、奥斯特、法拉第和亨利等人对电磁规律研究成果的基础上，建立了经典电磁场理论。麦克斯韦的电磁场理论将电学、磁学、光学统一起来，是19世纪物理学发展最光辉的成果。

下面学习麦克斯韦关于电磁场理论的一些基本观点。

思考与讨论

电磁振荡过程中，电能和磁能相互转换，在转换过程中，能量守恒吗？

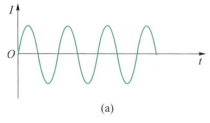

(a)

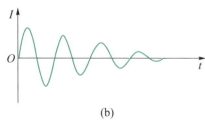

(b)

图7-4-5 自由振荡与阻尼振荡电流曲线

任何变化的磁场，都要在它的周围空间产生电场。在变化的磁场中放入一个闭合回路，回路中会产生感应电流，如图7-4-6（a）所示，这是法拉第发现的电磁感应现象。麦克斯韦进一步猜想，既然产生了感应电流，根据形成电流的条件可知，一定是有了电场，它促使导体中的自由电荷做定向运动。那么，如果在变化的磁场中没有闭合回路，也同样应该在其空间产生电场，如图7-4-6（b）所示。麦克斯韦认为，这个现象的实质是**变化的磁场产生了电场**。

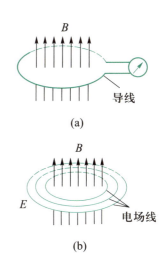

(a)

(b)

图7-4-6　闭合回路产生电流

任何变化的电场，都要在它的周围空间产生磁场。既然变化的磁场能够产生电场，那么，变化的电场能产生磁场吗？麦克斯韦确信自然规律的统一性与和谐性，相信电场与磁场的对称之美。他大胆假设：变化的电场就像导线中的电流一样，会在空间产生磁场，即变化的电场产生磁场，如图7-4-7所示。

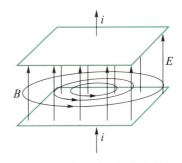

图7-4-7　变化的电场产生磁场

麦克斯韦结合上述两个观点，提出了一个全新的概念——电磁场。

变化的磁场产生电场，变化的电场产生磁场，变化的电场和变化的磁场相互联系，形成不可分割的统一体，麦克斯韦称之为**电磁场**。

电磁场是能量存在的一种形式，也是物质的一种存在形式。

电磁波

根据麦克斯韦的假设，如果空间某处存在变化的电场，就会在周围空间产生变化的磁场，而变化的磁场又在周围的空间产生变化的电场……这样，变化的电场和变化的磁场相互激发，交替产生，并向周围空间传播。电磁场从它发生区域由近及远向空间各个方向传播，就形成了**电磁波**。

麦克斯韦从研究中推算出电磁波具有以下特点：

（1）电磁波是横波。

（2）电磁波的传播速度与光速相等，光也是一种电磁波。

（3）电磁波的频率由波源决定，与介质无关。

1863年，麦克斯韦创立了统一的电磁场理论，并根据这一理论预言了电磁波的存在。1886年，赫兹用实验证实了麦克斯韦的电磁场理论。赫兹的实验为无线电技术的发展开拓了道路，后人为纪念他，把频率的单位定为Hz（赫）。

与机械波类似，用λ表示电磁波的波长，f表示电磁波的频率，电磁波的波速c与波长、周期（频率）的关系为

$$\lambda = cT \ \text{或} \ \lambda = \frac{c}{f}$$

● 示例2

某同学将收音机调频至91.5 MHz，听到有些病毒对紫外线敏感的信息，赶忙查了一下资料，发现253.7 nm左右的紫外线杀毒效果较佳。该电台的电磁波波长和紫外线的频率分别是多少？

解 已知电磁波在真空中的速度$c = 3 \times 10^8$ m/s，根据公式

$$\lambda = \frac{c}{f}$$

得该电台无线电波波长

$$\lambda_1 = \frac{c}{f_1} = \frac{3 \times 10^8}{9.15 \times 10^7} \ \text{m} \approx 3.28 \ \text{m}$$

杀毒效果较佳的紫外线频率

$$f_2 = \frac{c}{\lambda_2} = \frac{3 \times 10^8}{2.537 \times 10^{-7}} \ \text{Hz} \approx 1.18 \times 10^{15} \ \text{Hz}$$

◗ 电磁波谱

按波长或频率大小的顺序把电磁波排列起来，就是**电磁波谱**，如图7-4-8所示。

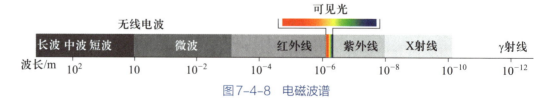

图7-4-8 电磁波谱

波长大于1 mm的电磁波称为**无线电波**，主要用于通信、广播及其他信号传输。

无线电波

根据波长的不同，通常把无线电波分成几个波段，每个波段的传播方式和用途不同。表7-4-1列出了无线电波的波段划分及其应用。

表7-4-1　无线电波的波段划分及其应用

波段		波长/m	频率/kHz	传播方式	主要用途
长波		3 000~30 000	10~100	地波	超远程通信和导航
中波		200~3 000	100~1 500	地波和天波	调幅无线电广播、电报、通信
中短波		50~200	1 500~6 000		
短波		10~50	6 000~30 000	天波	
微波	米波	1~10	30 000~300 000	近似直线传播	调频无线电广播、电视、导航
	分米波	0.1~1	300 000~3 000 000	直线传播	电视、雷达、导航
	厘米波	0.01~0.1	3 000 000~30 000 000		
	毫米波	0.001~0.01	30 000 000~300 000 000		

不同波长的无线电波有着不同的传播特性，按照其传播方式大致分为3种：地波、天波和直线传播的波，如图7-4-9所示。

中国空间站的航天员与地面的通信是在天链中继卫星辅助下完成的。天链中继卫星位于36 000 km高的地球同步轨道上（图7-4-10），处于不同位置的3颗中继卫星基本覆盖了整个地球的地表空间，空间站上中继天线发出的无线电波信号可以很容易地被天链卫星捕获，由中继卫星传递给地面，将天地通信连接起来。

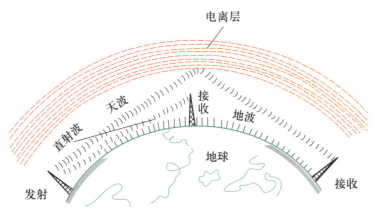

图7-4-9　无线电波传播示意图

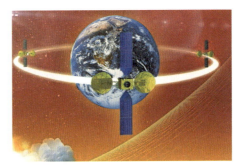

图7-4-10　天链中继卫星组网示意图

技术·中国——中国天眼

在天文学中，无线电波多被称为射电。射电望远镜能观测和研究来自天体的射电，通过测量其强度、频谱及偏振等，人类可以了解许多遥远星系中的物质结构及其演变规律。射电望远镜的直径越大，则分辨率越高。

我国自主设计的 500 m 单口径球面射电望远镜中国天眼（FAST，图 7-4-11）实现了毫米级精度。它的建

图 7-4-11　中国天眼

成，体现了我国高技术创新能力，对促进我国天文学实现重大原创性突破具有重要意义。2022 年，通过 FAST 首次发现了来自遥远宇宙的重复快速射电暴。快速射电暴是一种高能天体物理现象，呈现瞬态电波脉冲，仅维持数毫秒的爆发，其本质就是一段无线电波，但其威力让人难以想象，在几毫秒内，所释放的射电波能量，相当于太阳在整整一天内释放的能量。这一重大发现，对于人类揭示宇宙中快速射电暴的物理起源和机制具有重要意义。

 实践与探索 7-4

1. 查阅资料，了解从麦克斯韦预言电磁波的存在到赫兹的实验验证过程，体会科技传承与科学论证在科学发展中的重要作用。收集生活中电磁波的应用实例，与同学讨论电磁波的应用对人类生产生活带来的影响。

图 7-4-12　晶振的应用

2. 石英晶体是石英钟表的重要部件。石英晶体振荡器简称为晶振（图 7-4-12），其工作原理与 LC 回路的原理基本相同。找个石英钟或手机主板，看看能否找到晶振的身影。若某晶振的频率是 7.5×10^6 Hz，等效线圈的自感系数为 2.0×10^{-6} H，试计算其等效电容值。

3. 电磁波中微波的能量比无线电波要大得多，它可以穿过玻璃、陶瓷、塑料等绝缘材料，而几乎不消耗能量，但当穿透含有水分的食物时其能量会被吸收。作为微波炉心脏的磁控管是一个微波发生器，它能产生振动频率为 2.44×10^9 Hz 的微波，试计算其波长。

258

第五节 电磁波的发射和接收

 情境与问题

高速铁路的建设需要逢山开路、遇水架桥。为了能提前预测山体内部情况，工程师们用到一个神器——隧道超前地质预报仪，对高铁隧道施工现场进行探测（图7-5-1）。

隧道超前地质预报仪是如何工作的呢？

图7-5-1 高铁隧道探测现场

电磁波的发射

电磁场由近及远向周围空间传播，形成了电磁波。那么，电磁波是如何发射的呢？

如图7-5-2所示的LC回路中，电容器C中的电场和线圈L中的磁场都在发生周期性的变化，能量几乎完全集中在电容器或线圈内部，电场能和磁场能的转换也主要在振荡电路内进行，几乎不能发射电磁波。

要想有效地向外界发射电磁波，必须满足以下两个条件：一是要有足够高的频率，因为频率越高，发射功率就越大，越容易把电磁波发射出去；二是LC回路的电场和磁场必须分散到尽可能大的空间去。

显然，根据LC回路的电磁振荡频率公式，若要增大频率，电容C和电感L就必须减小。而若要减小C，电容器两极板间的距离就要增大，正对的面积就要减小，如图7-5-3（a）所示；若要减小L，线圈的匝数就必须要减小。因此，为了能更有效地向外界发射电磁波，就应将LC回路变为开放电路，如图7-5-3（b）所示。同时，将开放电路的上端尽可能升向比较高的空间，称为**天线**；下端通常接地，称为**地线**。这样，电磁波就通过天线和地

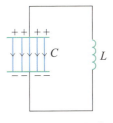

图7-5-2 LC回路

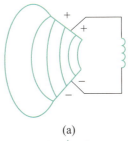

(a)

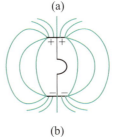

(b)

图7-5-3 开放电路

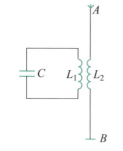

图 7-5-4　感应耦合电路

线组成的开放电路向周围空间发射电磁波。

如何才能使开放电路源源不断地向外发射电磁波呢？图 7-5-4 所示是一个感应耦合电路。当闭合的 L_1C 回路中产生振荡电流后，由于线圈的互感作用，在线圈 L_2 中就产生了与闭合 L_1C 回路中频率相同的振荡电流。这样，开放的振荡电路就产生持续的电磁波并向空间发射了。

为了传送声音、文字、图像等信息，首先要把传送的信息转变成为电信号，这种电信号称为调制信号。由于调制信号的频率较低，不能直接发射出去，这就需要更高频率的电磁波来辅助，让高频的电磁波随着被传递的调制信号而改变，这种用来携带调制信号的高频电磁波称为载波。

技术人员通过设计，把频率低的调制信号"加"到频率较高的载波上，利用高频电磁波这个运载工具，调制信号就很容易随着载波发射到很远的地方了，这一过程称为调制，进行调制的装置称为调制器。

在技术上，常用的调制方法有调幅和调频两种。收音机面板（图 7-5-5）上的"AM"是调幅广播，"FM"是调频广播。调幅就是让载波的振幅随着调制信号的振幅变化而变化。调频就是使载波信号的频率随着调制信号而改变，如图 7-5-6 所示。

思考与讨论

收音机面板有 AM 和 FM 波段可以收听广播节目，你知道这两种波段广播的特点吗？

载波　　　　　　　　载波

信号　　　　　　　　信号

调幅波　　　　　　　调频波

(a)　　　　　　　　　(b)

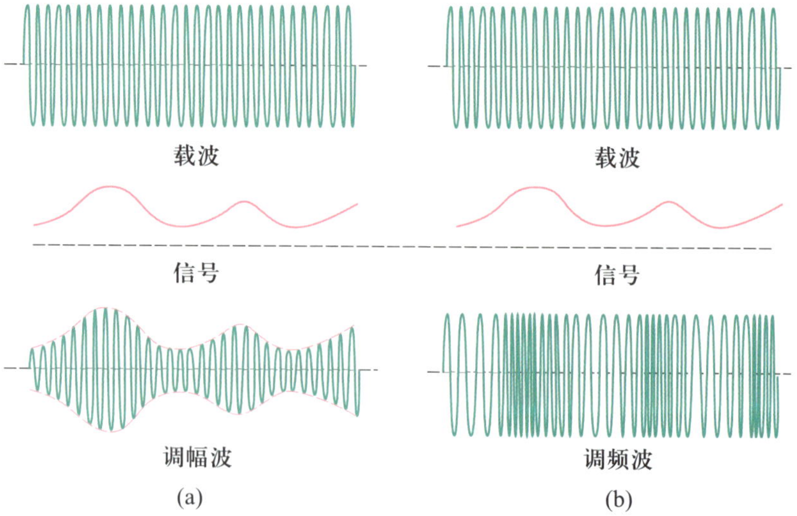

图 7-5-6　调幅波和调频波

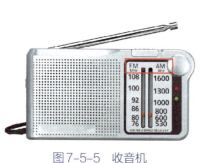

图 7-5-5　收音机

早期的无线电信号传播都是用调幅来进行的。随着技术的发展，在发明电视的过程中，人类攻克了调频技术。电视信号就是一种调频波，它的波长比短波还要短。调频的优点是失真度小，传输的信号质量远远优于调幅，所以后来被用来传输要求很高的立体声音乐节目。

通过发射电磁波实现远距离信号传输，是人类的一项重要发明。高频电磁波通过调幅或调频，具有了声音、文字或图像等低频信息的信号，然后通过耦合电路由天线发射出去。

电磁波发射和传播的过程，实际上就是能量的发射和传播过程。已经知道，电磁波是一种物质，它是电磁场的一种运动形态。波是传递能量的一种方式，因此电磁波传播的过程就是能量传递的过程。机械波传播的是机械能，而电磁波传播的是电磁能。也就是说，电磁波是电磁能量的存在形式。

电磁波在介质中传播时，因为与介质的相互作用而产生能量的消耗，将随着传播距离的增加而逐渐衰减，影响其传播距离。由于电磁波传递的能量是由发射电磁波的装置提供的，所以为了能将电磁波传播得更远，需要尽量提高发射功率。在无线电广播、通信中，常常采用每隔一定距离建立中继站的方式实现远距离传输。如果没有中继站的接力传输，电磁波传播一定距离后将变得十分微弱而难以被接收，这就是为什么当我们驾车远离某地时，很难在车载收音机中收听到该地广播的原因。我们日常使用的手机，其通信过程离不开基站。为了能保障远距离传输电磁信号，常常需要架设许多通信基站（图7-5-7）。

图7-5-7　5G基站

◗ **电磁波的接收**

电磁波在空间传播时，如果遇到导体（如收音机的天线），由于电磁感应，就会在其中产生微弱的感应电流，这个电流经放大和处理后就能得到所需要的信息。

在收音机内，有一个由线圈和可变电容器组成的LC回路，通过改变可变电容C，使LC回路的固有频率与某电台发射的电磁波频率一致，LC回路就与该电磁波发生电磁"共振"。此时，这个频率的电磁波在LC回路中激起的感应电流最强，这样就把它从众多的信号中选了出来。电磁波跟振荡电路的固有频率相同时，在电路中激起最大感应电流的现象称为**电谐振**，电谐振是电磁学中的共振现象。

👥 **观察与体验**——观察电谐振现象

用图7-5-8所示实验装置观察电谐振现象。莱顿瓶1和带有间隙A、B的矩形线圈组成发射电路；莱顿瓶2和带有小灯的矩形线圈组成接收电路。莱顿瓶是个电容器，矩形线圈有自感系数，两者组成LC回路，该回路辐射电磁波的频率就是其固有频率。打开电源，给莱顿瓶1充电，A、

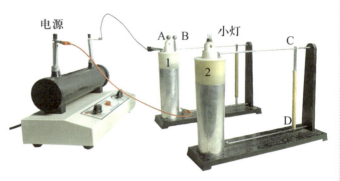

图7-5-8 电谐振实验装置

B间的电压达到一定程度时，发生振荡放电，A、B间出现电火花。将接收回路放在发射回路附近，调节C、D位置改变接收回路形状，观察小灯的亮度变化。

仔细观察，看看在什么情况下，小灯最亮？为什么？

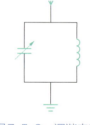

图7-5-9 调谐电路

思考与讨论

收音机调谐电路接收到的信号是经过调制的高频信号，能否直接接到扬声器变成我们需要的声音信号？

把接收设备的频率调节到所需的频率的过程称为**调谐**。能够实现调谐的电路称为调谐电路（图7-5-9）。在收音机的接收系统中，由天线和地线组成的接收回路接收到空中各种频率的电磁波，然后通过一个由线圈和可变电容器组成的调谐电路进行调谐，就能把所需要的电磁波从众多信号中选出来。

调谐电路接收到的感应电流是经过调制的高频振荡电流，不能直接接入扬声器，必须把声音这个低频信号从高频振荡电流中"检"出来，即还原出来，这个过程是调制的逆过程。把从已调制的高频电信号中"检"出原来调制信号的过程称为**解调**。解调后再把低频信号放大，才能还原成声音。对调幅波来说，解调是按高频信号的振幅变化提取调制信号的过程；对于调频波，是按高频信号的频率变化提取调制信号的过程。调幅波的解调称为**检波**，调频波的解调称为**鉴频**。能够完成检波作用的装置称为**检波器**。

图 7-5-10 所示为电磁波的调制与解调实验装置，它由电磁波发生器（可产生不同频率与波形的电磁波信号）、电磁波接收器（有"未解调"与"解调"切换按钮，可分别输出未解调信号与解调信号）、电压传感器、数据采集器和计算机组成。电磁波接收器把接收到的电磁波信号转换成电压信号，通过电压传感器与数据采集器再传送至计算机，最后在计算机屏幕上实时显示所接收电磁信号的波形。

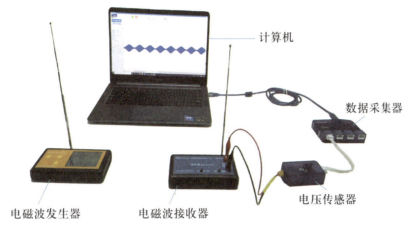

图 7-5-10　电磁波的调制与解调实验装置

打开电磁波发生器，调节频率，在发生器界面上观察产生的正弦调幅波的波形；切换电磁波接收器上"解调"与"未解调"按钮，分别观察接收器接收的电磁波在计算机屏幕上显示的波形，体会调制与解调的过程。图 7-5-11（a）（b）所示分别为解调前和解调后正弦波波形。

试操作一下仪器，感受不同频率和波形信号的发射与接收过程，观察解调前后的波形。

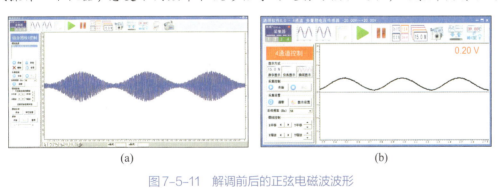

图 7-5-11　解调前后的正弦电磁波波形

电磁波的应用十分广泛，不仅用于无线电广播与电视，还可用于探测、定位、通信等。应用电磁波反射原理制成的隧道超前地质预报仪，就是根据不同介质反射电磁波特征差异，通过接收和分析电磁波在前方岩体中的反射波，掌握前方岩土体结构等地质条件，超前提供隧道施工依据，降低施工风险。

263

 **技术·中国**——5G 通信技术

2020 年 1 月 16 日，我国首颗通信能力达 10 Gbps 的 5G 低轨宽带卫星搭乘"快舟一号甲"运载火箭，在酒泉卫星发射中心发射成功。我国建成了全球规模最大的 5G 共享网络，实现重点乡镇及以上区域全覆盖。5G 是什么？对我们生活又有哪些影响？

5G 的 G（Generation）是"代"的意思，是第五代移动通信技术的简称。相比于 4G 通信，5G 通信传输速度更快、容量更大、延时更小、稳定性更高。为了加大带宽，5G 通信使用了毫米波、大规模多天线、微基站等一系列新技术。目前，我国的 5G 通信网络传输速度已达到 4G 通信的 20 倍，信号从 5G 通信基站到终端的延时仅为 1 ms，且传输质量好、可靠性高。利用这一特点，5G 通信技术可用于无人驾驶汽车，使车与车、车与人、车与基础设施之间的信息传输在瞬间完成交互，极大提高了无人控制的灵敏度。在医疗上，5G 通信技术应用于远程会诊、远程手术、应急救援等远程医疗，可以让偏远地区的普通患者突破地理区域、经济条件等限制，也能得到大城市、大医院医疗专家的治疗。

利用 5G 通信的超大带宽传输能力，科学家们开发的全景影像技术，可使人们在任何地方与家人、与朋友分享眼前所见到的各种美景，可以让远程互动更加真实，让虚拟与现实更加融合。

 实践与探索7-5

1. 随着科技的发展，互联网的应用使世界变得越来越"小"。与同学讨论，这对人类文明的发展具有积极作用还是会产生消极的影响？

2. 查阅资料，了解长波、中波、短波、微波等不同频率波段的无线电波在遇到障碍物时的传播特性，以及它们在介质中的传播方式、传播距离、应用领域和技术发展历程，与同学讨论并交流，展望无线电波对生产、科技、日常生活的应用前景。

3. 查阅资料，分组讨论蓝牙、Wi-Fi 等无线通信技术的原理、使用的电磁波频段和常用频率，分析两者的优缺点，探讨这两种技术还有哪些应用。

4. 电磁波在我国地质工作中有着重要的应用。我国科研人员用电磁波代替原来地震波方式进行勘探，发明了一种广域电磁法和高精度勘探装备，能精准探测地下 8 km 深度的资源情况。试查找相关资料，讨论这项新技术对我们了解地球、合理有效利用地球资源有什么作用，电磁波在我国勘探方面还有哪些应用。

5. 查找资料，了解目前 5G 通信技术应用进展。与同学讨论：未来 5G 通信技术还可以应用在哪些领域？5G 通信技术未来会给我们带来什么？它将如何改变人们的生活？

一、物理观念及应用

（1）穿过闭合导体回路的磁通量发生变化，回路中就有感应电流产生。导体回路中感应电动势的大小，跟穿过这一回路的磁通量的变化率成正比。

（2）电磁场是变化的电场和变化的磁场相互激发形成的。电磁波是在空间传播的电磁场，是电磁场的运动状态。电磁波的传播速度与光速相等。

（3）电磁感应、电磁振荡等过程，实质上都是不同形式的能量相互转换的过程。电磁场和电磁波都具有能量，是电磁能量存在的一种形式，通过电场和磁场的相互激发，实现电场能量和磁场能量的相互转换。

（4）电磁场是一种特殊形态的物质，能量是电磁场的物质性最有说服力的证据之一。

（5）交流电的大小和方向都随时间作周期性变化，交流电的电压和电流也都随时间作周期性变化。

应用以上物理观念，可以理解交流发电机、荧光灯、变压器等的工作原理，可以解释电磁炉、金属探测器、隧道超前地质预报仪、5G通信等的工作原理，加深对电磁感应、电磁振荡、电磁波等技术应用的理解。

二、科学思维与创新

（1）理想变压器、自由振荡都是理想模型。分析LC回路中电磁振荡的规律可以运用类比法，通过对比弹簧振子的简谐运动，可分析电磁振荡中电能和磁能的变化与规律。

（2）从麦克斯韦预言电磁波的存在，到赫兹用实验方法证实电磁波的存在，以及法拉第的"磁生电"实验等，再次证明猜想假设、科学论证、质疑创新等对科学探索具有重要作用。

三、科学实践与技能

（1）对电磁感应、自感、互感、电磁振荡等现象的观察，需要明确观察目标，必要时要进行反复观察才能得到准确科学的结论。

（2）通过电磁感应、自感、互感等相关实验，以及拆解废旧家电中的小型变压器、了解不同频率电磁波的特性及应用等实践活动，可以提升实践能力，加深对电磁感应现象、电磁波的发射和接收等在最新技术中应用的理解，增强技术应用、探究设计的意识和能力。

四、科学态度与责任

（1）通过对法拉第发现电磁感应现象等物理学史的了解，可以体会人类探索自然界的艰辛历程，增强科技传承的责任感。

（2）通过对防范电气火灾、防范自感危害、用电安全措施等内容的了解，增强在生产生活中的安全意识，养成节约用电的行为习惯。

（3）了解我国在射电望远镜、5G通信技术等方面取得的伟大成就，增进对祖国的感情，树立为中华民族伟大复兴而奋斗的信念。

 评价与发展

结合老师、同学的评价及自己在学习过程中的表现，总结自己在本主题学习后的主要收获与不足，进行星级评定（评价表见附录）。

主题八 ⑧

光现象及其应用

随着电子信息、光纤通信等技术的迅猛发展，个人计算机和互联网的应用与普及，人类处理信息的速度以指数方式增长，创造了经济高速发展的奇迹，从根本上改变了人类的生活方式，使人类社会由电气化向信息化转变，迈向第三次工业革命。

我国光纤技术的发展助力5G通信网络建设，开启了万物泛在互联、人机深度交互、智能引领变革的新时代，推动了第四次工业革命，促进了我国科技和经济发展，提升了人民生活品质。

本主题将在初中物理的基础上，进一步学习光现象及其应用，主要内容有光的折射和全反射、光的全反射现象的应用和设计制作简易潜望镜等。

理解折射率、临界角、全反射等物理概念，理解光的折射定律，巩固光是一种特殊形态的物质等物理观念，进一步认识物质世界。了解光在生产生活中的应用，能解释生产生活中相关的光学现象。

了解光线等物理模型在研究光学问题中的重要作用，了解折射定律发现过程中所使用的实验、观察和数学等方法。

通过观察水中的气泡以及探究光的折射定律等活动，增加对光现象的感性认识，进一步提升实验观察、操作技能、探究设计等素养，增强技术运用能力。

通过设计制作简易潜望镜，增强精益求精的工匠精神，提升合作交流能力。了解棱镜和光纤等在生产生活中的应用，认识科学技术对社会发展的重要推动作用，增强科技传承的责任感。了解我国在现代通信技术应用方面的伟大成就，增强民族自豪感。

第一节　光的折射和全反射

 情境与问题

我国山东省蓬莱海面多次出现海市蜃楼现象（图8-1-1），景象奇特，让人惊叹！

海市蜃楼是如何形成的？你知道其中的奥秘吗？

图8-1-1　海市蜃楼

光线

清晨，明媚的阳光穿透云层直射地面（图8-1-2），让人有种生机勃勃、充满活力的感受，美好的一天便从此刻开始。

初中物理学过，光在同种均匀介质中是沿直线传播的。影子的形成就是光的直线传播的最好例证。为了便于研究光的传播规律，物理学中常用一条带箭头的直线来表示光传播的径迹和方向，这条直线称为光线。它是人们为了研究方便而建构的一种理想化的物理模型。

人眼在观察物体时，往往根据射入眼睛的光线方向和光沿直线传播的生活经验来判断物体位置，认为光是从射入眼睛的光线的反向延长线处发出的，如图8-1-3所示。

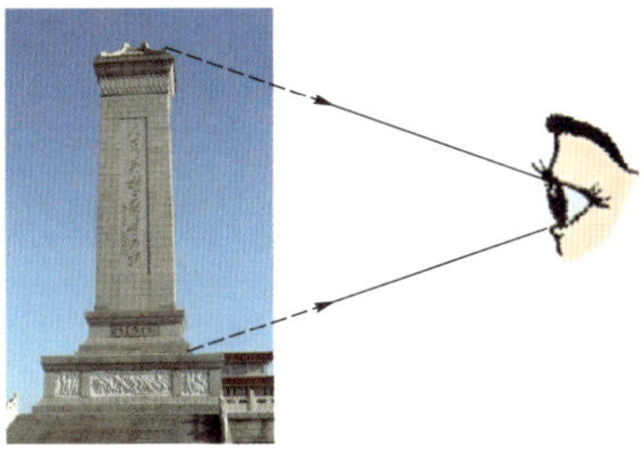

图8-1-2　阳光直射地面

图8-1-3　人眼利用光线
判断物体位置

 观察与体验——光的折射现象

如图 8-1-4 所示，将一根筷子斜插入碗中，观察水中筷子和平时有什么区别。

光的折射

观察斜插入水中的筷子，发现其在水面处发生弯折，而且看到的水底比实际的水底要浅一些，图8-1-4所示。光从一种介质射

(a) 无水　　　(b) 有水

图8-1-4　光的折射现象

269

入另一种介质时，传播方向发生了偏折，这种现象称为光的折射。

我国古代就有人发现了光的折射现象，诗句"潭清疑水浅，荷动知鱼散"描述的是在一片清澈的潭水里，人们从岸上向水里看，感觉潭水很浅的现象。

早在公元前4世纪，我国古人就研究了入射角和折射角的关系，认为折射角与入射角成正比。但科学家们很快就发现，这个结论与实验结果有差距。还有人猜测折射角与入射角的关系与它们的密度有关，后又被实验证伪。直到1621年，荷兰数学家斯涅尔才从实验中发现了入射角与折射角的定量关系。并将其总结为光的折射定律：折射光线与入射光线、法线处在同一平面内，折射光线与入射光线分别位于法线的两侧；入射角的正弦与折射角的正弦成正比。即

$$\frac{\sin \theta_1}{\sin \theta_2} = n$$

式中，n为比例常数，对于不同介质来说，常数n是不同的，它是一个反映介质光学性质的物理量。为了描述介质的这种性质，人们把光从真空射入某种介质发生折射时，入射角的正弦与折射角的正弦之比称为这种介质的绝对折射率，简称为折射率。

人们研究发现，光在不同介质中的传播速度不同。介质的折射率等于光在真空中的传播速度c与在这种介质中的传播速度v的比值，即

$$n = \frac{c}{v}$$

光在真空中速度最大，约为3×10^8 m/s，在其他介质中的速度都小于这一数值，因而真空的折射率为1，其他介质的折射率都大于1，表8-1-1列出了10种介质的折射率。

表8-1-1　10种介质的折射率

介质	折射率	介质	折射率
金刚石	2.42	甘油	1.47
二硫化碳	1.63	酒精	1.36
玻璃	1.5 ~ 1.9	水	1.33
树脂	1.5 ~ 1.8	冰	1.31
水晶	1.55	空气	1.000 28

思考与讨论

分析图 8-1-5 所示的光路示意图,如果光线沿图中 BO 的方向进入空气时,折射光线与 OA 的方向_____(填"重合"或"不重合")。也就是说,在光的折射现象中,光路是_____的(填"可逆"或"不可逆")。

图 8-1-5 光路示意图

应用与拓展——放大镜、望远镜、显微镜

放大镜、望远镜和显微镜是常见的光学仪器,都有放大物体或图像的作用,如图 8-1-6 所示。放大镜主要由凸透镜组成,凸透镜中间厚、两边薄,利用光的折射原理会聚光线,根据透镜成像原理可以让人们观察到放大的像。

图 8-1-6 用放大镜观察电路板

全反射

不同的介质,折射率不同。两种介质相比较折射率大的称为**光密介质**,折射率小的称为**光疏介质**。

光疏介质与光密介质是相对的。从公式 $n = \dfrac{c}{v}$ 可知,光在光密介质中的传播速度比在光疏介质中的速度小。光从光密介质射向光疏介质(例如从玻璃射向空气)时,折射角总是大于入射角。

活动与探究——探究光从光密介质射向光疏介质时的规律

提出问题:光从光密介质射向光疏介质时,折射角总是大于入射角。当折射角大于 90° 时,会产生什么现象?

猜想假设:当折射角大于 90° 时,折射光线可能射回光密介质。

设计方案:如图 8-1-7 所示,半圆柱形玻璃砖固定在可以转动的量角器上,量角器的圆心与玻璃砖的圆心正对。让激光灯发出的光沿圆的半径射向圆心,由于光从空气进入玻璃砖时垂直于玻璃砖弧形面,因此入射光方向不会发生改变。转动量角器,改变入射光角度,观察光以不同的入射角从玻璃砖内射到玻璃砖与空气的界面上时发生的现象,探究当折射角大于 90° 时,会发生什么现象。

图 8-1-7 全反射实验装置

收集证据:使入射角从 0° 开始逐渐增大至 60°,每隔 5° 记录

271

一次数据，将实验数据记录在表8-1-2中。

表8-1-2　光从玻璃砖射向空气时的折射和反射现象

入射角	折射角	反射角	入射角	折射角	反射角
0°			30°		
5°			35°		
10°			40°		
15°			45°		
20°			50°		
25°			60°		

分析归纳：观察发现，当光从玻璃砖射向空气时，随着入射角的增大，折射光线的亮度越来越_____，反射光线的亮度越来越_____。当折射角大于90°时，入射角约为_____，发生了_____的现象。

反思改进：与同学交流，本实验若要测量得更加精确，需要采取什么措施？

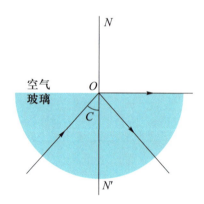

图8-1-8　全反射光路示意图

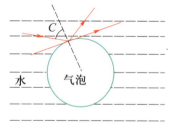

图8-1-9　光线在气泡表面发生全反射示意图

光从光密介质射向光疏介质，同时发生折射和反射，并且当入射角大于某一角度时，折射光完全消失，只剩下反射光，这种现象称为**全反射现象**。

在全反射现象中，刚好发生全反射，即折射角等于90°时的入射角称为**临界角**，用C表示，如图8-1-8所示。显然，发生全反射的条件是入射角大于或等于临界角。

水中的气泡看起来特别明亮，是因为光线从水中射向气泡时，一部分光在界面上发生了全反射，如图8-1-9所示。

不同的介质，由于折射率不同，在空气中发生全反射现象的临界角也不一样。光由折射率为n的介质射入空气（真空）时，根据折射定律可得

$$\sin C = \frac{1}{n}$$

知道介质的折射率，就可以用上式求出光从这种介质射到空气（或真空）界面时的临界角。水的临界角为48.8°，各种玻璃的临界角为32°～42°，金刚石的临界角最小，为24.5°。

钻石经过特殊的切割方式，往往使进入其中的白光经过多次全反射后从钻石的冠部射出，成了耀眼的光芒，如图8-1-10所示。

"海市蜃楼"实际上是由于光在密度分布不均匀的空气中传播时发生折射和全反射而产生的。夏天海面上的下层空气密度比上层大，折射率也比上层大。远处物体发出的光线射向空中时，由折射率大的下层折射进入折射率小的上层，并在上层表面发生全反射，如图8-1-11所示。光线反射回地面上人的眼中，人们逆着光线看去，就会看到远方的景物悬在空中，形成"海市蜃楼"。

图8-1-10 钻石

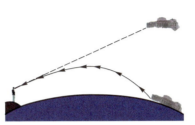

图8-1-11 海市蜃楼原理示意图

实践与探索8-1

1. 我们经常看到交警、清洁工等一些在马路上工作的人都穿着带有反光条的工作服。查阅资料，了解反光条的反光原理，课堂上与同学交流。

2. 2022年北京冬奥会冰立方冰上运动中心的地下冰场为全地下式建筑，场馆采用了13 m直径的天窗、19个导光管的采光系统，将自然光有效地引入到室内，大幅降低照明能耗，同时减少夏天制冷、冬季制热的能耗，实现真正的零排放。查阅资料，了解导光管的工作原理。

3. 晴朗的天气，当驱车或步行在野外平直的水泥公路上时，极目远望，会发现前方远处路段呈现一片白亮，像镜面，而且还清晰地出现更前方远处汽车穿梭的倒影，让人以为是路面有积水所致，但当走到近前，却依旧是干燥的路面，再望前方，仍有此景状，

图8-1-12 公路蜃景

这就是公路蜃景（图8-1-12）。与同学讨论，公路蜃景是如何形成的？

4. 若已知某水晶制品的折射率为1.56，当光线从空气射入该水晶时，估算光线的最大折射角为多少？

第二节 光的全反射现象的应用

情境与问题

一些商场的天花板经常会被装饰出一种类似星空顶的氛围，如图8-2-1所示，这种灯饰色彩艳丽，就像满天星斗一样，令人浮想联翩。

这种星空顶是如何实现的呢？

图8-2-1 星空顶

光的全反射现象在现代光学仪器设备和日常生活中有着广泛的应用。

观察与体验——观察棱镜的全反射现象

将两个三棱镜按图8-2-2所示放置，用激光笔照射下方的棱镜，让入射光沿垂直于棱镜一个面的方向射入，观察光线射出方向发现，光可以从上方的棱镜以平行于入射光的方向射出来。

图8-2-2 棱镜中的光路示意图

图8-2-3 横截面为等腰直角
三角形的全反射棱镜

全反射棱镜

能够发生全反射的棱镜称为**全反射棱镜**。最常见的全反射棱镜是横截面为等腰直角三角形的三棱镜，如图8-2-3所示。

在图8-2-4中，等腰直角三角形ABC表示一个棱镜的横截面，它的两个直角边AB和BC分别表示棱镜上两个互相垂直的侧面。如果光线垂直射向AB面，光线在AB面上不发生折射，将沿原方向射入棱镜，当光线射到AC面上时，由于入射角（45°）大于光从玻璃射入空气的临界角（32°～42°），在AC面上发生了全反射，使光线沿着垂直于BC的方向从棱镜射出，如图8-2-4（a）所示。如果光垂直射入AC面，射入棱镜后，会

先后在 *BC* 面和 *AB* 面上发生两次全反射，最后沿着与入射时相反的方向从 *AC* 面上射出，如图 8-2-4（b）所示。

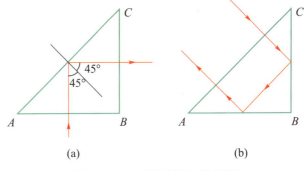

图 8-2-4　全反射棱镜工作原理

在图 8-2-2 中，光从下方的三棱镜射入后，最后从上方的三棱镜中沿平行于入射光的方向射出的原因，就是光在两个三棱镜中发生了全反射。

 应用与拓展——觇标

2020 年 5 月 27 日，中国测量登山队登顶珠穆朗玛峰，在峰顶架设了测量觇标（图 8-2-5），觇标的架设是珠穆朗玛峰测高的关键。觇标由 6 个棱镜组成，能将 6 个来自不同方向的激光信号分别反射至各观察站，测量人员便可以从 6 个方向利用我国自主研发的测距仪进行交会观测。

图 8-2-5　珠穆朗玛峰测量觇标

由于经过全反射棱镜反射的光的能量损失微小，因此，在光学仪器（如潜望镜、望远镜、照相机）中，特别是在精密的光学仪器中，通常用全反射棱镜代替平面镜来改变光的传播方向。与平面镜相比，全反射棱镜的反射率高，几乎可达100%，生成的像明亮清晰。

为了提高望远镜的倍数，镜筒要做得很长，但使用全反射棱镜能够缩短镜筒的长度，如图 8-2-6 所示。

应用全反射棱镜制成的潜望镜，如图 8-2-7 所示。可以帮助潜水艇上的人观察水面上的情况。

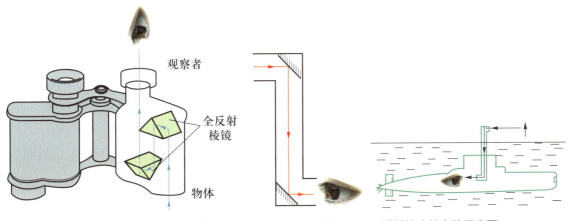

图 8-2-6　望远镜中的全反射棱镜　　　　图 8-2-7　潜望镜中的光路示意图

图8-2-8 石英直角锥
棱镜

全反射原理的应用非常广泛。角反射器就是一种能将光线多次反射后按原路返回的装置。其中一种角反射器由石英直角锥棱镜组成，如图8-2-8所示，石英直角锥棱镜的特点是：无论光从哪一个方向射入正面圆形通光孔，都能经2次或3次反射，逆着原方向反射回去。

技术·中国——角反射器的应用

2018年5月21日，我国发射的为嫦娥四号月球探测任务提供地月信息传输功能的鹊桥号中继通信卫星，安装了一面超高清激光角反射器。地球观测站发出的激光波束，可以准确找到400 000 km以外高速飞行的鹊桥号中继通信卫星，通过发送、接收的时间差，计算出两者之间的距离，这是人类历史上最远距离的激光测距。

光纤

光纤是光导纤维的简称，其传递信息利用的就是光的全反射原理。1964年，华人科学家高锟在世界上首先提出了用玻璃制成的纤维可以代替导线用于通信传输的设想。1966年，他又开创性地提出了玻璃纤维在通信上应用的基本原理，在理论上论证了能把光纤的损耗降得很低，进而实现信息的长距离传输。其后，高锟对玻璃纤维的构造、强度和耐久性等进行了大量开创性的、艰苦的研究，最终促使光纤问世，开创了人类信息传输的新时代。高锟因此获得2009年诺贝尔物理学奖，被誉为"光纤之父"。

观察与体验——观察光在弯曲的细玻璃棒中的传播

如图8-2-9所示，在暗盒里安装一个小灯作为光源，把一根弯曲的细玻璃棒插入盒子里。打开小灯，观察发现，在细玻璃棒弯曲的情况下，光也能从细玻璃棒中传输出来。为什么光总能从弯曲的玻璃棒中传输出来呢？

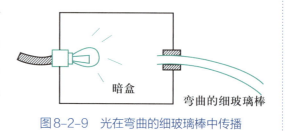

图8-2-9 光在弯曲的细玻璃棒中传播

应用最广的单模光纤，其纤芯是用纯度极高的石英拉制而成的，直径约10 μm，外侧包裹着折射率比纤芯更低的包层。实际的单模光纤在包层之外还有一层缓冲涂覆层，其作用是保护光纤免受环境污染和机械损伤，又能保证光纤不会产生过大的偏折，如图8-2-10所示。

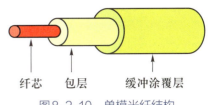

图8-2-10　单模光纤结构

光纤的传播原理

光纤的纤芯和包层是两种折射率不同的物质，纤芯的折射率大于包层，当光线以大于临界角的角度射入纤芯中，会在纤芯和包层的界面上发生全反射，使得光在光纤中沿纤芯传播，如图8-2-11所示。

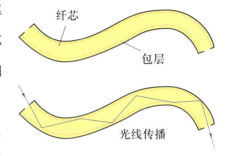

图8-2-11　光纤传播原理示意图

图8-2-9所示暗盒中的光通过弯曲的细玻璃棒中传输出来，就是因为光在玻璃棒中发生了全反射。星空顶采用的是光纤灯照明，也是利用同样的原理，从而使天花板呈现星空效果。

光也是一种电磁波，它可以像无线电波那样，作为一种载体来传递信息。把声音、图像及数字信号等调制到激光上，再把载有信号的激光从光纤的一端输入，利用光的全反射原理，就可以将信号沿着光纤传到千里以外的另一端，实现光纤通信。

图8-2-12　光缆

光纤通信具有容量大、损耗低、抗电磁干扰性能强、保密性好等优点。一根光纤的传输能力理论上相当于同时传输1 000亿个话路，而一根光缆中可以包括几十根甚至上千根光纤，如图8-2-12所示，其通信容量之大十分惊人。

光纤除了应用于通信外，在传感器技术上也使用广泛。光纤传感器可用于位移、振动、速度、电流、磁场、电压、湿度、温度、声场、流量和应变等物理量的测量。光纤传感器的应用范围很广，几乎涉及国民经济和国防上所有重要领域和人们的日常生活。

应用与拓展——光纤温度传感器

在电力系统，需要对高压变压器和大型电机的定子、转子的温度进行检测，由于电类传感器易受电磁场的干扰，无法在这类场合中使用，而光纤是绝缘体，很难导电，几乎不受电磁场影响，因此使用光纤温度传感器（图8-2-13）可避免电磁干扰。

图8-2-13　光纤温度传感器

光纤在医学领域也有广泛应用，医用内窥镜借助光纤传递图像，将人体腔内图像传输到屏幕上，便于观察。

目前，光纤宽带互联网已经连接了我国大多数家庭，每天9亿多网民产生的海量数据流动在光纤宽带网络上。进入21世纪后，随着人工智能、大数据、物联网等新技术的应用与发展，全球进入了万物互联的5G时代，对大容量、超高速和超长距的通信需求也更为迫切，光纤通信也将迎来发展新阶段。

技术·中国——世界规模最大的中国光纤网络

光纤光缆是信息通信传输的重要载体，光纤的高带宽、低衰减等诸多优势使得光纤通信技术在全球范围内飞速发展。截至2022年6月，我国光缆线路长度已达5 791万千米，已经建成全球规模最大、技术领先的光纤化固定通信网络和移动通信网络，全国已实现"村村通宽带""县县通5G""市市通千兆"。

2022年2月，国家正式启动"东数西算"工程。高性能的骨干光纤网络需求，必将推动传统光纤的升级换代，使我国迎来新的高速发展时代。"东数西算"工程将为加快建设数字中国、网络强国，发展数字经济，推进节能降碳提供有力支撑，为产业发展注入新动能。

 实践与探索8-2

1. 我们通常从水面看水下物体时看得很清楚，但潜入水下从水下看水面时，在某些角度看到水面像一面镜子，图8-2-14所示为在水下拍到的梭子鱼和梭子鱼的倒影，解释其中的原因。

图8-2-14　梭子鱼的倒影

2. 一些自行车的尾灯（图8-2-15），当夜间汽车的灯光照射到其表面时，明亮的灯光就会被反射到司机的眼睛里，提醒司机注意前面的自行车，从而避免发生交通事故。自行车尾灯实际上就是塑料制成的角反射器，根据光路示意图分析为什么自行车尾灯可以很好地反射灯光。

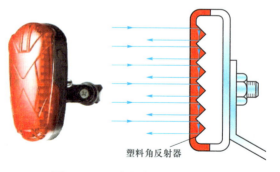

塑料角反射器

图8-2-15　自行车尾灯及光路示意图

3. 查阅资料或实地调查，生活中哪些仪器或装置中使用了光纤，了解光纤在其中所起的作用，写一个调查小报告，课堂上与同学交流。

第三节 学生实验：设计制作简易潜望镜

任务与目标

（1）分别用两个全反射棱镜和两个平面镜设计制作简易潜望镜。

（2）加深对光的全反射现象的认识和理解。

（3）增强设计制作、结果验证、反思改进等能力，提升实践操作技能，进一步增强合作交流的意识和能力，感悟工匠精神。

设计与论证

（1）原理与方法提示　运用全反射棱镜和平面镜对光的反射规律，分别设计用两个全反射棱镜和用两个平面镜制作的简易潜望镜。

（2）仪器与材料提示　2个全反射棱镜、2个平面镜、小刀、硬纸板（或薄木板等）、热熔胶枪和热熔胶等。

实践与操作

（1）先自己设计，再与本学习小组的同学交流，讨论潜望镜的结构，画出设计图，列出所需工具、材料等清单。

（2）协商分工，按确定好的设计方案分步实施，合作完成两个简易潜望镜的制作。

（3）用制作好的潜望镜进行观察，看看是否达到设计的目的和要求。如果不能达到，分析原因，并重新设计制作。

（4）制作完毕后，整理实验仪器和材料，将其恢复到初始位置，摆放整齐，打扫卫生。

思考与讨论

（1）本学习小组制作的潜望镜能否清晰地观察到景物？如果不能，要思考原因，讨论如何进一步改进。

（2）比较两种潜望镜观察效果的不同，思考为什么会有这种区别？

279

总结与交流

与其他各学习小组同学交流，互相借鉴对方的设计方案，比较哪组制作的潜望镜观察效果最好，制作工艺最精湛。

请老师评价，并请表现优异的学习小组代表介绍经验。

反思与提升

（1）有哪些细节可以改进，使潜望镜做得更好？

（2）能否使用其他光学元件制作潜望镜？

（3）能否做出光线发生3次反射的潜望镜？

（4）设想一个潜望镜的实际应用场景，设计制作这样的潜望镜应如何改进？

一、物理观念及应用

（1）光是一种特殊形态的物质。当光从一种介质射入另一种介质时，会发生折射现象。不同介质的折射率一般不同。当光从光密介质向光疏介质传播时，可能会发生全反射现象。

（2）全反射棱镜是一种光学元件，经过其反射的光的能量损失微小。光纤利用全反射原理传递信息。

应用以上物理观念，可以解释水中的气泡特别透亮、海市蜃楼等生活中的一些光学现象，能解释望远镜、潜望镜、光纤、内窥镜等光学仪器的主要工作原理。

二、科学思维与创新

（1）光线是一种理想模型。

（2）运用观察法探究光的折射、反射原理及其规律。定义光的折射率时运用比值定义法。

三、科学实践与技能

（1）观察光在弯曲的细玻璃棒中的传播等实验，提高实验观察能力、操作能力和分析能力。

（2）在探究光从光密介质射向光疏介质时的规律、设计制作简易潜望镜等实践活动中，提升规范操作技能，增强动手能力。参与课后实践活动与交流，提高科学发现和技术运用的思维能力。

（3）了解光纤通信、光纤温度传感器等技术应用，增强技术运用的能力。

四、科学态度与责任

（1）了解斯涅尔等科学家探索光的折射规律的历程，体会人类探索自然的艰辛，了解我国古代对光的认识，增强科技和文化传承的责任感。

（2）在设计制作简易潜望镜等动手实践活动中，巩固精益求精的工匠精神，提高团队意识和合作交流能力。

（3）感悟我国鹊桥号中继通信卫星、测量珠穆朗玛峰高程等伟大成就，增进对祖国的感情以及对中华民族的自信和自豪感，树立为中华民族伟大复兴而奋斗的信念。

评价与发展

　　结合老师、同学的评价及自己在学习过程中的表现，总结自己在本主题学习后的主要收获与不足，进行星级评定（评价表见附录）。

主题九 9

核能及其应用

秦山核电站位于杭州湾畔，是我国自主设计、建造、管理和运营的第一座30万千瓦压水堆核电站。2021年1月30日，我国自主研发的具有第三代核电技术的"华龙一号"福清核电5号机组已投入商业运行。目前已有2台机组在巴基斯坦落户。这一系列的创新成就标志着我国正在从核电大国迈向核电强国。

本主题将在初中物理知识基础上，进一步了解原子及原子核的结构、天然放射性以及射线的应用与防护、重核裂变、轻核聚变的特点及应用等。

了解原子内部结构、天然放射性、核反应与核能等方面的知识，增强对物质运动形式多样性和能量形式多样性的认识，了解其在生产生活和高端医疗设备中的应用。

了解原子的核式结构模型等物理模型，进一步学习运用假设推理、科学论证研究原子微观结构的方法。

了解射线的性质及其危害与防护，增强技术运用的能力。通过对α粒子散射实验的研讨与分析，增强探究设计能力。

了解放射线的危害及防护方法，增强尊重自然、珍爱生命的意识。关注核技术应用对生产生活和社会发展的影响。弘扬我国科学家为国家、民族无私奉献的爱国主义精神。

第一节　原子结构　原子核的组成

 情境与问题

　　通常，医院放射检验科会在门上贴上如图9-1-1所示的三叶形标志，以作警示。这个三叶形标志表示什么意思呢？当看到该标志时，应该采取什么应对措施呢？

图9-1-1　带有三叶形标志的场所

原子模型的探索

　　自古以来，人们都在努力探索组成世界万物的粒子结构。1789年，法国化学家拉瓦锡定义了原子一词，从此，原子就用来表示化学变化中最小的单位。1803年，英国化学家、物理学家道尔顿最早提出了原子实心球模型，他认为，一切物质都是由最小的不能再分的原子构成的，原子是坚实的、不可再分的实心球。原子真的不能再分吗？原子的结构到底是怎样的？

　　1897年，汤姆孙在阴极射线的研究实验中发现了电子，使人们认识到原子可以再分，原子本身也有内部结构。电子的发现激发了包括汤姆孙在内的许多科学家探索原子内部结构的热情，根据科学实践和当时实验结果，提出了各种不同的模型。

　　1898年，汤姆孙提出了原子结构枣糕模型（图9-1-2）。他认为，原子是一个球体，正电荷均匀地分布在球内，电子像枣糕里的枣子一样镶嵌在其中，被正电荷吸引着，原子内正、负电荷相等，因此原子的整体呈中性，这个模型虽然能解释原子为何呈现电中性等现象，但不久却被新的实验事实否定了。

图9-1-2　原子结构枣糕模型

285

当我们探究事物本质时，往往无法事先知道其真实情况。这时就需要依据事物的外在表象，先进行推测、猜想、假设某种可能是真实的，然后以此假设为前提，或搜集材料、获得证据，或通过推理，计算得出结论。若结论与原假设相符，则假设正确；若结论与原假设不符，则说明此前的假设不正确。当假设不正确时，往往需要进行新的假设。

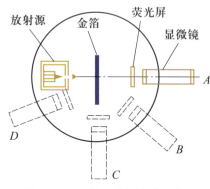

图9-1-3 α粒子散射实验示意图

思考与讨论

通过该实验，能推测出____

____

____

原子的核式结构模型

1911年，物理学家卢瑟福做了用α粒子轰击金箔的实验，如图9-1-3所示。

实验发现，绝大多数α粒子穿过金箔后仍沿原来的方向前进，只有少数（约8 000分之一）α粒子发生大角度的偏转，极少数α粒子的偏转角度几乎达到180°。这个实验被称为α粒子散射实验。

α粒子散射实验的结果使卢瑟福感到很惊奇，因为按照汤姆孙原子模型假说，电子的质量很小，比α粒子的质量小得多，α粒子碰到金原子内的电子，就像飞行的子弹碰到尘埃一样，运动方向不会发生明显的改变；正电荷在原子内又是均匀分布的，α粒子穿过原子时，它受到两侧正电荷的斥力大部分相互抵消，因而使α粒子偏转的力也应很微小，α粒子也就不可能发生大角度的偏转。所以，汤姆孙原子模型假说是不正确的。

卢瑟福通过对α粒子散射实验结果的分析研究，并受太阳系行星运行规律的启发，提出了原子的核式结构模型假说：在原子的中心有一个很小的核，称为原子核。原子的全部正电荷和几乎全部质量都集中在原子核内，带负电的电子在核外空间绕着原子核旋转。原子核所带的正电荷数等于核外的电子数，整个原子是电中性的。

卢瑟福原子的核式结构模型假说，可以很好地解释α粒子散射的现象。如图9-1-4所示，大多数α粒子穿过原子时，离原子核的距离都相当远，原子核对它们的作用力很小，因此，它们仍然是沿直线前进的。少数α粒子在穿过原子时，离原子核的距离较近，原子核对它们的排斥力较大，因此使它们发生偏转。偏

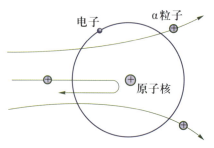

图9-1-4 用卢瑟福原子的核式结构模型解释α粒子散射实验

转角度大的α粒子极少，那是因为原子核非常小，α粒子非常接近原子核的概率很小。

根据α粒子散射实验的数据，可以估算出原子核的半径为$10^{-15} \sim 10^{-14}$ m，而原子的半径约为10^{-10} m，所以原子核的半径只相当于原子半径的万分之一，原子核的体积只相当于原子体积的万亿分之一。如果把原子放大成一座能容纳万人的体育馆，那么原子核只相当于一个乒乓球。

1919年，卢瑟福又做了用镭放射出的α粒子轰击氮原子核的实验，发现了**质子**。以后，人们用同样的方法从氟、钠、铝等原子核中都打出了质子，表明质子确实是原子核的组成部分。

1932年，英国物理学家查德威克先用α粒子轰击铍，再用铍产生的穿透力极强的射线轰击氢、氮，结果打出了氢核和氮核。并由此发现了**中子**。

随后，科学家们提出了原子核是由质子和中子构成的假设，如图9-1-5所示。由这种假设演绎出的一些结论与大量实验结果相符合，因而这种假设很快被人们所公认。质子与中子统称为**核子**。

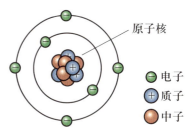

图9-1-5 原子结构示意图

🌓 天然放射现象

1896年，法国物理学家贝可勒尔在实验中首先发现，铀能放射出肉眼看不见的却能使照相底片感光的某种射线。法国科学家居里夫妇对此进行了更深入的研究，又发现两种放射性更强的新元素钋和镭。

像铀、钋、镭等物质放射出射线的性质称为**放射性**。具有放射性的元素称为**放射性元素**。进一步研究发现，原子序数在83以上的所有元素，都具有放射性。原子序数小于83的元素，有的也具有放射性。能自发地放出射线的现象称为**天然放射现象**。

通过对放射现象的研究发现，放射性元素发出的射线，有α射线、β射线和γ射线，它们分别具有不同的性质，如图9-1-6所示。

长时间或高强度的射线能伤害生物的细胞和组织，形成放射

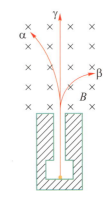

图9-1-6 3种放射线垂直穿过磁场的示意图

287

性灼伤。另外，射线的电离作用会损害细胞中的DNA，使它们停止发挥作用或发生变异，从而导致恶性肿瘤的生长。

图9-1-1所示的三叶形标志是国际通用的传统的放射性辐射标志，提醒人们该设施内有射线，提高对射线的防范意识，尽可能地远离该设施附近区域。

国际标准化组织和国际原子能机构于2007年推出新的辐射标志（图9-1-7），该标志更加醒目且通俗易懂，正在逐步取代传统辐射标志。

自然情况下的放射性辐射不会影响人类正常的繁衍生息，而且利用现代科技，辐射技术还可应用在工业、农业、医学、环境保护等各个领域，造福于人类。

图9-1-7 新的辐射标志

 应用与拓展——射线在现代生产生活中的应用

利用射线的贯穿本领与物体的厚度和密度的关系，可以检查各种产品的厚度、密封容器中的液面高度，从而自动控制生产过程。例如，在轧钢机上可以安装射线测厚仪，仪器探测到的 γ 射线强度与钢板的厚度有关，轧出的钢板越厚，透过的射线越弱。因此，将射线测厚仪接收到的信号输入计算机，就可以对钢板的厚度进行自动控制，如图 9-1-8 所示。

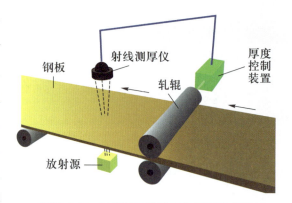

图9-1-8 射线测厚仪的工作原理示意图

癌症患者可以接受钴 –60 的放射治疗。人体组织对射线的耐受能力是不同的，癌细胞对射线的耐受能力较弱，在射线照射下破坏得比健康细胞快。因此，常利用钴 –60 放出的 γ 射线来治疗肺癌、食道癌等。射线还可以用于消毒灭菌，处理医院排出的污水，杀死各种病原体，保护环境卫生等。

行为与责任

和平利用原子能可以为人类造福，但如果对放射性废物处理不当，将会对环境和人类带来巨大危害。我们应了解放射性废物的来源，以及我国对放射性废物进行分类处置的管理规定。同时，日常生活中也应远离放射源，减少遭受辐射的时间，若受到放射性污染，应立即洗澡，用冲淋的方式清除污染物。

1. 2021年8月16日，我国首台医用重离子加速器（图9-1-9）成功应用，实现在大型医疗设备研制方面的历史性突破。用重离子加速器对癌症患者进行放射性治疗具备明显优势，能直抵病灶，集中释放能量，消杀癌细胞。查阅资料，列举核技术在高端医疗设备中的应用实例。

图9-1-9 医用重离子加速器

2. 据说有一种核电池，只有一枚硬币大小，却可以给用电器不间断地供电5 000年，这有可能是真的吗？上网搜集其外观、结构、工作原理、主要性质等方面的资料，写一篇科技小论文，与同学交流。

3. 2021年1月，我国散裂中子源多物理谱仪成功出束，这是国内首台中子全散射谱仪设备的成功研制与安装，使我国在探索物质结构研究中拥有了一台"超级显微镜"。请同学们收集资料，列举我国散裂中子源多物理谱仪的相关应用领域。

第二节　核能　核技术

情境与问题

图9-2-1　华龙一号

2017年5月，福清核电站5号机组穹顶吊装成功。2022年3月，我国自主三代核电装置"华龙一号"（图9-2-1）示范工程全面建成投运，标志着我国核电技术水平和综合实力跻身世界前列。

核电站为什么要安装圆球形的穹顶呢？

19世纪30年代初，中子被发现以后，科学家就利用它去轰击各种元素，研究核反应。1934年，意大利物理学家费米发现，用慢中子轰击靶物质，更容易引起核反应。这一发现很快被各国科学家采用，也为核能的利用创造了条件。

重核裂变

1939年12月，德国物理学家哈恩和他的助手斯特拉斯曼发现，用中子轰击元素周期表中的第92号元素铀时，铀核发生了分裂，变成了钡、镧等一些中等质量的原子核。后来，科学家们把这种重原子核分裂成两个（或多个）中等质量原子核的过程称为重核裂变，简称为裂变。

一种典型的裂变反应是铀裂变为钡和氪，同时放出3个中子，其核反应方程是

$$\,_{92}^{235}\mathrm{U} + \,_{0}^{1}\mathrm{n} \longrightarrow \,_{56}^{141}\mathrm{Ba} + \,_{36}^{92}\mathrm{Kr} + 3\,_{0}^{1}\mathrm{n}$$

科学家们发现，一些核反应生成物的总质量比反应前的反应物的总质量变少了，这种现象称为质量亏损。

爱因斯坦的质能方程指出，物体的能量和质量之间存在着密切的联系。重核裂变时出现质量亏损，必然要放出能量。在核反

应中放出的能量称为**核能**。经过计算发现，如果 1 kg 铀全部裂变，释放出的核能相当于 2 500 t 优质煤完全燃烧释放的化学能。

由于一般情况下，铀核裂变时总要释放出 2~3 个中子，这些中子又会引起其他铀核的裂变，这样裂变反应就会不断地进行下去，释放出越来越多的能量，这就是**链式反应**，如图 9-2-2 所示。

能够发生链式反应的铀块最小体积称为**临界体积**。

如果铀块的体积超过了它的临界体积，只要有中子进入铀块，就会立即引起铀核的链式反应，在不到百万分之一秒内释放出惊人的核能，形成剧烈的爆炸。这就是原子弹的原理。

1964 年 10 月 16 日 15 时，我国第一颗原子弹在新疆罗布泊爆炸成功（图 9-2-3）。我国是第五个拥有原子弹的国家。

原子弹爆炸时链式反应的快慢是无法控制的，为了使核能比较平缓地释放出来，就必须用人工方法控制链式反应的速度，于是人们制成了核反应堆。

为了防止铀核裂变过程中放出的各种射线对人体的危害，在反应堆的外面要修建安全壳，作为防止外来物体撞击以及事故后放射性物质外泄的安全性屏障，穹顶便是安全壳的一部分。安全壳既要拥有巨大的内部容积，可以容纳壳内各种设备的布置和运行，又要承受反应堆发生意外事故时产生的巨大压力，因此穹顶常被设计成蛋形样式。

核电站消耗的燃料很少，一座百万千瓦级的核电站，每年只消耗 3.0×10^4 kg 左右的浓缩铀，而同样功率的火电站，每年要消耗 2.5×10^9 kg 左右的煤。与火电相比，核电是一种技术成熟的清洁能源，对环境的污染微乎其微。与水电、风电、太阳能发电相比，核电具有明显的优势。核电单机容量大，运行稳定，可以作为电网基荷运行。因此，我国在能源发展规划中提出，安全高效发展核电，推动核能的综合研究和利用，建设一批先进的第三代核电项目等目标。

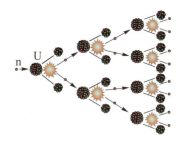

图 9-2-2　链式反应示意图

图 9-2-3　我国第一颗原子弹爆炸成功

▶ 轻核聚变

除了重核裂变，还有另外一种产生核能的方法。人们发现，当把某些轻核结合成质量较大的核时，能释放出比裂变更多的能量，这样的反应称为**轻核聚变**，简称为**聚变**。例如，一个氘核和一个氚核结合，聚变成一个氦核，同时放出一个中子，核反应方程是

$$_1^2\text{H} + _1^3\text{H} \rightarrow _2^4\text{He} + _0^1\text{n}$$

在此核反应中，平均每个核子放出的能量比裂变反应中每个核子放出的能量要大 3 ~ 4 倍。

若想让轻核发生聚变，必须使它们之间的距离小于 10^{-10} m。由于原子核都是带正电的，要使它们接近到这种程度，必须克服巨大的电磁斥力，这就需要使原子核具有很大的动能。只有当物质达到 1 000 万摄氏度以上的高温时，剧烈的热运动使得一部分原子核具有足够的动能，才可以克服相互间的电磁斥力，发生碰撞，产生聚变反应。因此，聚变反应又称为**热核反应**。

人们利用轻核聚变制造出了比原子弹威力更大的核武器——氢弹。氢弹利用原子弹爆炸产生的高温引起热核反应，其威力往往相当于数百个原子弹。1967 年 6 月 17 日，我国第一颗氢弹爆炸成功（图9-2-4）。我国是第四个拥有氢弹的国家，也是世界上研制时间最短的国家。

图9-2-4　我国第一颗氢弹爆炸成功

中华人民共和国成立初期，邓稼先、王淦昌、郭永怀等科学家，都放弃了海外优越条件，毅然决然地回国报效祖国。他们隐姓埋名，在戈壁沙漠中克服各种艰苦条件搞研究，无怨无悔地为祖国和人民奉献出自己的青春和热血，为原子弹、氢弹的研究做出了杰出贡献，被称为"两弹一星"元勋。

 行为与责任——立志报国

我们要学习这些前辈科学家无私奉献、报效祖国的高贵品质，发扬他们兢兢业业、不懈追求的科学精神，努力提高自己各方面的技能，为推动中国式现代化建设贡献自己的力量。

核聚变在宇宙中是很普遍的。太阳内部和许多恒星内部的温度高达 1 000 万摄氏度以上，核聚变在那里激烈地进行着。太阳每秒辐射出来的能量约为 3.8×10^{26} J，就是由核聚变产生的。地

球只接受了该能量的二十亿分之一左右，就使得地球表面温暖，供万物生长。

要利用核聚变产生的巨大能量为人类服务，则必须设法控制核聚变反应的速度，使能量缓慢地释放，这就是受控核聚变。

受控核聚变具有广阔的应用前景。与核裂变相比，核聚变几乎不会带来放射性污染等环境问题，而且核聚变所需的原料——氢的同位素氘可以从海水中提取。经计算，1 L海水中提取出的氘进行聚变放出的能量相当于300 L汽油燃烧释放的能量。全世界的海水几乎是取之不尽的，因此，若受控核聚变研究成功，将使人类彻底摆脱能源危机的困扰。

目前人类还没有完全实现受控核聚变，这主要是因为进行受控核聚变需要的条件非常苛刻。若要聚变反应物能发生聚变反应，温度必须达到1亿摄氏度以上。可以想象，任何材料构成的容器都无法承受1亿摄氏度的高温，因此必须采用特殊的方法将高温反应物悬浮在一定范围的空间内，使之脱离器壁。目前，科学家们已经设计了许多巧妙的方法，如用强大的磁场来约束反应范围，用强大的激光进行加热等。相信不久的将来，人类一定能掌握控制核聚变的方法，让核聚变为人类服务。

⚙ 技术·中国——我国的受控核聚变实验

2017年7月3日，我国受控核聚变实验装置——EAST全超导托卡马克东方超环装置（图9-2-5）实现了101.2 s稳态长脉冲高约束等离子体运行，创造了新的世界纪录。2018年11月，EAST又实现了1亿摄氏度等离子体约束运行10 s等多项重大突破，朝着未来聚变堆实验运行迈出了关键一步。

图9-2-5 EAST全超导托卡马克装置

2020年12月4日，我国自主设计的新一代"人造太阳"——中国环流器二号M装置（图9-2-6）在成都建成并实现首次放电。该装置是我国目前规模最大、参数最高的托卡马克装置。2022年10月，该项研究取得突破性进展，等离子体温度达到1.5亿摄氏度，比太阳内部的温度高得多。这项成果标志着我国核聚变研发向着聚变点火迈进了重要一步，技术水平跻身世界前列。

图9-2-6 中国环流器二号M装置

1. "华龙一号"示范工程的全面建成投运是新时代我国核电发展取得的重大成就，标志着我国迈进了核电强国。查阅资料，了解目前我国核电站的反应堆类型、结构、工作原理，撰写一篇研究小报告，与同学交流。

2. 收集资料，深入了解一位我国"两弹元勋"科学家的生平事迹和主要贡献，撰写一篇调查小报告，与同学交流，在"科学家的爱国情怀"主题讨论会上积极发言。

3. 收集资料，了解目前世界上受控核聚变研究的最新进展，写一篇科学小论文，与同学讨论该项研究将对人类生活和社会发展带来哪些影响。

一、物理观念及应用

（1）原子由原子核与核外电子组成，原子核由质子和中子组成。有些物质具有放射性，长时间或高强度的射线能伤害生物的细胞和组织。

（2）某些重原子核通过裂变反应能释放核能，利用重核裂变可以制造原子弹和核反应堆。某些轻原子核通过聚变反应也能释放核能，利用轻核聚变可以制造氢弹，人类正努力研究受控核聚变以解决能源问题。

以上物理观念有助于了解射线在生产生活中的应用，知道防范射线伤害的方法，知道核技术应用对人类生活和社会发展的影响等。

二、科学思维与创新

（1）汤姆孙和卢瑟福依据不同的实验事实，构建了不同的原子结构模型，运用假说法解释已知实验现象。

（2）运用实验分析和比较等科学方法可以解释和论证原子结构和射线性质，勇于质疑、敢于创新是科学研究者应具备的科学品质。

三、科学实践与技能

（1）通过了解射线性质，认识放射性辐射标志，增强安全防护意识和技术运用的能力。

（2）探讨α粒子散射实验的设计思想，增强探究设计的能力。

四、科学态度与责任

（1）进行放射性和核能利用方面的研讨活动，提高合作交流能力。结合核武器、核电站、受控核聚变等内容的学习，了解科学技术对人类生活和社会发展的影响，增强科技传承的意识和社会责任感。

（2）感悟我国在核技术等领域取得的伟大成就，增强民族自豪感以及和平利用核能的意识。通过了解我国"两弹一星"元勋的先进事迹，增强爱国情怀。

评价与发展

结合老师、同学的评价及自己在学习过程中的表现，总结自己在本主题学习后的主要收获与不足，进行星级评定（评价表见附录）。

附录　评价与发展表

结合老师、同学的评价及自己在学习过程中的表现，总结自己在本主题学习后的主要收获与不足，进行星级评定。

评价内容	主要收获与不足	星级评定
物理观念 及应用		☆ ☆ ☆ ☆ ☆
科学思维 与创新		☆ ☆ ☆ ☆ ☆
科学实践 与技能		☆ ☆ ☆ ☆ ☆
科学态度 与责任		☆ ☆ ☆ ☆ ☆

读者意见反馈

为收集对教材的意见建议，进一步完善教材编写并做好服务工作，读者可将对本教材的意见建议通过如下渠道反馈至我社。

咨询电话　400-810-0598

反馈邮箱　zz_dzyj@pub.hep.cn

通信地址　北京市朝阳区惠新东街4号富盛大厦1座　高等教育出版社总编辑办公室

邮政编码　100029

防伪查询说明

用户购书后刮开封底防伪涂层，使用手机微信等软件扫描二维码，会跳转至防伪查询网页，获得所购图书详细信息。

防伪客服电话

（010）58582300

学习卡账号使用说明

一、注册/登录

访问http://abook.hep.com.cn/sve，点击"注册"，在注册页面输入用户名、密码及常用的邮箱进行注册。已注册的用户直接输入用户名和密码登录即可进入"我的课程"页面。

二、课程绑定

点击"我的课程"页面右上方"绑定课程"，在"明码"框中正确输入教材封底防伪标签上的20位数字，点击"确定"完成课程绑定。

三、访问课程

在"正在学习"列表中选择已绑定的课程，点击"进入课程"即可浏览或下载与本书配套的课程资源。刚绑定的课程请在"申请学习"列表中选择相应课程并点击"进入课程"。

如有账号问题，请发邮件至：4a_admin_zz@pub.hep.cn。